Frank Bardelle

Freibeuter in der Karibischen See

Der Autor:
Frank Bardelle, geb. 1953; Studium der Geschichte, Sozialwissenschaften, Anglistik und Publizistik in Münster; Tätigkeit als Lehrer und Dozent; zur Zeit freier Wissenschaftler.

Frank Bardelle

Freibeuter in der Karibischen See

Zur Entstehung und
gesellschaftlichen Transformation
einer historischen »Randbewegung«

Westfälisches Dampfboot

CIP-Kurztitelaufnahme der Deutschen Bibliothek

Bardelle, Frank:
Freibeuter in der Karibischen See: Zur Entstehung
u. gesellschaftl. Transformation e. histor.
„Randbewegung"/Frank Bardelle. —
Münster: Westfälisches Dampfboot, 1986
ISBN 3-924550-20-4

(c) 1986 Verlag Westfälisches Dampfboot, Breul 11a, 4400 Münster
Alle Rechte vorbehalten.
Umschlag unter Verwendung einer Abb. aus A.O. Oexmelin, Histoire
des Avanturiers Flibustiers, Bd. 1, Paris 1700
Druck: Druckwerkstatt Hafen GmbH, Münster
Satz: Marlis Dormann, Münster

ISBN 3-924550-20-4

Zur Erinnerung an
Rudolf Bardelle
(2. Juli 1926 — 14. April 1983)

Vorbemerkung

Meine Frau Johanna und meine Töchter Anna und Nora ließen mir Zeit, am Schreibtisch an entlegene Gestade zu segeln und trugen es überwiegend mit Fassung, wenn ich längst verblichenen (aber immer noch schillernden) historischen Gestalten gelegentlich mehr Aufmerksamkeiten widmete, als den quicklebendigen um mich herum.

Prof. Dr. Hans-Jürgen Krysmanski hat durch seine motivierende Bereitschaft, die Bearbeitung eines zumindest auf den ersten Blick höchst exotischen Sujets im Rahmen eines Promotionsverfahrens zu betreuen, den letzten Anstoß gegeben, ein in meinem Kopf lange schwelendes Projekt in konkrete Form zu bringen.

Prof. Dr. Dieter Metzler hat das Werden dieser Arbeit von Anfang an mit aufmerksam-kritischem Interesse und ermutigendem Engagement begleitet und ihr nicht zuletzt durch ungezählte Literaturhinweise wertvolle Impulse gegeben.

Günter Born, Uwe Rohlje und Michael Ivo haben das gesamte Manuskript gelesen und mit mir diskutiert und so unentbehrliche Hilfe beim Erstellen der Endfassung geleistet.

Ulrich Stöckl hat das Manuskript mit Geduld und Routine getippt und vor keinem Änderungswunsch die Segel gestrichen.

Ihnen gilt mein ganz besonderer Dank. Es versteht sich von selbst, daß ich etwaige Fehler allein zu verantworten habe.

Die Arbeit hat der Philosophischen Fakultät der Westfälischen Wilhelms-Universität vorgelegen und ist als Dissertation angenommen worden.

Münster, im Sommer 1986   Frank Bardelle

„Die Wahrnehmung, die der abendländische Mensch von seiner Zeit und seinem Raum hat, läßt eine Struktur der Ablehnung erscheinen, von der aus man eine Rede denunziert, indem man sagt, sie sei nicht Sprache, eine Geste denunziert, indem man sagt, sie sei nicht Tat und eine Gestalt denunziert, indem man sagt, sie habe kein Recht, in der Geschichte Platz zu nehmen."

Michel Foucault

„So oft die Masse der Beherrschten, die sich verlassen fühlt, ihr Überleben in kleinen Gemeinschaften zu organisieren beginnt, die sich selbst genügen und sich selbst verwalten können, bezeichnen die Regierungen ... diese Versuche als Randbewegungen."

Yona Friedmann

„Die Geschichte muß ... immer wieder neu durchforscht werden, nicht allein zum Zweck der Aufdeckung ihrer gefährlichen Stereotypen und reaktionären Ideologien, sondern auch zum Ziel der Wiederentdeckung vergessener Sehnsüchte, Hoffnungen und Freiheiten."

Richard Kearney

Inhalt

Vorbemerkung 5
Verzeichnis der Abbildungen 9
Bertolt Brecht: Ballade von den Seeräubern 11
Einleitung 15

I. Im Visier der Macht. Der westindische Freibeuter
   wird aktenkundig 27

II. Historische Anmerkungen zum Ursprung des Freibeuterwesens
    in der Karibischen See 31

III. Der westindische Freibeuter als Objekt politischer und
     ökonomischer Spekulationen und Dispositionen 37

   1. Zur theoretischen Konzeption der Beherrschbarkeit des
      westindischen Freibeuterwesens 37

   2. Die Territorialisierung des westindischen Freibeuterwesens
      in der politischen Praxis 42

   3. Zum Scheitern der geplanten Transformation und
      Operationalisierung des westindischen Freibeuterwesens 46

IV. Das westindische Freibeuterwesen im Spiegel traditioneller
    Rekonstruktionen 53

   1. Die ‚Romanze' des karibischen Freibeuters und ihre
      Rezeption in ‚realistischen' Darstellungen 53

   2. Pierre le Grand – der ‚Prototyp' 55

   3. Henry Morgan – das ‚ausgereifte Modell' 58

   4. Das westindische Freibeuterwesen als
      ‚Instrument der Hohen Politik' 64

   5. Das westindische Freibeuterwesen und die
      ‚ursprüngliche Akkumulation des Handelskapitals' ... 69

   6. Die ‚Verbürgerlichung' des westindischen Freibeuters 72

V. Die Repräsentation der westindischen Freibeuter in der
   bürgerlich-merkantilen Propaganda 75

VI.	**Merkantilismus und Freibeuterökonomie**	87
	1. Beunruhigende Nachrichten aus Westindien	87
	2. ‚Wilde' Kolonisten und ‚wilde' Reproduktion	89
	3. Die merkantile Intervention — Voraussetzungen, Ziele, Methoden	102
VII.	**Eingrenzung und Ausschluß — Widerstand und Dissidenz**	111
	Schluß	125
	Anmerkungen	129
	Bibliographie	153
	1. Quellen und quellenspezifische Arbeiten	153
	2. Allgemeine sozial- und geschichtswissenschaftliche Literatur	154
	3. Allgemeine und spezielle Literatur zur Soziologie und Geschichte des (westindischen) Freibeuterwesens	158

Anhang

1. D'Ogeron an Colbert, 20. Juli 1665

2. Memorandum Bertrand d'Ogerons zur allgemeinen Situation auf St. Domingo und Tortuga, 1671

3. Charlevoix über ‚Mißbräuche', die bei den Flibustiern beobachtet werden, 1684

4. Brief Du Lions zum Aufstand auf St. Domingo, 25. November 1670

5. Belehrung der Jury in einem Freibeuterprozeß, 1718

6. Zwei Zeitungsnotizen über Schatzfunde in der Karibischen See

Verzeichnis der Abbildungen[1]

Seite

Abb. 1: Die Entdeckungen in Amerika zur Zeit des Columbus
(The Story of the Sea. Band 2. London, Paris und
Melbourne 1896. S. 288) 32

Abb. 2: Westindien um 1680
(A.P. Newton: The European Nations in the West Indies
1493 – 1688. London 1966. gegenüber S. 348) 36

Abb. 3: Henry Morgan
(The Story of the Sea. a.a.O., Band 2. S. 528) 58

Abb. 4: Morgans Angriff auf Maracaibo
(F. Whymper: The Sea ... a.a.O., Band II. S. 40) 60

Abb. 5: Kampf zwischen Spaniern und Piraten in Gibraltar
(F. Whymper: The Sea ... a.a.O., Band II. S. 21) 60

Abb. 6: Titelseite der französischen Ausgabe von Exquemelin,
Paris 1700
(A.O. Oexmelin: Histoire des Avanturiers Flibustiers.
a.a.O., Band 1) 76

Abb. 7: Titelblatt des Buches von Johnson, alias Daniel Defoe
(Ch. Johnson: A general History of the robberies and
murders of the most notorious Pyrates ... London 1724) . 77

Abb. 8: ‚Küstenbrüder', Überschüsse unproduktiv verausgabend
(D. Mitchell: Pirates. London 1976. S. 131) 89

Abb. 9: Piratenlager
(The Story of the Sea. a.a.O., Band 2. S. 516) 94

Abb. 10: Hütten der ‚Küstenbrüder'
(A.O. Oexmelin: Histoire des Avanturiers Flibustiers.
a.a.O., Band 1. S. 135) 95

Abb. 11: Wald auf Jamaica
(The Story of the Sea. a.a.O., Band 2. S. 285) 119

Abb. 12: Hafen von Nassau, Bahamas
(The Story of the Sea. a.a.O., Band 1. S. 285) 120

---

1 Um möglichen Mißverständnissen und Irritationen zu begegnen, sei angemerkt, daß die Abbildungen in bezug auf den Text weder als bloße Illustration, noch als Ablenkung oder Lückenfüller intendiert sind. Sie stellen Ergänzungen zur angebotenen wissenschaftlichen Information dar, auf sie bezogen bzw. beziehbar, aber einer anderen Ordnung zugehörig. Auf dem Niveau dieser anderen, nicht-wissenschaftlichen Ordnung habe ich sie bewußt belassen. – Die Bildunterschriften sind die Originalunterschriften in (z.T. freier) deutscher Übersetzung.

Bertolt Brecht

Ballade von den Seeräubern

Von Branntwein toll und Finsternissen!
Von unerhörten Güssen naß!
Vom Frost eisweißer Nacht zerrissen!
Im Mastkorb, von Gesichten blaß!
Von Sonne nackt gebrannt und krank!
(Die hatten sie im Winter lieb)
Aus Hunger, Fieber und Gestank
Sang alles, was noch übrigblieb:
   O Himmel, strahlender Azur!
   Enormer Wind, die Segel bläh!
   Laßt Wind und Himmel fahren! Nur
   Laßt uns um Sankt Marie die See!

Kein Weizenfeld mit milden Winden
Selbst keine Schenke mit Musik
Kein Tanz mit Weibern und Absinthen
Kein Kartenspiel hielt sie zurück.
Sie hatten vor dem Knall das Zanken
Vor Mitternacht die Weiber satt:
Sie lieben nur verfaulte Planken
Ihr Schiff, das keine Heimat hat.
   O Himmel, strahlender Azur!
   Enormer Wind, die Segel bläh!
   Laßt Wind und Himmel fahren! Nur
   Laßt uns um Sankt Marie die See!

Mit seinen Ratten, seinen Löchern
Mit seiner Pest, mit Haut und Haar
Sie fluchen wüst darauf beim Bechern
Und liebten es, so wie es war.
Sie knoten sich mit ihren Haaren
Im Sturm in seinem Mastwerk fest:
Sie würden nur zum Himmel fahren
Wenn man dort Schiffe fahren läßt.
   O Himmel, strahlender Azur!
   Enormer Wind, die Segel bläh!
   Laßt Wind und Himmel fahren! Nur
   Laßt uns um Sankt Marie die See!

Sie häufen Seide, schöne Steine
Und Gold in ihr verfaultes Holz
Sie sind auf die geraubten Weine
In ihren wüsten Mägen stolz.
Um dürren Leib riecht toter Dschunken
Seide glühbunt nach Prozession
Doch sie zerstechen sich betrunken
Im Zank um einen Lampion.
    O Himmel, strahlender Azur!
    Enormer Wind, die Segel bläh!
    Laßt Wind und Himmel fahren! Nur
    Laßt uns um Sankt Marie die See!

Sie morden kalt und ohne Hassen
Was ihnen in die Zähne springt
Sie würgen Gurgeln so gelassen
Wie man ein Tau ins Mastwerk schlingt.
Sie trinken Sprit bei Leichenwachen
Nachts torkeln trunken sie in See
Und die, die übrigbleiben, lachen
Und winken mit der kleinen Zeh:
    O Himmel, strahlender Azur!
    Enormer Wind, die Segel bläh!
    Laßt Wind und Himmel fahren! Nur
    Laßt uns um Sankt Marie die See!

Vor violetten Horizonten
Still unter bleichem Mond im Eis
Bei schwarzer Nacht in Frühjahrsmonden
Wo keiner von dem andern weiß
Sie lauern wolfgleich in den Sparren
Und treiben funkeläugig Mord
Und singen, um nicht zu erstarren
Wie Kinder, trommelnd im Abort:
    O Himmel, strahlender Azur!
    Enormer Wind, die Segel bläh!
    Laßt Wind und Himmel fahren! Nur
    Laßt uns um Sankt Marie die See!

Sie tragen ihren Bauch zum Fressen
Auf fremde Schiffe wie nach Haus
Und strecken selig im Vergessen
ihn auf die fremden Frauen aus.
Sie leben schön wie noble Tiere
Im weichen Wind, im trunknen Blau!
Und oft besteigen sieben Stiere
Eine geraubte fremde Frau.
   O Himmel, strahlender Azur!
   Enormer Wind, die Segel bläh!
   Laßt Wind und Himmel fahren! Nur
   Laßt uns um Sankt Marie die See!

Wenn man viel Tanz in müden Beinen
Und Sprit in satten Bäuchen hat
Mag Mond und zugleich Sonne scheinen:
Man hat Gesang und Messer satt.
Die hellen Sternennächte schaukeln
Sie mit Musik in süße Ruh
Und mit geblähten Segeln gaukeln
Sie unbekannten Meeren zu.
   O Himmel, strahlender Azur!
   Enormer Wind, die Segel bläh!
   Laßt Wind und Himmel fahren! Nur
   Laßt uns um Sankt Marie die See!

Doch eines Abends im Aprile
Der keine Sterne für sie hat
Hat sie das Meer in aller Stille
Auf einmal plötzlich selber satt.
Der große Himmel, den sie lieben
Hüllt still in Rauch die Sternensicht
Und die geliebten Winde schieben
Die Wolken in das milde Licht.
   O Himmel, strahlender Azur!
   Enormer Wind, die Segel bläh!
   Laßt Wind und Himmel fahren! Nur
   Laßt uns um Sankt Marie die See!

Der leichte Wind des Mittags fächelt
Sie anfangs spielend in die Nacht
Und der Azur des Abends lächelt
Noch einmal über schwarzem Schacht.
Sie fühlen noch, wie voll Erbarmen
Das Meer mit ihnen heute wacht
Dann nimmt der Wind sie in die Arme
Und tötet sie vor Mitternacht.
    O Himmel, strahlender Azur!
    Enormer Wind, die Segel bläh!
    Laßt Wind und Himmel fahren! Nur
    Laßt uns um Sankt Marie die See!

Noch einmal schmeißt die letzte Welle
Zum Himmel das verfluchte Schiff
Und da, in ihrer letzten Helle
Erkennen sie das große Riff.
Und ganz zuletzt in höchsten Masten
War es, weil Sturm so gar laut schrie
Als ob sie, die zur Hölle rasten
Noch einmal sangen, laut wie nie:
    O Himmel, strahlender Azur!
    Enormer Wind, die Segel bläh!
    Laßt Wind, und Himmel fahren! Nur
    Laßt uns um Sankt Marie die See!

(aus: Bertolt Brecht: Gesammelte Gedichte. Band 1. Frankfurt am Main 1976. S. 224 – 228).

Einleitung

"Gott kann die Vergangenheit nicht ändern, dazu schuf er die Historiker."
(Spruch an einer Wand im Fürstenberghaus, Fachbereich Geschichte, Münster, SS 1975)

"The past is a cultural construction no different from heaven."
(Mark P. Leone)

Der Begriff ‚Geschichte' hat einen doppelten Sinn. Er bezeichnet einerseits den historisch-gesellschaftlichen Prozeß, andererseits die Wissenschaft, die sich mit diesem Prozeß auseinandersetzt. Beides ist voneinander nicht zu trennen. „Die Geschichte äußert sich in vielfacher Weise und deversifiziert sich gemäß den unterschiedlichen Perspektiven, in denen man sie sieht."[1] Das, was in der Gegenwart als vergangene Wirklichkeit wahrgenommen, erfaßt und verarbeitet wird sowie der Modus des Kalküls, das Auswahl, Erforschung, Verständnis und Deutung historischer Phänomene und Belege leitet, ist determiniert durch theoretische Erklärungsmuster und Zusammenhangsmodelle, durch Denkkonventionen und -traditionen, Reflexions- und Artikulationsformen, die selbst geschichtlich produziert sind, d.h. nur als werdend und geworden verstanden werden können. Anders gesagt: Man sieht nur das, was man sehen will und/oder zu sehen gelernt hat.[2] Die subjektive Erkenntnisfähigkeit unterliegt den historisch gewachsenen Prägungen soziokultureller Natur.[3] "... es gibt keine objektive Geschichtsbetrachtung, da deren Ausgangspunkt ein archimedischer Punkt außerhalb der Geschichte wäre, den niemand einnehmen kann."[4] Es gibt kein ‚neutrales' historisches Faktum. Historische Ereignisse werden aus der Perspektive wechselnder Theorien, Interessen und Zielsetzungen gedeutet und entsprechend je vorgegebener, sich verändernder Interpretationen der Welt kategorisiert.

Die Geschichtswissenschaft beobachtet, analysiert und beschreibt nicht nur Realitäten der Vergangenheit, sie schafft selbst historische ‚Tatsächlichkeiten', theoretische Entitäten (wie z.B. Volk, Bürokratie, Staat usw.) mit der impliziten Tendenz, fast alles vergessen zu machen, wovon bei ihrer Konstruktion abstrahiert werden muß. Im folgenden geht es darum, grundsätzliche theoretische Dispositionen und unausgesprochene Einvernehmenszusammenhänge offenzulegen, die als normierendes Raster die Art bestimmen, in der dem Freibeuterphänomen bzw. der das Phänomen unmittelbar und mittelbar betreffenden „dokumentarischen Masse"[5] traditionell Gesetz und Ausdruck gegeben wird.

Der Versuch, in allgemeinen Begriffen auf einer Meta-Ebene wesentliche Konstituenten des geschichtswissenschaftlichen Paradigmas zu umreißen, das traditionell die akademische Wahrnehmung vom (karibischen) Freibeuter konditioniert, verfolgt auch die Intention, die unsichtbaren Fäden zum Vorschein zu bringen, die die klassischen Darstellungen des Phänomens verbinden.

Die Geschichtswissenschaft in Form einer akademisch organisierten Disziplin entsteht und gewinnt ihre Konturen als Moment der Selbstdarstellung und Selbstbegründung der bürgerlichen Gesellschaft. Sie übernimmt u.a. einen Teil der wesentlichen Funktion, Verlauf und ‚anomische' Manifestationen der kapitalistischen Transformation vorbürgerlicher Figurationen zu beschreiben und den gesellschaftlichen Status quo zu legitimieren.[6] Darüber hinaus wird die Vorstellung kultiviert und propagiert, daß die Exzellenz moderner und die relative Absurdität, zumindest aber Unzulänglichkeit vergangener (oder nichtabendländischer) politischer, sozialer und ökonomischer Organisationsstrukturen menschlicher Kollektivitäten erwiesen ist. Vergangenes erscheint lediglich als mehr oder weniger primitive Vorform einer vervollkommneten Gegenwart oder als Kontrast zu dieser.[7]

Die offizielle Geschichtsbetrachtung verengt die Vergangenheit zu einem Prozeß, der in seinem Wesen notwendig und quasi gesetzmäßig auf die technisch-industrielle Zivilisation hinarbeitet. Anders gesagt: Der Vergangenheit wird jede andere Zukunft als die (jeweilige) Gegenwart bestritten, d.h. die Gegenwart legt den Möglichkeitsspielraum dessen fest, was Geschichte sein kann.[8]

Die so bestimmte zentralistische Auffassung geschichtlicher Bewegungen und Abläufe, die den historischen Prozeß von einem verabsolutierten Resultat her zu rekonstruieren trachtet und ihn mehr oder weniger zwingend in diesem Resultat aufgehen läßt, postuliert Entwicklungen, von denen es bei Marx heißt:

„Die sog. historische Entwicklung beruht überhaupt darauf, daß die letzte Form die vergangenen als Stufe zu sich selbst betrachtet, und, da sie selten und nur unter ganz bestimmten Bedingungen fähig ist, sich selbst zu kritisieren, . . . sie immer einseitig auffaßt."[9]

So gesehen organisiert sich die Geschichte längs einer ansteigenden genetischen Achse in aufeinanderfolgenden Stadien, und jeder dieser Abschnitte stellt gegenüber dem vorhergehenden einen Fortschritt, eine Verbesserung dar.[10]

Dem historischen Gesamtverlauf wird a posteriori eine spezifische Entwicklungslogik unterstellt, eine auf das ‚moderne' Subjekt und ‚sein' soziokulturelles System bezogene Notwendigkeit, Zweckmäßigkeit, Zielgerichtetheit und Zentrierung (Teleologisierung/Finalisierung von Geschichte). Dahiner steht ein evolutionistisches Theorem:

„*In der Geschichte nicht anders als in der Natur kann man die Befähigung zur Perfektibilität feststellen. Die menschliche Gesellschaft entwickelt sich aus primitiven Lebensformen zu höheren Lebensformen.*"[11]

Geschichte erscheint als kohärenter, in sukzessiven Etappen verlaufender Prozeß qualitativer Umgestaltung und Neubildung, der eine ständige Optimierung menschlichen Denkens, Wissens und Handelns bewirkt[12] und (mehr oder weniger linear) vom Niederen zum Höheren, vom Einfachen zum Komplexen, vom weniger Differenzierten zum Differenzierten, von Unordnung zu Ordnung führt, „... vom magisch Gebundenen zum rational organisierten ..."[13], von der Wildheit der Zivilisation, und „... der sich zur jeweiligen Gegenwart im Punkt seiner höchsten Entwicklung befindet."[14]

(Natürlich gibt es auch partiell stagnierende oder gar rückläufige Tendenzen; den stetigen Trend zum immer Neuen und Besseren aber können sie nicht aufhalten.)[15] So erforscht die traditionelle Historiographie überall in der Geschichte die Wandlungen und verfolgt und zeichnet die großen Linien des Fortschritts.

Gleichzeitig aber nimmt sie an, daß es etwas Essentielles, quasi Überhistorisches gibt, das sich nicht verändert.[16] Dazu gehört vor allem ein Fundus unwandelbarer, primärer Neigungen und Eigenschaften der ‚menschlichen Natur': Egoismus, Erwerbs-, Profit- und Machtstreben und ein an diesen Triebkräften orientierter Nützlichkeitssinn (utilitaristische Determination menschlichen Handelns). Dazu gehört ferner die sozio-kulturellen Systemen immanente Bestimmung, über kurz oder lang sedentäre, zentralisierte und hierarchisierte gesellschaftliche Organisationsformen auszuprägen (‚Kulturentwicklung' resultiert demnach wesentlich aus der intrinsisch motivierten Neigung des Menschen, sich zu immer größeren und komplexeren Einheiten zusammenzuschließen). Staatenbildung ist ebenso wie das Recht auf privates Eigentum und der Wunsch, solches in Konkurrenz zu anderen (notfalls auch mit Gewalt) zu erlangen, zu bewahren und zu vermehren, naturgewollt und Teil eines aufeinander abgestimmten Wechselspiels des Schöpfungsganzen. (Staat hat nach dieser Konzeption die doppelte Funktion, zu verhindern, daß sich die ‚Einzelegoismen' in ihrer Gier gegenseitig paralysieren und ihnen gleichzeitig optimale Entfaltungsmöglichkeiten zu garantieren.)

Spezifische Wahrnehmungs-, Denk-, Verhaltens- und Reaktionsweisen, Intentionen, Motivationen und Gefühle sowie materielle Bedingtheiten, die nur für die bürgerlich-kapitalistische bzw. industrielle Epoche der westlichen Kultur charakteristisch sind und Geltung haben, werden fraglos und unbekümmert diachron in die Geschichte projiziert und der vergangenen Menschheit untergeschoben.

„... die Menschen sind ja immer gleich, es ist alles schon dagewesen, die Erfahrungen unserer Generation lehren uns die ganze Weltgeschichte neu verstehen, wenn wir einen Hitler oder einen Wirtschaftskrach erlebt haben, dann füllen sich fünf Jahrtausende mit Hitlers und mit Wirtschaftskrächen."[17]

Die von solchen und ähnlichen Annahmen und Vorstellungsbildern geleitete Geschichtsrezeption impliziert eine Anthropologie, „... die das Streben des bürgerlichen Menschen philosophisch als Wesen des Menschen schlechthin proklamiert."[18]

Mit den skizzierten theoretischen Dispositonen (Grund und Gang historischer Evolution betreffend) sind maßgebliche Konturen des Konsistenzplans markiert, auf dem für gewöhnlich historische Phänomene, Ereignisse und Prozesse ausgebreitet werden.[19]

Grundsätzlich stellt sich in diesem Rahmen der geschichtliche Zusammenhang über die Annahme her, daß es einen „... schon immer seienden Zustand von Vernünftigkeit ..." gibt, „... der im Laufe der Geschichte immer mehr von dem Schutt des unvernünftigen Handelns der Menschen freigelegt wird, so daß die bürgerliche Gesellschaft derjenige Zustand ist, in dem die Vernunft sich institutionalisiert in den Organen des Staates als Korrektiv zu dem real empirischen, unvernünftigen Handeln des Menschen."[20]

Der Ausdruck ‚Vernünftigkeit/Vernunft' verweist hier auf die Möglichkeit, daß menschliches Denken, Argumentieren und Handeln für den ‚historischen Fortschritt' mehr oder weniger ‚gut', d.h. ‚effektiv' und ‚nützlich' sein kann.[21]

Vernünftig sind dann solche ideellen und materiellen Operationen und Transaktionen, die in direkter kausaler Linie kontinuierlich (‚Rückschläge' konzediert) den gegenwärtigen Zustand bewirken helfen.

„Und als müßten, als könnten die Akteure der Vergangenheit bereits eine prophetische Vision jener Zukunft vor Augen haben, die für ihn, den Rückschauenden, sinnvolle und vielleicht emphatisch bejahte Gegenwart ist, so lobt und verurteilt er diese Akteure der zu ihm hinführenden Geschichte, so teilt er ihnen Zensuren aus, je nachdem, ob ihre Handlungen zu dem erwünschten Resultat gradlinig hinführen oder nicht."[22]

Als selbsternannte richtende Instanz wichtet und wertet die orthodoxe Geschichtswissenschaft vergangene Ereignisse, Prozesse und Strukturen unter dem Aspekt, ob und inwieweit sie sich „... als Moment einer vorantreibenden evolutionären Rationalität identifizieren ..."[23] und verbuchen lassen. Parallel wird registriert, was in der Vergangenheit auf der Linie gegenwärtig vertrauter und gültiger menschlicher Prinzipien liegt und was dieser Linie engegenläuft oder mehr oder weniger eklatant von ihr abweicht.

So erscheinen ‚passende' und ‚unpassende' historische Phänomene, die nicht per se existieren, sondern Produkte des spezifischen theoretischen Systems sind, das den intellektuellen Prozeß der ‚Unterwerfung' und Aneignung der Vergangenheit konstituiert und determiniert.

Die dargelegte Beurteilungsmatrix schafft Vorkommnisse und Handlungsabläufe, die kein historisches Ziel und keinen festen Ort in der Geschichte haben, periphere Merkwürdigkeiten, Marginalien.[24]

Das aus bürgerlichen Selbstbegründungsbedürfnissen und -zwängen resultierende Interesse, historische Kontinuität zu demonstrieren und zu dokumentieren, führt zum Versuch, alles Störende, ‚Irrationale' — Exzesse, Irrtümer, Fehlschläge — so weit wie möglich zu neutralisieren oder zu eliminieren.[25]

Gleichzeitig täuscht dieses Vorgehen über die Unzulänglichkeiten des theoretischen Systems hinweg, das seine eigenen ‚Randphänomene' produziert. Die jeweils ‚schwachen Punkte' der Vergangenheit fallen einer interpretativen Kosmetik anheim, d.h. man bearbeitet und entschärft sie so lange, bis sie mit der ‚homologen' Gesamtkonzeption von Geschichte kompatibel sind.[26]

Historisches Geschehen, das sich gegen diese Form der nachträglichen ‚Kultivation' sperrt und auch mit bestem Willen nicht in den gegebenen Entwurf einzupassen ist, wird entweder gänzlich ignoriert oder als für die ernsthafte Forschung im Grunde belangloses Kuriosum archiviert: exotische Auswüchse, Relikte, atavistische Rückschläge, die dem jeweiligen Zeitstil oder Trend zuwiderlaufen und mehr oder weniger wirkungslos verpuffen. Doch kramt man sie gern hervor, wann immer es zu belegen gilt, welch wahrhaft haarsträubende Unsinnigkeiten, Entgleisungen und Barbareien früherer Zeiten (oder fremder Ethnien) die eigene Epoche und Kultur, Gott und dem Fortschritt sei Dank, überwunden hat bzw. nicht (mehr) kennt.

Die ambivalente Rezeption, die das Freibeuterwesen in der wissenschaftlichen wie populärwissenschaftlichen Literatur traditionell erfährt, ist Ausdruck einer konsequenten, wenn auch selten bewußten Anwendung des beschriebenen selektiven Rasters. Die Piraterie erscheint als partiell fortschrittsfördernder Faktor in der Geschichte, die das Bürgertum retrospektiv von sich selbst entwirft. Freibeuter „... have ... played no inconsiderable part in the history of colonization and, after a sort, civilization".[27]

Das Paradigma, unter dessen Vorzeichen Freibeutergeschichte traditionell verstanden und geschrieben wird, faßt Mephisto in Goethes Faust kurz und treffend zusammen:

> *„Man fragt ums Was und nicht ums Wie,*
> *Ich müßte keine Schiffahrt kennen:*
> *Krieg, Handel und Piraterie,*
> *Dreieinig sind sie, nicht zu trennen."*[28]

Auch die herkömmliche Dramaturgie des westindischen Freibeuterwesens erscheint deutlich von einer solchen Sichtweise geprägt und kann wie folgt umrissen werden:

— Einer der Höhepunkte der europäischen Expansion zwischen dem 15. und 20. Jahrhundert ist die spanische Kolonisation Mittel- und Südamerikas und die Kolonisation des Nordamerikanischen Kontinents durch Engländer, Holländer und Franzosen, die unter den bürgerlichen Losungen ‚Freiheit des Handels' und ‚Freiheit der Meere' gegen das vom ‚Entdeckerland' Spanien beanspruchte Machtmonopol in der Neuen Welt ab Mitte des 16. Jahrhunderts offensiv angehen.

— Brennpunkt der politischen Auseinandersetzung um die Besiedlung Amerikas und die Erschließung und Ausbeutung seiner ökonomischen Ressourcen ist bis Ende des 17. Jahrhunderts die Karibische See. Die Karibischen oder Westindischen Inseln bilden einen weitgespannten Bogen von Florida bis Venezuela. Wer hier Fuß faßt und Terrain okkupiert und behaupten kann, besitzt einen Schlüssel zur westlichen Hemisphäre.

— Ein wesentliches Moment des Strebens nach Profit und günstigen Ausgangspositionen zur Sicherung kolonialer Machtansprüche und Einflußsphären in der Neuen Welt ist die Piraterie, betrieben hauptsächlich von englischen, französischen und holländischen Seefahrern gegen den spanischen Schiffsverkehr in der Karibischen See und im Golf von Mexiko — später auch gegen den der jeweiligen nicht-spanischen kolonialpolitischen Rivalen — protegiert und sanktioniert von den Regierungen in London, Paris und Den Haag. Die zum Teil beträchtliche Piratenbeute ist bedeutsam im Prozeß der ursprünglichen Akkumulation des Handelskapitals.

— Im Verlauf der ersten Hälfte des 17. Jahrhunderts verlieren die Spanier die Seeherrschaft im karibischen Raum an nordwesteuropäische Freibeuter, die auf den Inseln der Kleinen und Großen Antillen feste Basen etablierten. Diese Stützpunkte bilden die Keimzellen für dauerhafte Niederlassungen und Siedlungen. Die Piraten übernehmen zeitweilig Rolle und Funktion einer (amphibischen) Miliz, die die jungen, aufblühenden kolonialen Dependancen gegen äußere Angriffe schützt und so zu ihrer Prosperität und ihrem Wachstum beiträgt. Zudem ist die ‚Kaufkraft' der Piraten ein wichtiger Faktor der kolonialen Wirtschaft.

— Mit Errichtung und Konsolidierung regulärer militärischer und verwaltungstechnischer Apparate zur Durchsetzung und Sicherung bürgerlich-merkantiler Ordnung im westindischen Raum verliert das Freibeuterwesen seine herrschaftserschließenden und herrschaftsbewahrenden Wirkungen, wird zu einem Störfaktor, der die Stabilität der politischen und ökonomischen merkantilen Struktur gefährdet und als solcher bekämpft. Das Beutemachen weicht einem sich entwickelnden Tauschverhältnis und vertraglich geregelten Produktionsverhältnissen.

— Die westindischen Piraten werden in der Folge entweder in die merkantile Ordnung integriert — d.h. sie lassen sich als Siedler/Pflanzer nieder oder machen Karriere in der regulären Kriegs- und Handelsmarine — oder aber sie tauchen ab in den Untergrund des professionellen Verbrechertums.

Im Rahmen des so bestimmten Zusammenhanges präsentiert sich Piraterie wesentlich in drei (einander überschneidenden) Formen:

— **Seeraub zur Maximierung privater Profite:**

Das Streben nach schnellem Gewinn bei niedrigen Investitionen treibt professionelle Handels- und Kauffahrer neben ihren sonstigen Geschäften zu systematischer und planmäßiger Kaperei in großem Stil. Piraterie gewinnt den Charakter eines regulären Gewerbezweiges.

— **Seeraub als Staatsaktion:**

Der Staat erhebt die Piraterie zu einer gesetzlich reglementierten und zentral kontrollierten Institution. Die Kaperkapitäne handeln auf ausdrückliche Weisung und nach Maßgabe der Vorstellungen und Vorschriften ihrer Regierungen. Piraterie wird zu einem legitimen, wenn auch halboffiziellen Mittel der Außenpolitik.

— **Seeraub in kleinen, selbstorganisierten Einheiten:**

Piratenkongregationen etablieren sich als eigenständige, zwischen Staaten und Handelsgesellschaften quasi freischwebende Macht und agieren im Zuge internationaler kriegerischer Auseinandersetzungen und ökonomischer Rivalitäten auf wechselnden Seiten als Söldnertruppen.

Den machtgesteuerten, kaufmännischen und kriegsbegleitenden Manifestationen der Piraterie ist vor allem gemeinsam, daß sie eine relativ ausgereifte ökonomische und politische Infrastruktur zur unabdingbaren Voraussetzung haben. Den Erfordernissen der Logistik und des reibungslosen Umsatzes der Prisengüter z.B. wäre ohne Anbindung an ein weitgespanntes Handelsnetz und an gut frequentierte lokale Märkte nicht adäquat zu begegnen. So gesehen entsteht und entwickelt sich das Freibeuterwesen des 16./17. Jahrhunderts aus den strukturellen Gegebenheiten der bereits hochorganisierten, hierarchisierten und differenzierten nordatlantischen Gesellschaften und kann nur existieren, indem es sich zu diesen Strukturen mehr oder weniger parasitär verhält, wobei das ‚weniger' bis hin zu Beziehungen symbiotischer Natur geht. Sinn gewinnt die Freibeuterei in diesem Kontext durch ihre ‚vernünftigen' Relationen zu Handel und Ökonomie einerseits, Staat und politischer Macht andererseits, d.h. als primär profitorientierte und -motivierte Operation und als Instrument imperialer politischer und ökonomischer Interessen. Die historische Relevanz des Phänomens bemißt sich danach, ob und inwieweit es als Katalysator für gesellschaftlichen Fortschritt im bürgerlichen Sinn gelten kann.

Insgesamt sieht die klassische Analyse im Piratenwesen des 16./17. Jahrhunderts ein Produkt und ein Ferment der Übergangsphase vom Feudalismus zum Merkantilismus und schließlich zum Kapitalismus der freien Konkurrenz und in den Piraten selbst Subjekte, die, ergriffen von den Turbulenzen des Transformationsprozesses, durch Seeraub entweder alte Chancen zu bewahren oder neue Chancen zu gewinnen trachten, teils Zeugen verfallender, teils Avantgarde moderner Zeit.

Freibeuterisches Tun, das einer dem skizzierten Erklärungsmuster entsprechenden utilitaristischen Determination nicht folgt, das sich nicht als Ausdruck von Profitstreben oder als Moment des Konkurrenzkampfes zwischen Individuen/Gruppen/Nationen um Einfluß, Status und Prestige beschreiben läßt, wird gewöhnlich in den Bereich des Trivialen ausgegrenzt und eingehender wissenschaftlicher Betrachtung für unwürdig befunden. Wesentliche Aspekte des in Westindien stationären Freibeuterwesens, das nach Quellenlage einer Funktionalisierung und Kontrolle durch zentrale staatliche und kommerzielle Instanzen überwiegend entzogen erscheint, landen so zwangsläufig unter der Rubrik eher kurioser Nebeneffekte des Gesamtphänomens.

Die machtgesteuerten, kriegsbegleitenden, gewinnmotivierten Manifestationen des Phänomens werden zum Bezugs- und Ausgangspunkt der Analyse, zum allgemeinen Erklärungsprinzip erhoben und dementsprechend überbewertet, die im dokumentarischen Material vorgefundenen Daten — mitunter rigide — auf genehme Größen reduziert. Dem karibischen Freibeuterwesen unterstellt man so Determinanten, denen es weitgehend gar nicht folgt; ein zum Verständnis seines Wesens relativ nebensächlicher Aspekt wird zum tragenden Charakteristikum aufgeblasen, während ein Großteil seiner historischen Konkretionen gänzlich unter den Tisch fällt oder auf dem ‚Misthaufen der Geschichte' merkwürdige Blüten treibt.

Die ‚durchgefallene' Freibeuterei findet in der vorliegenden Literatur zum Thema lediglich als abschreckendes Beispiel statt und als Kontrasthintergrund, um die Höherwertigkeit einer Gesellschaftsordnung zu illustrieren, die dem Freibeuterwesen keinen Raum mehr gewährt. Auf einen kurzen Nenner gebracht:

> „Zweihundert Jahre ... blühte die (westindische, F.B.) Piraterie, und es waren keineswegs romantische Blüten, die sie trieb, sondern eine lange Kette scheußlicher Verbrechen, die nur ein amoralischer Militärhistoriker als bravouröse Waffentaten feiern mag."[29] — „... im Ganzen gesehen muß man ... Europa doch dazu beglückwünschen, daß es sich von diesen Existenzen schon frühzeitig getrennt hatte, daß sie als gescheiterte Anfänger über den Ozean gingen und erst drüben zur Entfaltung all ihrer düsteren Fähigkeiten gelangten."[30]

Die nicht zentralisierbaren, auseinanderstrebenden Momente des westindischen Freibeuterwesens sind aus der restringierten klassischen Perspektive — wenn überhaupt — nur äußerst vage wahrnehmbar und in keinem Fall adäquat zu erfassen und zu beschreiben. Die traditionelle Analyse des Freibeuterphänomens liefert nicht nur ein unvollständiges sondern zwangsläufig ein verzerrtes Bild, weil die Teilsicht auf einen begrenzten Ausschnitt dessen, was man zu verorten und zu klären versucht, als Totalsicht präsent wird.

Bis in die zweite Hälfte des 17. Jahrhunderts hinein kann Westindien als Raum gelten, in dem feudale Einflüsse und Herrschaftsbezüge weitgehend nicht mehr und bürgerlich-merkantile weitgehend noch nicht wirksam, die Verhältnisse zu einem hohen Grad dezentral und unbestimmt sind. Folglich ist der Modus des ,,In-der-Welt-seins' der ‚Küstenbrüder', wie sich die karibischen Freibeuter nennen, weder aus der Logik traditionaler noch aus der neuzeitlicher (abendländischer) Handlungsorientierungen adäquat zu klären.

Die europäischen Pioniere auf den Antilleninseln sehen sich einer ‚ausweichreichen' Situation gegenüber, die es ihnen durch eine Fülle offener Möglichkeiten einer unabhängigen und selbstbestimmten Reproduktion lange Zeit erlaubt, einzeln oder in Gruppen die Subordination unter einen zentralisierenden, disziplinierenden und vereinheitlichenden Apparat und ‚rational geplante Arbeitsverhältnisse' erfolgreich zu verweigern, ihre Autonomie zu wahren und für staatliche und kommerzielle Zwecke unverfügbar zu bleiben. Seeraub ist eine — zunächst untergeordnete — dieser Möglichkeiten, die erst mit der Expansion merkantiler Strukturen an Bedeutung gewinnt. Die Küstenbruderschaften sind weniger Verstärker, sondern weit eher Widersacher und ‚Stolpersteine' der merkantil-imperialen Okkupation und Territorialisierung des westindischen Raumes.

Die Unbeherrschbarkeit, das Sich-Nicht-Fügen der ‚Küstenbrüder' in Westindien ist keineswegs die Ausnahme, sondern die Regel. Die Vorstellung, freibeuterische Aktionen seien in ihrem Wesen überwiegend rein auf Profit orientiert und mithin in einem bürgerlich-ökonomischen Sinne vernünftig, nützlich und zweckmäßig, wird durch das Naturhaft-Zyklische der orgiastischen Plünderungen und der nicht minder orgiastischen Verschwendung der Beute ad absurdum geführt.

„Der Beobachter sieht sich in eine Welt versetzt, deren Anstöße aus anderen Bereichen stammen als rational durchgegliederten",[31] in der ‚ ‚Ursachen' und ‚Zwecke' verdunsten"[32] und von der in den Maschen eines rationalistischen und utilitaristischen Denknetzes kaum etwas hängen bleibt. Die Freibeuter werden sozusagen Opfer des Umstandes, daß der ‚bürgerliche' Verstand nicht in der Lage ist, das Fehlen jeder Nützlichkeit — wie er sie definiert — zu begreifen und Handlungen und/oder Phänomene, die sich hierdurch auszeichnen, uminterpretiert oder für verrückt erklärt. Das Ensemble derjenigen Lebensäußerungen der karibischen Freibeuter, die das Raster der traditionellen Kategorien, Abstraktionen und Generalisierungen zu irrationalen Eruptionen stempelt — wie z.B. die erwähnte Gepflogenheit, Reichtümer nicht zu akkumulieren oder zu investieren, sondern unmittelbar und excessiv zu verausgaben — gewinnt entscheidende Bedeutung, wenn man es als Indiz und Ausdruck einer Existenzweise betrachtet, die nicht auf Ausbeutung und Aneignung von Natur/Umwelt/Ressourcen gegründet ist.

„Das Liegengebliebene, Ausgegrenzte, in dem noch keine analytische Arbeit drinsteckt, kritisiert das, was bereits bearbeitet worden ist. Am Anfang einer jeden kritischen Arbeit steht deshalb ein Perspektivenwechsel."[33]

In diesem Sinne ist das Ziel vorliegender Untersuchung, die Aufmerksamkeit auf Ausprägungen und Erscheinungsweisen des westindischen Freibeuterwesens zu richten, die bislang auf den ‚Misthaufen der Geschichte' verbannt waren. Jenseits der Grenzen gängiger Anschauungen werden unter Einbezug der Frage, wie und warum der Diskurs über das westindische Freibeuterwesen entsteht und sich verändert, am scheinbar bekannten dokumentarischen Material ‚neue Tatsachen' ans Licht gebracht und Zusammenhänge offengelegt, die die klassischen Rekonstruktionen des Phänomens aufgrund ihres restringierten Erkenntnismodells nicht sehen konnten (oder wollten). Dabei geht die Intention nicht etwa dahin zu zeigen, daß sich jedermann rechts und links des im folgenden eingeschlagenen Weges geirrt hat. Es kommt darauf an, die Lücken und Leerstellen des bereits Gesagten zu definieren und eine Interpretation zur Füllung des noch weißen Raumes anzubieten und zur Diskussion zu stellen.

Das theoretische Instrumentarium für dieses Unterfangen liefern im wesentlichen die Bücher von Michel Foucault, Georges Bataille, Pierre Clastres und Norbert Elias. Wichtige Einsichten verdanke ich darüber hinaus den Aufsätzen „La nature de la societé" von Edgar Morin und „Automate asociale et systèmes ancentrés" von Pierre Rosenstiehl und Jean Petitot (beide in Communications 22/1974). Methodisch orientiert sich die Arbeit an den interessanten und aufschlußreichen Untersuchungen und Kommentaren von P. Briant, M. Clavel-Lévéque, J.P. Digard und Y. Garlan zum Piraten- und Brigantenwesen in der Antike.

Die Erörterung grundlegender erkenntnistheoretischer und methodologischer Fragen und Probleme der intellektuellen Zusammenarbeit und Integration von Sozial- und Geschichtswissenschaft ist an anderer Stelle ausführlich geleistet worden. Ich verweise insbesondere auf Peter Bollhagen, K. William Kapp und Georg G. Iggers, auf die einschlägigen Veröffentlichungen von Hans-Ulrich Wehler, auf den von Hans Michael Baumgartner und Jörn Rüsen herausgegebenen Reader ‚Geschichte und Theorie', auf das Sonderheft 16 der Kölner Zeitschrift für Soziologie und Sozialpsychologie, auf die zusammenfassende Darstellung von Winfried Schulze und auf die Einführung von Rainer Wohlfeil zu seinem Buch über den Bauernkrieg 1524 – 1526 sowie die von Norbert Elias zu „Die höfische Gesellschaft".

Ich selbst habe mich bemüht, als Soziologe historisch und als Historiker soziologisch zu denken und zu arbeiten. Das Ergebnis kann hoffentlich für sich selbst sprechen und auch ohne den Ballast eines weitergehenden allgemeintheoretischen Kommentars einen Eindruck davon vermitteln, was meiner eigenen Auffassung nach Sozialgeschichte als wissenschaftliche Disziplin darstellen und leisten sollte.

I. Im Visier der Macht. Der westindische Freibeuter wird aktenkundig

In einem Brief vom 20. Juli 1655 an Finanzminister Colbert befaßt sich der französische Gouverneur von Tortuga, Bertrand d'Ogeron, u.a. mit Landsleuten, die an den Grenzen seiner Verwaltungshoheit ein bemerkenswertes Leben führen.[1] Er berichtet:

In den Küstenregionen der benachbarten spanischen Insel Hispaniola (St. Domingo) halten sich etwa sieben- bis achthundert Franzosen auf an schwer zugänglichen, von Bergen oder Felsen und Meer umgebenen Orten und fahren überall mit kleinen Schiffen (canoes) herum. Sie bilden lockere, mehr oder weniger voneinander unabhängige Gruppen, die aus drei bis zehn Leuten bestehen. Sie bleiben solange an einer Stelle, bis sie es woanders behaglicher finden und leben wie die Wilden, haben vor niemandem Respekt, kein Oberhaupt untereinander und begehen tausend Räubereien. Sie haben mehrere holländische und englische Handelsschiffe überfallen, was eine Menge Unannehmlichkeiten verursacht hat. Sie ernähren sich vom Fleisch wilder Schweine und Rinder und bauen etwas Tabak an, den sie bei Händlern aus Europa gegen Waffen und Kleidungsstücke eintauschen.

D'Ogeron hält es für notwendig und nützlich, diese Männer, die man — wie er schreibt — ‚bucaniers'[2] nennt, durch königlichen Befehl innerhalb einer festgesetzten Frist auf Tortuga zusammenzuziehen. Er verspricht sich von einer solchen Maßnahme zukünftige Vorteile für die Einkünfte der Krone, ohne zu konkretisieren, wie im einzelnen die Realisierung von Profiten mit Hilfe der Bukaniere zu denken ist. Um den Exodus der Franzosen von Hispaniola zu beschleunigen, möchte d'Ogeron sie vom Nachschub aus Europa abgeschnitten wissen. Französischen Kauffahrern soll bei Strafe der Konfiskation ihrer Schiffe und Ladungen verboten werden, die spanische Insel anzulaufen. Auf der anderen Seite des Atlantiks, in den Hafenstädten Frankreichs, müßten entsprechend alle Waren, die von den Bukanieren auf Santo Domingo stammen, mit Beschlagnahme bedroht werden.

Diese Passage im Schreiben d'Ogerons ist einer der ersten amtlichen Berichte über Freibeuter in der Karibischen See.[3] Er stammt aus berufener Feder. Bevor d'Ogeron im Februar 1665 auf Empfehlung maßgeblicher Kaufleute der französichen Westindien-Kompanie die Bestallung zum Gouverneur erhielt, hat er persönlich die Küsten Hispaniolas inspiziert, und es ist wahrscheinlich, daß er am Leben und Treiben der Bukaniere nicht nur als passiver Beobachter teilnahm.[4]

Das Memorandum markiert exemplarisch den Punkt, an dem in der zweiten Hälfte des 17. Jahrhunderts der westindische Freibeuter als Beobachtungs-, Erkenntnis- und Wissensgegenstand konstituiert wird. Vor 1660 gelangten Nachrichten aus der Karibischen See nur sporadisch und mehr oder weniger zufällig nach Europa.

Das wachsende Interesse an den transatlantischen Dependancen[5] auf Seiten der arrivierten Kaufmannschaft und führender Adelskreise in den nordwest-europäischen Metropolen verlangt nach Präzisierung der bislang eher partiellen und weitgehend auf Vermutungen gegründeten Kenntnisse über Vorgänge und Zustände im karibischen Raum. Zunehmend erscheinen die einlaufenden Informationen als Resultat systematischer Untersuchungen und einer spezifischen Verwaltungspraxis.[6] Die Gouverneure werden gehalten, in regelmäßigen und außerordentlichen Rapporten Details aus erster Hand zu liefern und gezielte Anfragen möglichst umgehend zu beantworten.

„The growing importance of the Colonies required that we, who are entrusted by the King with the care of the Plantations should have frequent accounts by many hands of all that happens thereon. The King's commands thereof are, that you furnish us quaterly with a particular account and journal of all matters of importance, and specially of proposals and debates in council, and of affairs concerning trade . . ."[7]

Die Sammlung und Auswertung der Berichte, Briefe, Stellungnahmen etc. aus der Karibischen See durch zum Teil neu geschaffene halb staatliche, halb kommerzielle Gremien und Institutionen[8] führt zur allmählichen Akkumulation und Zentrierung von Wissen über die politische, soziale und ökonomische Situation in Westindien.

Besondere Aufmerksamkeit gilt signifikanten Anzeichen von Nonkonformität, Dissidenz und Insubordination. Als herausragender ‚Unordnungsfaktor' gerät der Freibeuter in das Blickfeld und den Reflexionshorizont derjenigen Personen und Personengruppen, denen an einer regulären, profitablen Bewirtschaftung der westindischen Niederlassungen gelegen ist. Subjekte, die sich zu Wasser und zu Land frei bewegen, die im unübersichtlichen Terrain einer vielgestaltigen Inselwelt mal hier mal dort sind, die sich nach Belieben assoziieren und wieder trennen und die keine institutionalisierten Führer haben, agieren außerhalb des Raumes, den staatliche Autorität zu kontrollieren vermag.[9] Es handelt sich um „. . . a sort of men without the reach of Government"[10], ein Umstand, der unmittelbar die Frage aufwirft, inwieweit und mit welchen Mitteln sich das heterogene und anarchische Freibeuterpotential im Sinne konkreter Machtinteressen fassen, kalkulieren und steuern läßt.

Zentrales Thema des Diskurses, der sich über das westindische Freibeuterwesen zu formieren beginnt, ist anfänglich nicht der Seeraub als solcher, sondern der allgemeine Lebenszusammenhang, in dessen Rahmen Piraterie eine Rolle spielt. Der Freibeuter erscheint nicht in erster Linie dadurch definiert, daß er auf offener See Schiffe überfällt und ausplündert. Charakteristisch für ihn ist ein spezieller Modus der Reproduktion, den die natürlichen Gegebenheiten der Karibischen Inseln erlauben und der ein weites Spektrum autonomer, ‚freier' Tätigkeiten umfaßt, von denen der Seeraub nur eine und nicht die wichtigste darstellt.[11]

Agenten, Repräsentanten und Propagandisten der politischen und wirtschaftlichen Machtzentralen in Europa beabsichtigen, die ‚wild' umherschweifenden Freibeuter in überschaubare Territorien zu transferieren, sie in Zeit und Raum zu fixieren und an das ‚normale' Leben des seßhaften Bodenbestellers und Plantagenarbeiters zu gewöhnen.[12] „Fixer les Avanturiers"[13] und „to set them planting"[14] sind Leitdevisen, an denen sich ‚Freibeuterpolitik' orientiert. Dabei wird es bis etwa 1690 zu keinem Zeitpunkt ernsthaft darum gehen, den Seeraub auf den Antillengewässern zu unterbinden, sondern darum, ihn aus dem ihm eigenen Milieu herauszulösen und als isolierte Aktivität zu disziplinieren und zu funktionalisieren, um so das beachtliche Repertoire nautischer Fähigkeiten, Fertigkeiten und Kenntnisse, über das die Freibeuter verfügen, strategisch und ökonomisch nutzbar zu machen. An die Stelle der unberechenbaren, eher ziel- und planlosen Gelegenheitskapereien der Bukaniere sollen gut organisierte, systematische und methodische Piratenaktionen unter staatlicher Regie treten, die sich gegen die spanische Wirtschaftsmacht in Mittel- und Südamerika richten und gegen die jeweilige Konkurrenz im Rahmen der Auseinandersetzungen um die Gewinnung kolonialer Stützpunkte und Einflußsphären in Westindien zwischen Engländern, Holländern und Franzosen.

II. Historische Anmerkungen zum Ursprung des Freibeuterwesens in der Karibischen See

Maxime der Wirtschaftspolitik Spaniens in Westindien im 15. und 16. Jahrhundert ist das Prinzip absoluter Exklusivität. Ihren Monopolanspruch auf die Neue Welt versucht die spanische Regierung durch zwei diplomatische Akte zu sichern. Das Herrscherpaar Ferdinand und Isabella bewegt Papst Alexander IV. Borgia, in einer auf den 03. Mai 1493 datierten Bulle, sämtliche bereits entdeckten und noch zu entdeckenden Inseln und Länder Amerikas dem spanischen Königshaus in aller Form und von Gottes Gnaden zu übereignen. Mit dem Konkurrenten Portugal arrangiert sich die spanische Regierung ein Jahr später, am 02. Juli 1494, in dem ebenfalls päpstlich abgesegneten Vertrag von Tordesillas, der die spanischen und portugiesischen Interessensphären nicht nur in Westindien — die Küstengebiete Brasiliens werden als portugiesischer Besitz festgeschrieben — sondern weltweit voneinander abgrenzt. Zur Überwachung des Monopols wird 1503 in Sevilla die ‚Casa de Contratación' etabliert. Ohne ausdrückliche Genehmigung der leitenden Beamten dieses staatlichen Handelshauses darf kein Schiff, keine Person und keine Ware die Reise nach Amerika oder von Amerika nach Europa antreten.

Seefahrer und Staatsoberhäupter der übrigen westeuropäischen Nationen zeigen sich weder von der päpstlichen Sanktion der spanischen Ansprüche noch von dem Gehabe der ‚Casa' sonderlich beeindruckt. In offiziellem oder inoffiziellem Regierungsauftrag oder aufgrund privater Initiative tauchen etwa ab 1530 immer häufiger französische, englische und holländische Schiffe in karibischen Gewässern auf, unterlaufen das spanische Handelsmonopol oder machen Jagd auf Schatzgaleonen.[1] Zwischen Handels-, Schmuggel- und Kaperunternehmungen sind die Übergänge nahtlos.

Die ‚Casa de Contratación' sieht sich organisatorisch und technisch außerstande, die spanischen Niederlassungen in Westindien ausreichend mit europäischen Gebrauchs- und Luxusgütern zu versorgen. So finden Monopolbrecher in den spanischen Siedlern für Waren aus Europa bereitwillige und dankbare Abnehmer, oft mit stillschweigender Billigung, teilweise mit tatkräftiger Unterstützung der spanischen Gouverneure.[2] Allein von daher erweist sich eine konsequente Verteidigung des Monopols als illusorisch. Gerät allerdings ein Schmuggler vor die Kanonen einer Kriegsgaleone, bemannt mit dienstbeflissenen Soldaten und Offizieren, wird er nach Möglichkeit ohne Pardon in den Grund geschossen. Das hartnäckige Beharren der spanischen Regierung auf ihrem Monopolanspruch im Verkehr mit den Karibischen Inseln und mit Mittel- und Südamerika macht die englischen, holländischen und französischen Seefahrer, die sich nach West-

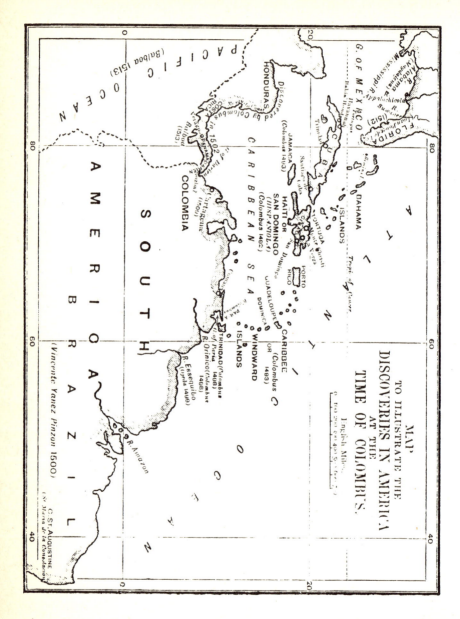

Abb. 1 Die Entdeckungen in Amerika zur Zeit des Columbus

indien vorwagen, automatisch zu Verbündeten. Sie überfallen ihrerseits spanische Schiffe und Stützpunkte, wann immer sich eine Gelegenheit dazu bietet.

Mit jeder Welle der von Europa aus organisierten Schmuggel-, Kaper- und Explorationsfahrten in den karibischen Raum werden desertierte, meuternde, ausgesetzte oder schiffbrüchige Seeleute an die Küsten von Cuba, Jamaica, Hispaniola und anderer Inseln der Kleinen und Großen Antillen geschwemmt und richten sich hier ihr Leben ein.[3] Sie finden günstige Bedingungen vor: Die Spanier nutzen die Großen und Kleinen Antillen hauptsächlich als logistisches Sprungbrett für ihre kontinental-amerikanischen Expeditionen und geben nach der Eroberung von Mexiko und Peru die Befestigungen und Niederlassungen in der Karibischen See bis auf einige eher symbolische Garnisonen weitgehend auf. Die spanischen Siedler, die in einem regelrechten Goldrausch den Fährten der Conquistadoren folgen, lassen unter anderem einen Teil ihrer Viehbestände auf den Inseln zurück. Schweine und Rinder verwildern und vermehren sich zu ansehnlichen Herden, die einen nahezu unerschöpflichen Vorrat an Frischfleisch darstellen. Außerdem gibt es eßbare Fische, See- und Landkrabben im Überfluß, Wasserschildkröten, die sich als Delikatesse erweisen und eine unübersehbare Fülle wild wachsender Früchte „... deren Nährwert und Geschmack auf Grund von außerordentlich viel Licht und Wärme, die für tropische Gebiete charakteristisch sind, unendlich reichhaltig entwickelt sind."[4] Auch an Süßwasser und an Holz für den Bau einfacher Unterkünfte und Boote herrscht kein Mangel.[5] (Das einzig Unangenehme sind Moskitos, vor denen man sich aber durch Einreiben der Haut mit Schweineschmalz und durch Abbrennen von Tabak in Hütten und Zelten schützen kann.)[6]

So wird der Bukanier geboren, eine Art Jäger, Fischer, Buschläufer und Sammler, der sich gelegentlich auch als Pflanzer, Vieh- und Hundezüchter oder Hirte betätigt,[7] dessen gesamte Aktivitäten aber primär darauf konzentriert sind, sich ohne übertriebenen Energieaufwand den vorgefundenen natürlichen Gegebenheiten entsprechend zu reproduzieren.[8]

Ihren Bedarf an Gegenständen, die auf den Antilleninseln nicht oder nur schwer hergestellt werden können (Taue, Segeltuch, Eisenbeschläge, Nägel, Pulver, Blei, Gewehre usw.) decken die Bukaniere bei englischen, holländischen und französischen Schmugglern im Austausch gegen Dörrfleisch, Trockenfrüchte, Felle usw. oder durch Seeraub.[9]

Traditionell richten sich Kaperunternehmungen der Bukaniere gegen den spanischen Schiffsverkehr in der Karibischen See und im Golf von Mexiko, mitunter auch gegen spanische Siedlungen.[10] Angriffe auf Schiffe anderer Nationalität, von denen z.B. d'Ogeron berichtet,[11] kommen dagegen zunächst seltener vor. Das ist wohl weniger Resultat eines bewußten Kalküls der Seeräuber, sondern weit eher Ausdruck des Umstandes, daß lange Zeit überwiegend spanische Schiffe in karibischen Gewässern kreuzen. Den Besatzungen erfolgreich geenterter Schiffe läßt man gewöhnlich soviel an technischer Ausrüstung und Lebensmitteln, daß sie ohne Not den nächsten Hafen erreichen können (es sei denn, sie provozieren durch ‚ungebührlichen' Widerstand Zorn und Rachsucht).

Gold, Silber, Edelsteine und Schmuck interessieren die Bukaniere bei ihren Beutezügen zu Wasser nur am Rande. Geraubt werden bevorzugt Dinge von unmittelbarem Gebrauchswert. Die Intention dieser Form der Piraterie liegt auf keinen Fall in der Akkumulation materieller Reichtümer. Für die Bukaniere ist der Seeraub vor allem eine Operation zur Optimierung ihrer Lebens- und gegebenenfalls auch Überlebensbedingungen.[12]

Unter den geographischen, klimatischen und biologischen Verhältnissen des karibischen Raumes erweist sich der Existenzmodus der Bukaniere als so attraktiv, daß ihre Zahl rasch wächst. Häufig laufen Besatzungen gekaperter Schiffe geschlossen oder teilweise zu den Freibeutern über. Auch versprengte spanische Siedler und Soldaten sowie geflohene Sklaven stoßen nicht selten zur ‚Bruderschaft der Küste'.[13]

Die Beziehungen zwischen Bukanieren und den wenigen Indianern, die das spanische Intermezzo und seine Folgen überlebt haben, beruhen weitgehend auf gegenseitiger Toleranz. Jameson tradiert Dokumente, aus denen hervorgeht, daß Freibeutergruppen bei Expeditionen gegen spanische Niederlassungen indianische Führer hilfreich zur Seite stehen.[14] Exquemelin berichtet, daß Bukaniere und Indianer regen Tauschhandel miteinander unterhalten, sich gegenseitig Gastfreundschaft gewähren, daß Freibeuter gelegentlich indianische Frauen nehmen und daß auch auf Kaperfahrten Indianer unter den Mannschaften zu finden sind.[15]

Ab 1620 etwa entsenden die Regierungen in London, Paris und Den Haag reguläre militärische Kontingente nach Westindien mit dem offiziellen Auftrag, für die jeweilige Krone ‚herrenlose' Inseln in Besitz zu nehmen oder Land direkt von den Spaniern zu erobern. Viele Bukaniere schließen sich in lockerer Assoziation (d.h., ohne militärische Disziplin und Hierarchie zu akzeptieren) den Truppen an und tragen vor allem aufgrund ihrer perfekten Kenntnisse des Terrains entscheidend zum Erfolg der Landungsoperationen bei. Bis 1660 besetzen die Holländer Curaçao, Bonaire, Saba und St. Eustatius, die Engländer St. Christopher, Barbados, Nevis, Montserrat, Tobago und Jamaica, die Franzosen Guadeloupe, Martinique, Tortuga und den westlichen Teil von Hispaniola. Jede einzelne dieser Aktionen forciert den Zustrom von Nicht-Spaniern nach Westindien, und es kommen nicht nur professionelle Seefahrer.[16]

Während des gesamten 16. Jahrhunderts und bis weit ins 17. Jahrhundert hinein bleibt die Karibische See ein überwiegend nicht-disziplinierter, relativ macht- und herrschaftsfreier Raum und wird als solcher zu einem Refugium, einer Art Nische für Angehörige jener Klassen und Schichten der europäischen Gesellschaft, die der beginnende Zersetzungsprozeß des Feudalismus aus der Bahn ihrer traditionellen Lebensweise wirft, ohne ihnen unmittelbar neue Chancen zu eröffnen.[17] Die weitgehend unberührten Antilleninseln und die ungebundenen westindischen Freibeutergemeinschaften bieten eine alternative Existenz- und Reproduktionsmöglichkeit für Menschen, die sich der „. . . Notwendigkeit eines qualvollen Anpassungsprozesses an die Bedingungen des Geldkapitalismus . . ."[18] gegenübersehen und ihr nicht entsprechen können oder wollen. Die Karibische See bleibt lange an der Peripherie des Einflußbereiches der Protagonisten einer merkantil orientierten ökonomischen, politischen und sozialen Ordnung.

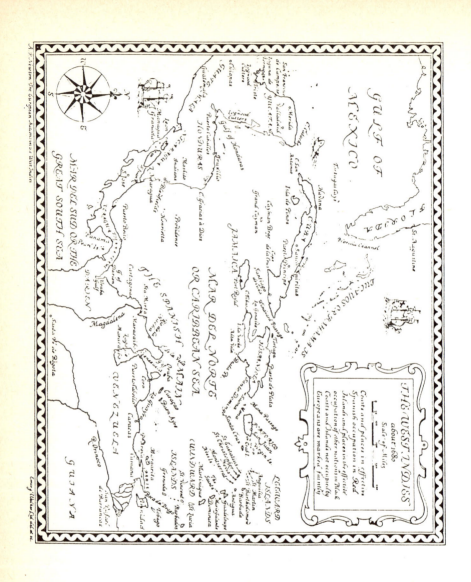

Abb. 2 Westindien um 1680

III. Der westindische Freibeuter als Objekt politischer und ökonomischer Spekulationen und Dispositionen

1. Zur theoretischen Konzeption der Beherrschbarkeit des westindischen Freibeuterwesens

Im Jahre 1671 identifiziert d'Ogeron in seinem Verwaltungsbereich ‚drei Arten von Menschen': Siedler (habitants), Piraten (flibustiers)[1] und Jäger (boucaniers). Die ersten, so schreibt er, sind seßhaft und kultivieren das Land. Die zweiten unternehmen jedes Jahr Kaperfahrten. Wenn sie nicht auf dem Meer sind, halten sie sich unter den Pflanzern auf und verbrauchen bei ihnen ihre Beute. Genauso verfahren die Bukaniere nach den ausgedehnten Jagdexpeditionen in die Wälder und Savannen Jamaicas, Cubas und Hispaniolas.[2]

Fast durchgehend hat die Sekundärliteratur zum westindischen Freibeuterwesen vorliegende Klassifikationen zur historischen Realität deklariert und dabei großzügig Hinweise übersehen oder ignoriert, die den Schluß nahelegen, daß es im karibischen Raum zum fraglichen Zeitpunkt (noch) keine ökonomisch, politisch und sozial eindeutig voneinander differenzierbare Gruppen gibt. Piraten bestellen den Boden oder gehen als Bukaniere auf die Jagd, Pflanzer verlassen ihre Felder und nehmen an Raubfahrten teil usw.[3] Niemand ist auf eine ausschließliche Form der Reproduktion festgelegt. Außerdem gehen die Aktivitäten der Europäer im karibischen Raum weit über das durch Jagen, Pflanzen und Rauben abgesteckte Feld hinaus.[4] Doch ist d'Ogerons Auflistung mehr als lediglich Ausdruck des Wunsches eines Verwaltungsmenschen, Strukturloses zu strukturieren und zumindest auf dem Papier ein wenig Ordnung in eine unübersichtliche und schillernde Vielheit zu bringen. Sie reflektiert ein allgemeines Bestreben der Kolonialadministrationen (oder allgemeiner: des Handels- und Finanzbürgertums), die Fülle und Vielfalt autonomer menschlicher Lebensäußerungen in Westindien auf ein überschaubares (und ausbeutbares) Spektrum zu reduzieren und hat implizit projektiven Charakter: An die Stelle unbeständiger, vagabundierender Scharen sollen relativ beschränkte, relativ spezialisierte, relativ geschlossene Gruppen von eindeutig bezeichenbaren Individuen treten, die in klar definiertem Rahmen klar definierten Tätigkeiten nachgehen und deren Handlungsspielräume fest gegeneinander abgegrenzt sind.

Staatlichen und kommerziellen Institutionen geht es vor allem darum, durch Parzellierung des Landes und Festschreiben von Besitztiteln, durch Lizensierung der Jagd und des Seeraubs in Westindien ein kontrollierbares Milieu zu schaffen, in dem der Zugang zu den einzelnen Gruppen und die Fluktuation zwischen ihnen überwacht und nach Möglichkeit gesteuert werden können. Am Ende steht die Vision der Konstituierung eines zentralisierten Apparates, der im großen Stil die Manipulation individueller Körper und Kräfte ermöglicht, die Koordinierung und Kodifikation der Tätigkeiten im Hinblick auf einen prädeterminierten, klar anvisierten und kalkulierten Zweck.

Diese Konzeption existiert nicht als einheitliches, geschlossen formuliertes, konsistentes Programm. Sie ergibt sich facetten- und versatzstückartig aus Ideen, Vorstellungen, Vorschlägen und Plänen, wie sie z.B. in den offiziellen und halboffiziellen Dokumenten der entsprechenden Bände des ‚Calendar of State Papers' zwischen 1660 und 1700 immer wieder auftauchen.

Die für den karibischen Raum projektierte Ordnung weist dem Piraten (bzw. dem zum Seeräuber reduzierten Freibeuter) eine besondere Rolle zu. Die ‚Küstenbrüder' werden als Seeleute beschrieben, die in Westindien jede Insel, jeden Küstenverlauf, jede Strömung, jeden Wind, jedes Riff und jede Untiefe kennen. Sie sind hervorragende Navigatoren und Lotsen, ‚entschlossene Burschen und gut bewaffnet'[5], die ‚besten Männer der Welt'[6], die vor keinem noch so gewagten Unternehmen zurückschrecken.[7]

Die Einschätzung der politischen und ökonomischen Bedeutung dieses Potentials fällt zunächst (bis ca. 1672) überwiegend positiv aus (immer vorausgesetzt natürlich, daß eine Domestizierung gelingt):

— Die Piraten stellen eine ständig präsente maritime Elitegruppe dar, die im Rahmen der Auseinandersetzung im und um den Kolonisationsraum Westindien unentbehrlich ist, da sie aus finanziellen, personellen und transporttechnischen Gründen in absehbarer Zeit nicht durch ‚ordentliche' militärische Kontingente ersetzt werden kann.[8]

— Die Piraten fungieren als Kundschafter, denen auf den Antillengewässern keine Schiffsbewegung oder Schiffskonzentration von Bedeutung entgeht. Dieses Wissen, verbunden mit der beachtlichen Schlagkraft der Flibustier, ist ein wirksamer Schutz gegen ‚feindliche' Invasionen.[9]

— Die Piraten segeln auf eigenes Risiko und verfahren nach dem Grundsatz ‚ohne Prise kein Lohn'[10]. Ihre Beschäftigung ist für die Krone nicht mit Unkosten verbunden, während ein beachtlicher Teil der Erträge aus erfolgreichen Expeditionen der Staatskasse zufließt.[11]

— Die Piraten versorgen die Niederlassungen mit notwendigen Waren zu günstigen Preisen und mit flüssigen Zahlungsmitteln (gemünztes und ungemünztes Gold und Silber aus spanischen Schatzgaleonen).[12]

— Der Verkauf von Lebensmitteln und Ausrüstungsgegenständen an Piraten sichert Pflanzern, Jägern und auf den Inseln ansässigen Händlern ein gutes Geschäft und die Überholung und Reparatur von Kaperschiffen bietet vielen Handwerkern Arbeit bei großzügiger Vergütung.[13]

— Eine (in gewissen Grenzen) staatlich tolerierte und geförderte Piraterie ist ein Instrument, mit dem in den westindischen Kolonien die unruhigen Elemente zusammengezogen und von den ruhigen separiert werden können. Der Seeraub lockt viele üble Temperamente hinaus auf die See und diejenigen, die zurückbleiben, sind meist fügsam, friedlich und fleißig.[14]

Bis etwa 1672 tauchen Bedenken gegenüber dem westindischen Piratenwesen nur vereinzelt auf und bleiben ohne praktische Konsequenzen, selbst wenn sie von höchster Stelle geäußert werden.[15]

Zu einer ausnutzbaren und effektiven Kraft allerdings kann sich der Seeräuber erst entwickeln, wenn er zugleich ‚produktives' und unterworfenes Individuum ist. Er muß auf ordentliche Regeln festgelegt,[16] der Autorität eines zentralen Kommandos unterstellt[17] und an den Dienst für Staat und Krone gebunden werden.[18] Die wenig gewinnträchtige Piraterie für den Bedarf hat einer Kaperei für den Markt zu weichen. Daraus resultiert unmittelbar die Notwendigkeit einer Professionalisierung und ‚Kapitalisierung' der Piraterie. Es geht um die Konstituierung und Ausstattung einer klar bezeichenbaren sozialen Gruppe, die ausschließlich auf Seeraub spezialisiert ist und ihn unter reinen Profitgesichtspunkten quasi gewerbsmäßig betreibt. Einstige autonome freibeuterische Praktiken sollen einen Wandel zu zentral gesteuerten heteronomen kommerziellen und politischen Techniken erfahren. Unter staatlicher Beaufsichtigung und Kontrolle hat sich die Piraterie an ‚vernünftigen' und ‚nützlichen' Zielen und Methoden zu orientieren. Vernünftig und nützlich ist alles, was der politischen und ökonomischen Konkurrenz schadet (oder ihr zumindest keinen Vorteil bringt) und materiellen Gewinn verspricht. Das Operationsspektrum der Freibeuter ist künftig auf militärisch wünschenswerte und finanziell lukrative Aktionen beschränkt zu halten. Gleichzeitig muß der staatliche Zugriff auf die Beute, ihre Kanalisierung, Aneignung und Akkumulation — d.h. die Verhinderung ihrer ‚sinnlosen', diffusen Verausgabung — gewährleistet werden.[19]

Bei dem Versuch, eine Institutionalisierung und Formalisierung des Piratenwesens zu realisieren, kommt Kaperbriefen und sogenannten ‚Königlichen Pardons' als einer Art Erfassungs- und Konditionierungsinstrument besondere Bedeutung zu.

Der Kaperbrief[20] hebt die relative Anonymität des ‚gemeinen' Piraten auf und macht ihn zum amtlich registrierten Privatier[21]. Als patentierter Agent staatlicher Macht handelt er mit Wissen und Billigung, wenn nicht in offiziellem Auftrag von Behörden und deren Repräsentanten. Unter der Maßgabe, daß er ausschließlich Schiffe fremder bzw. feindlicher Nationen kapert und seine Prisen ordnungsgemäß anzeigt, wird ihm im Herrschaftsbereich ‚seiner' Regierung allzeit ein sicherer Hafen und problemloser Absatz der geraubten Güter garantiert. Die Tatsache, daß der Kaperbrief in der Regel nur für ein bestimmtes Unternehmen gilt und für weitere jeweils neu beantragt werden muß, zwingt den Privatier — vorausgesetzt, er will einer bleiben — zu mehr oder weniger regelmäßigem Kontakt mit staatlichen Verwaltungsinstanzen.

Die Lizenz verzeichnet den Namen ihres Inhabers sowie den des Schiffes, das er kommandiert, und bestimmt Ziel und Modalitäten der Operation. Die Gewährung der Konzession ist gebunden an Angaben über die Zahl der Besatzungsmitglieder und die Ausrüstung mit Verpflegung, Waffen und Munition. Diese Informationen vermitteln der Administration einen ungefähren Eindruck von Aktionsradius und Gefechtskapazität des Kaperers und dienen der besseren Überprüfbarkeit der geforderten Rechenschaftsberichte nach Abschluß der Fahrt.

Der Privatier verpflichtet sich, möglichst zum Ausgangshafen seiner Expedition zurückzukehren und die jeweilige Beute vollständig, d.h. unangetastet einzubringen (dazu gehören auch die in überfallenen Schiffen vorgefundenen Papiere wie Logbücher, Frachtbriefe, Karten usw.). Beamtete Inspektoren nehmen das gesamte Raubgut in Augenschein, ermitteln bzw. schätzen seinen Wert, legen den der Krone zustehenden Anteil fest und stellen ihn sicher. Parallel soll ein reguläres juristisches Verfahren klären, ob die jeweiligen Prisen ‚rechtmäßig' aufgebracht wurden.[22] Erst dann dürfen sich der Kapitän und die Mannschaft aus der Beute bedienen.

Der Privatier hat der Obrigkeit nicht nur eine detaillierte Auflistung seiner Aktionen und Einnahmen zur Kenntnis zu bringen, sondern auch alle militärisch, politisch und/oder ökonomisch relevanten persönlichen Beobachtungen, die er unterwegs macht, sowie Nachrichten und Neuigkeiten, die er durch dritte erfährt.

Im Februar 1666 heißt es in einer amtlichen Verlautbarung auf Jamaica über Kaperbriefe: „... the granting of said commissions did extraordinarily conduce to the strengthening, preservation, enriching and advancing the settlement of this island."[23]

Der ‚Königliche Pardon'[24] ergeht von Zeit zu Zeit in Form einer öffentlichen Proklamation: Piraten, die sich innerhalb einer festgesetzten Frist bei jeweils näher bezeichneten Institutionen (Gouverneursämter, Hafenkommandanturen usw.) melden und die Bereitschaft bekunden, ihre speziellen Talente hinfort in staatliche Dienste zu stellen bzw. der Seeräuberei gänzlich abzuschwören und sich durch ‚ehrliche' Arbeit als Kaufmann, Pflanzer oder (See-) Soldat ihr Brot zu verdienen, werden wegen bislang unternommener nicht-autorisierter seeräuberischer Akte — zu wessen Lasten auch immer diese gingen — in keiner Weise behelligt, d.h. ihre Taten fallen unter eine Art Generalamnestie.

"A general pardon must be issued without respect of crimes or persons . . . Such a pardon will strengthen the Colonies by adding numbers of the best men for sea or land-service, who are not to be obtained in any other terms."[25]

Im Rahmen der Bestrebungen, die westindischen Freibeuter in eine zentral verwaltbare Ordnung zu integrieren und standardisierte Verfahrensweisen festzuschreiben, die das Piratenwesen regeln, sucht man auch nach Möglichkeiten der direkten disziplinierenden Einflußnahme auf Zusammensetzung, Organisationsstruktur und Verhalten von Seeräubermannschaften. Privatiers, die aufgrund ihres Erfolges und/oder ihrer Persönlichkeit bei den ‚Küstenbrüdern' besonderes Ansehen genießen, sollen, mit Offizierspatenten versehen, dem offiziellen militärischen Apparat eingegliedert werden.[26] Komplementär ist daran gedacht, führende Angehörige der regulären Truppen als Piratenkapitäne zu etablieren.[27] Die Intention geht dahin, vor allem an Bord der Kaperschiffe hierarchisierte und autoritäre Befehl-Gehorsam-Beziehungen unter den Freibeutern durchzusetzen.

Die Ausgabe von Kaperbriefen und der Erlaß von ‚Königlichen Pardons', beides eingebunden in den Aufbau einer administrativen Registrierungs-, Beobachtungs- und Kontrollapparatur rund um die westindischen Freibeuter, gestatten (theoretisch) eine Differenzierung und Typisierung der Piraten und eine Normierung ihrer Aktivitäten nach einfachen Kriterien und Kategorien.

Eine Toleranzgrenze wird gezogen, die die Herstellung eines Gegensatzes zwischen erlaubtem und verbotenem Seeraub möglich macht und zur Geltung bringt. Auf der einen Seite steht der Pirat, der sich der Disziplinarprozedur mit all ihren Implikationen und Konsequenzen unterwirft, auf der anderen derjenige, der sich einer Erziehung und ‚Dressur' widersetzt. Der eine unternimmt im Sinne der Macht politisch und ökonomisch wünschenswerte, der andere unerwünschte Kapereien. Die lizensierte, machtgesteuerte, markt- und tauschwertorientierte Piraterie, aus der konkreter materieller Nutzen zu ziehen ist, erhält einen freien Raum, während autonome, nicht-zentrierte, heterogene und bedarfsorientierte Formen des Seeraubs marginalisiert, neutralisiert und unterdrückt werden sollen.[28]

Während die „reformed privateers"[29] einen legalen Status zugewiesen bekommen, ihre Tätigkeit als „lawfull occupation"[30] eingestuft wird, will man die Operationen der „frank pirates"[31] in das unsichere Feld der Gesetzwidrigkeiten, wenn nicht des Verbrechens abdrängen. Dabei besteht die Regelverletzung — und das ist wichtig — keineswegs im unbotmäßigen Überfallen und Ausrauben von Schiffen auf hoher See. Das Vergehen ist die Nicht-Akzeptanz bzw. die ostentative Mißachtung der staatlichen Option auf die Beute, die

Verweigerung des Tributs, das sich jedem Reglement widersetzende Beharren auf freier, autonomer Verfügungsgewalt über die Prisengüter.[32]

Überfällt ein Pirat ‚widerrechtlich' ein Schiff — operiert er z.B. ohne Kaperbrief oder trägt die Prise die Flagge einer ‚befreundeten' Nation, stellt sich und seine Beute aber anschließend den Behörden — hat er bis gegen Ende des 17. Jahrhunderts kaum eine Behandlung zu erwarten, die man als ‚Strafe' bezeichnen könnte.[33] Allenfalls muß der Kaperer einen höheren Beuteanteil als den bei einer ‚legalen' Prise üblichen an die Krone abführen.[34]

2. Die Territorialisierung des westindischen Freibeuterwesens in der politischen Praxis

Die Umsetzung der theoretischen Konzeption der Beherrschbarkeit des westindischen Freibeuterwesens in effiziente politische Praxis erweist sich jedoch als schwierig.

Im August des Jahres 1684 unternehmen zwei leitende Kolonialbeamte, der Chevalier de Saint Laurent und ein gewisser Monsieur Begon eine Inspektionsreise nach St. Domingo. Sie haben den offiziellen Auftrag, dort alle französischen Siedlungen zu besuchen, etwaige Mißstände aufzuspüren und in einem Bericht zu verzeichnen.[35] Nicht ohne Befremden registrieren die beiden Herren das lockere, unabhängige Treiben der ‚Küstenbrüder':[36]

Weder vor dem Auslaufen noch bei der Rückkehr geben Piraten irgendwelche amtlichen Erklärungen über das Inventar ihrer Schiffe ab. Auch erhält keine Behörde die Zahl der Seeleute mitgeteilt, die während der Kaperfahrt den Tod fanden, die ausgesetzt wurden[37] oder freiwillig die Mannschaft verließen. Darüber hinaus gehen alle möglichen Leute an Bord, ohne die Erlaubnis des Gouverneurs einzuholen.

Die Zuständigkeit ‚ordentlicher Gerichte' souverän mißachtend, regeln ‚Küstenbrüder' Streitfälle, die sie untereinander haben, ohne juristische Formalitäten in autonomer Kompetenz. Sie beharren ferner auf dem Recht, jederzeit Kapitäne abzusetzen, mit denen sie nicht zufrieden sind.

Im Umgang mit dem Raubgut wird nicht eine der staatlich vorgesehenen Regelungen beachtet. Piraten geben keinerlei Auskunft über Art und Umfang ihrer Beute, teilen sie auf, ohne daß die Prisen amtlich begutachtet und für rechtmäßig erklärt worden wären und entscheiden nach Lust und Laune, ob die Krone den von ihr beanspruchten Anteil erhält oder nicht.

In vielen Fällen verschwinden Kaperer nach erfolgreicher Fahrt zu einer der Inseln in englischem oder holländischem Besitz, wickeln dort ihre ‚Geschäfte' ab (Ab- und Umsatz der Beute, Überholung der Schiffe) und sind damit für die französische Kolonialadministration absolut und endgültig unerreichbar. Zudem kommen die französischen Siedlungen um die unmittelbaren wirtschaftlichen Vorzüge piratischer ‚Kaufkraft'.

Schlechte Nachrichten dieser Art sind in den Berichten aus Westindien die Regel. Die geplante Erfassung, Differenzierung und Disziplinierung des westindischen Freibeuterpotentials stößt auf massive Hindernisse und Widerstände und mißlingt weitgehend.

,,Many privateers have been lost, many have been absent a year, some have come in well battered and gone out again."[38] Konkretere statistische Angaben über die Zahl der Personen, die zu einem gegebenen Zeitpunkt jeweils der Seeräuberei nachgehen, tauchen selten auf und sind sehr vage.[39] Ein im Oktober 1664 verfaßter Brief spricht von 1.500 – 2.000 Seeleuten aller Nationen, die sich von Jamaica aus als Piraten betätigen;[40] im August des Jahres 1671 werden auf Hispaniola und Tortuga zusammen zwischen drei- bis viertausend potentielle Kaperer vermutet.[41] Mit Sicherheit bleiben solche Schätzungen weit hinter der Wirklichkeit zurück. Beeindruckt zieht im Jahre 1685 ein leitender Verwaltungsbeamter das Fazit: ,,. . . the strenght in ships and men that live on rapine and are ready for any design is such as to make us jealous."[42]

Da die meisten Freibeuter sich nicht abmelden, bevor sie in See stechen und nicht anmelden, wenn sie an Land gehen und als Ankerplätze oft abgelegene, versteckte Buchten den offiziellen, relativ leicht kontrollierbaren Häfen vorziehen,[43] verlieren die mit der Beaufsichtigung der Flibustier und Bukaniere befaßten Kolonialbeamten schnell den Überblick. Zudem begegnen die ‚Küstenbrüder' den königlichen Inspektoren mit unbekümmerter Respektlosigkeit: ,,. . . they are all masters and reckon what they take to be their own, and themselves free princes to dispose of as they please."[44]

Entsprechend problematisch gestaltet sich die Organisation des staatlichen Zugriffs auf die Beute. Nur ein Bruchteil der tatsächlich eingebrachten Prisengüter gerät in die potentielle Reichweite der Kolonialadministrationen.[45] Doch ist auch dann eine Sicherstellung des staatlichen Anteils nicht gewährleistet. Piraten verwehren Beamten den Zutritt zu Kaperschiffen[46] oder verstecken Teile der Beute, bevor eine Inspektion stattfinden kann.[47] Mitunter wird bereits konfisziertes Raubgut wieder entwendet und verschwindet auf Nimmerwiedersehen in ‚dunklen' Kanälen.[48]

Der Wert der während der zweiten Amtszeit des Gouverneurs Thomas Lynch (1671 – 1674 und 1682 – 1684) auf Jamaica staatlich eingetriebenen Beutegüter beträgt nach amtlichen Verlautbarungen etwas über 1.000 Pfund Sterling.[49]

Diese Summe erscheint lächerlich gering gemessen an der Tatsache, daß z.B. im Jahre 1592 ein einziges, nicht einmal großes englisches Kaperschiff Prisen im Wert von über 5.000 Pfund Sterling nach Hause brachte.[50]

Der relativ karge Profit, den der westindische Seeraub im Durchschnitt für den Staat abwirft, kann auch als Indiz dafür gelten, daß die Freibeuter der Karibischen See weitgehend an einer bedarfsorientierten Kaperei festhalten.

Instanzen kolonialer Gerichtsbarkeit, die mit der Untersuchung der ‚Ordnungsmäßigkeit' von Kaperunternehmungen im westindischen Raum betraut sind, stehen vor einer kaum lösbaren Aufgabe. Piraten erscheinen entweder überhaupt nicht zu anberaumten Verhandlungen oder konfrontieren die Richter mit komplizierten, vieldeutigen und nur schwer nachprüfbaren Sachverhalten.[51] Kommt es tatsächlich einmal zu einer Verurteilung, ist Begnadigung reine Formsache. Mitunter solidarisieren sich auch Richter während der Verhandlung mit Piraten oder weigern sich, überhaupt über Fälle von Kaperei zu verhandeln.[52]

Bis Ende des 17. Jahrhunderts und darüber hinaus existieren keine übergreifenden rechtlichen Normen und Handhaben, die es gestatten würden, spezifische Akte der Piraterie zweifelsfrei als kriminelle Handlungen zu fassen und abzuurteilen. Es gibt lediglich eine unübersichtliche Fülle auf Einzelfälle bezogener ad-hoc-Regelungen und Direktiven ohne jede allgemeine Verbindlichkeit, die primär auf Sicherstellung der staatlicherseits beanspruchten Beuteanteile abzielen und auf Behebung durch ‚irreguläres' Kapern verursachter Schäden und Mißstimmigkeiten, die Piraten selbst aber strafrechtlich weitgehend unbehelligt lassen. Natürlich herrscht kein Mangel an Initiativen und Vorschlägen, auf legislativer Ebene Voraussetzungen für eine wirksame Verfolgung und Bestrafung ‚wilder' Piraten zu schaffen. Doch ist der „. . . Kampf um die Durchsetzung bestimmter Interessen . . . jeweils sowohl ein Kampf um das Zustandekommen als auch die Exekution bestimmter Regelungen."[53] Vor allem mit letzterem hapert es in Westindien.

„Let him send what orders he will about privateering, there are almost none to execute them . . ."[54] schreibt John Vaugham, Gouverneur von Jamaica (1675 – 1678) im Mai 1677 an einen seiner Vorgesetzten in London und noch im Juli 1699, zu einer Zeit, als die Auseinandersetzung mit dem karibischen Freibeuterwesen bereits scharfe Formen angenommen hat, berichtet Lord Bellomont dem Board of Trade:

> „And the Counsell here refused the bill to punish Privateers and Pyrates which your Lordships sent with me from England with a direction to recommend it . . . here, to be passed into Law. I shall by next Conveyance acquaint your Lordships what a prejudice I have found in some of the Counsel to the Laws of England this Session."[55]

Offensichtlich stehen die angestrebten rechtlichen Standards in eklatantem Widerspruch zur in den westindischen Kolonien allgemein geübten Lebenspraxis – „... the damned privateering business reigning much in the minds of those people ..."[56] – und lassen sich vor allem auch aus diesem Grund lange nicht durchsetzen; „... this cursed trade has been so long followed and there is so many of it, that like weeds or Hidras they spring up as fast as we can cut them down."[57]

Die massiven Bestrebungen, im Machtbereich der englischen Krone die Aburteilung von Piraten der Zuständigkeit der ‚Common Law Courts' zu entziehen und ausschließlich an die ‚Admiralty Courts' zu delegieren,[58] vor denen anstehende Fälle ohne Geschworene verhandelt werden,[59] sind meines Erachtens unter anderem – wenn nicht vor allem – Ausdruck der Intention, den offenbar nicht oder nur schwer kalkulierbaren Faktor der ‚Volksmeinung' zur Strafbarkeit piratischer Umtriebe auszuschalten.[60]

Die Grenzen zwischen Privatier und Pirat, zwischen lizensiertem und nicht lizensiertem Seeraub, bleiben zunächst transparent. Es gelingt nicht oder doch nur sehr bedingt, eindeutig markierte Subjekte auf professionelle, systematische Profitkaperei festzulegen und die sich staatlicher Steuerung entziehenden Modalitäten der Seeräuberei de facto auszugrenzen.

Strategische Operationen im karibischen Raum, an denen westindische Freibeuter maßgeblich oder als ‚Hilfstruppen' beteiligt sind, verlaufen zum überwiegenden Teil anders, als es die offizielle Planung vorsieht; „... not one of them, out of port, minds my instructions more than they would a chapter in the Alcoran",[61] vermerkt Thomas Lynch im Februar 1684 resignierend.

Tatsächlich halten sich Piraten kaum an militärische Weisungen, Aufträge und Befehle. Ende April 1665 stechen von Jamaica aus etwa 500 Freibeuter unter nomineller Führung englischer Offiziere auf fünf Schiffen in See mit dem erklärten und amtlich sanktionierten Ziel, die holländischen Siedlungen und Stützpunkte auf St. Eustatius, Saba und vor allem Curaçao zu überfallen.[62] In einem Brief an den Staatssekretär Lord Arlington äußert Gouverneur Modyford (1664 – 1671) optimistisch die Überzeugung, diese Aktion werde die holländische Präsenz in Westindien auf ein politisch und ökonomisch unbedeutendes Maß reduzieren.[63] Kaum ist Port Royal außer Sicht, beginnt offenbar bei den Mannschaften der Entschluß zu reifen, die Holländer nicht zu behelligen und in gewohnter Manier gegen die Spanier zu segeln.[64] Während einer Zwischenlandung auf Montserrat (seit 1631 durch Engländer und Iren besiedelt) verlassen bereits viele Maaten den Verband, um auf eigene Faust eigenen Vorstellungen gemäß zu operieren.[65] Zwar kommt es danach noch zur Plünderung der holländischen Kolonie auf St. Eustatius. Doch als die verbliebenen Freibeuter Differenzen mit den königlichen Offizieren um die Modalitäten des Umgangs mit der Beute zum Anlaß nehmen, sich gleichfalls von der Truppe abzusetzen, ist an die intendierte Hauptattacke gegen Curaçao nicht mehr zu denken.[66]

Die Umstände des Scheiterns dieses Unternehmens zeigen exemplarisch die Schwierigkeit einer erfolgreichen militärtaktischen ‚Verwendung' der karibischen Freibeuter. Die kommandierenden Offiziere beklagen aufs heftigste die Zügellosigkeit und das Ungestüm dieser Leute, ihre mangelnde bzw. nicht vorhandene Bereitschaft zur Subordination („. . . obedience guided by their wills").[67] Problematisch im Sinne soldatischer Ordnungsvorstellungen und berechenbarer strategischer Abläufe ist besonders die Gepflogenheit der Freibeuter, je nach Laune des Augenblicks Flottenverbände zu verlassen oder Schiffe zu wechseln.[68] Der strengen Disziplin hierarchisch und autoritär strukturierter militärischer Organisationen und Einheiten lassen sich Freibeuter auf Dauer nicht unterwerfen.

„The privateers and seamen have left us because the men-of-war press and harass them so that they run away as fast as they can, and even though they venture their lives by swimming from the ships . . ."[69]

3. Zum Scheitern der angestrebten Transformation und Operationalisierung des westindischen Freibeuterwesens

Zeitgenössische politische Beobachter und Akteure des 16./17. Jahrhunderts — und Historiker sind ihnen hierin später weitgehend gefolgt — sehen die sich immer deutlicher manifestierenden Grenzen einer wirksamen Domestizierung der westindischen Freibeuter in Defiziten auf (kolonial-) administrativer Ebene begründet. Aus der Perspektive einer überwiegend an hierarchischen, zentralistischen Steuerungsprinzipien orientierten Kritik erscheint die konsequente Realisierung des staatlichen Erfassungs-, Ergreifungs-, Ermittlungs- und Unterwerfungspotentials in bezug auf die Freibeuter durch eine allgemeine Dysfunktionalität der verwaltungstechnischen Apparatur paralysiert:

Die politische Macht ist zersplittert, an zu vielen Punkten in zu vielen Subjekten konzentriert. Im Januar 1670 moniert ein Berichterstatter aus Jamaica „. . . the unlimited power of the martial officers . . ." und „. . . the devision of the Island into precincts, wherein every chief exercised absolute power, with the character of these Rulers and their actions".[70] Damit ist exemplarisch ein Problem bezeichnet, das von königlichen Beamten nicht nur auf englischer Seite als gravierend empfunden wird.

Es fehlen eindeutige Definitionen und Determinationen der Befugnisse, Aufgaben- und Zuständigkeitsbereiche lokaler Autoritäten.[71] Die einzelnen Kolonialbeamten haben in ihren Entscheidungen zu weit gefaßte Ermessensspielräume.[72] Das führt zwangsläufig zu Unstimmigkeiten und inneren Kompetenzkonflikten, was eine Kooperation und Koordination der bürokratischen Institutionen und Instanzen untereinander erheblich behindert.[73] So ist sowohl die Transmission als auch die Exekution staatlicher Befehle und Direktiven weder einheitlich noch systematisch organisiert bzw. organisierbar. Endlich sorgt das mangelhafte Sanktionsarsenal der kolonialen Verwaltungsbehörden dafür, daß es den Freibeutern kaum Mühe bereitet, durch die Maschen der lückenhaften und relativ regellosen Staatskontrollen hindurchzuschlüpfen.[74]

Soweit die traditionelle Analyse; sie resultiert in der Forderung von Politikern und Exekutivbeamten nach Verfeinerung der Verwaltungs- und Herrschaftstechniken, d.h. nach stärkerer Zentralisierung und Uniformierung der Administrationsorgane, nach eindeutigen Handlungsanweisungen, klarer Abgrenzung der Kompetenzen und zweifelsfreien Rechtsgrundlagen und Ausführungsbestimmungen sowie nach Aufstockung der Kontingente regulärer See- und Landtruppen in den westindischen Kolonien.

Doch vermag eine Denk- und Wahrnehmungsweise, die den Staat als Schlüsselinstitution setzt und dementsprechend mit Kategorien zentrierter und hierarchisierter Konzepte und Modelle operiert, das Freibeuterphänomen theoretisch wie praktisch nicht adäquat zu fassen: Tatsächlich führt die vor allem im Verlauf des letzten Viertels des 17. Jahrhunderts forcierte Integration der Macht- und Herrschaftsfunktionen nur sehr begrenzt zu einer Optimierung staatlicher Steuerungskapazitäten hinsichtlich des karibischen Freibeuterpotentials. Zwar werden so die administrativen und exekutiven Voraussetzungen für die spätere Eliminierung des gesamten westindischen Freibeuterwesens geschaffen,[75] doch unmittelbare positive Konsequenzen für den anvisierten Transformations- und Absorptionsprozeß ergeben sich kaum. Offensichtlich bleiben Organisation, Lebensweise und Motive der Mehrzahl der ‚Küstenbrüder' in weiten Bereichen der gezielten Manipulation durch einen hierarchisierenden und vereinheitlichenden Apparat verschlossen.

Das Ensemble der ‚internen' Strukturmerkmale der westindischen Freibeuterkongregationen entspricht Bildern, die in der Theorie nicht-zentrierter, nicht-hierarchisch organisierter Beziehungsmuster entworfen werden. Zahlreiche kleine, gleichberechtigte und weitgehend voneinander unabhängige, aber ständig ohne Plan und Regel miteinander in Verbindung tretende Freibeutergruppen bilden ein „. . . Netzwerk endlicher Automaten, in denen die Kommunikation zwischen beliebigen Nachbarn verläuft und Stengel und Kanäle nicht schon von vorneherein existieren; wo alle Individuen miteinander vertauschbar und nur durch einen momentanen Zustand definiert sind ...",[76] eine asignifikante Vielheit „... ohne General ... und Zentralautomat."[77]

Die freibeuterischen ‚Gemeinwesen' sind in einem Prozeß permanenter Umbildung und Neugründung begriffen, d.h. Beziehungsverhältnisse erzeugen sich in immer wechselnden Konstellationen ständig neu;[78] dabei werden „... die lokalen Initiativen unabhängig von einer zentralen Instanz koordiniert und Kalküle im gesamten Netzwerk erstellt."[79] Die örtlichen Operationen der ‚Küstenbrüder' sind für die Kolonialverwaltungsagenturen in keinem Fall in toto rekapitulierbar.

Innerhalb der Freibeutergemeinschaften ist der Grad der Arbeitsteilung und Spezialisierung gering. Jeder einzelne kann erfolgreich eine Vielzahl von Aufgaben übernehmen ohne Anleitung über das hinaus, was in der Gruppe selbst an Wissen und Fähigkeiten traditionell präsent ist. So verdeutlichen z.B. Berichte über Wartung, Reparatur und Neubau auch größerer Schiffseinheiten durch Freibeuter — Arbeiten, an denen sich jeweils die gesamte Mannschaft/Gruppe aktiv beteiligt — daß handwerkliches Know-How und Kenntnis der Konstruktion nicht auf wenige Experten beschränkt sind.

In einem solchen Milieu gedeiht ohne Zweifel eine selbstbewußte Mentalität, die durch autoritäre Methoden schwer zu beeindrucken ist und Formen dirigistischer Einflußnahme und dogmatischer Regulierung als ‚asozialen' Störfaktor identifiziert und entschieden zurückweist. Lepers berichtet:

> "Le plus habile jurisconsulte eût entrepris en vain d'en redresser ou réformer quelques unes conformément au code ou digeste. Ils répondaient froidement à tout ce qu'on pouvait dire au contraire: 'Ce n'est point là la coutume de la Côte.'"[80]

Es existieren keine Modelle irgendeiner formalen Gesetzgebung oder juristischer Beschlußfassung. Doch prägen die Küstenbrüderschaften spezifische Gesellschafts- und Rechtsformen aus, die eine Art ‚regulierter Anarchie' konstituieren und jedem intern oder extern initiierten Versuch einer ‚Durchstaatlichung' der sozialen Beziehungen entgegenwirken.[81]

> "De Loix, les Boucaniers n'en reconncissoient point d'autres, qu'un assés bizarre assemblage de conventions, qu'ils avoient faites entr'eux, & dont ils avoient formé une Coûtume, qu'ils regardoient comme la regle Souveraine."[82]

Das ‚absonderliche Konglomerat von Übereinkünften' erweist sich bei näherer Betrachtung als komplexes Geflecht von Sitten, Riten und Gebräuchen, die einen gemeinsamen Kodex konkreter, von jedermann mehr oder weniger akzeptierter Verhaltens- und Handlungsmaximen erkennen lassen sowie den allgemein verbreiteten Wunsch nach möglichst friedlicher Regulierung und Lösung von Konflikten.[83] Es handelt sich um Normen, die aus dem Selbstverständnis jedes einzelnen abgeleitet sind und von der gesamten ‚Freibeutergesellschaft' respektiert werden, nicht um solche, die eine bestimmte Person oder Gruppe oder Institution der übrigen Gesellschaft oktroiert. ‚Staatliche' Gesetze treffen als von außen aufgezwungene Gewalt auf vehemente Ablehnung.

> "A de telles hordes, l'idée d'accepter des ordres impératifs dictés par des autorités metropolitains ou colonials, aurait paru risible."[84]

Die Negation verselbständigter, zwangausübender Macht, des Prinzips einer äußerlichen, ihre eigene Legalität schaffenden Autorität, ist konstitutives Moment der sozialen Organisation der westindischen Freibeuterkongregationen. Das wird deutlich in der Rolle und Funktion der Kapitäne.

Die historischen Freibeuterkapitäne der Karibischen See entsprechen in ihrer Mehrzahl kaum dem Image der despotischen Führergestalt, das ihnen die wissenschaftliche und außerwissenschaftliche Literatur anzuhängen pflegt.

Unter westindischen Freibeutern besitzt der Kapitän nicht mehr Autorität, als ihm die Mannschaft einzuräumen bereit ist: „. . . ils font choix du capitaine ou bastiment, qui leur convient le mieux, sans en épouser aucun."[85] Sein Einfluß beruht auf dem Prestige, das ihm seine Kompetenz als Seemann, Navigator und Kaperer verschafft, auf der Fähigkeit, offensive und defensive Operationen zur See erfolgreich zu planen und durchzuführen. Die Macht des Piratenkapitäns ist zeitlich befristet und zielgerichtet und lediglich im Extremfall des Gefechtes absolut, wenn er die Aufgabe übernimmt, die Kampfhandlungen der einzelnen Mannschaftsmitglieder zu koordinieren und zu synchronisieren.

> "Avant de se mettre tout de bon en mer, ils se choisissaient un capitaine qui était amovible à leur volonté et qui n'avait d'autre prééminence que celle de commander dans l'action et de lever un double lot dans le portage des butins que se feraient."[86]

Nur wenn die Gruppe einer äußeren Gefahr begegnen muß (bzw. sich dieser bewußt aussetzt), wird die Befehlsgewalt des Kapitäns uneingeschränkt akzeptiert,[87] sind ihm zur Durchsetzung seiner Entscheidungen Zwangsmittel zugestanden. So hat z.B. der Kapitän, aber auch jedes andere Mitglied der Mannschaft, das Recht, einen Maaten, der im Gefecht einen Befehl verweigert, auf der Stelle zu erschießen. Doch hört die Verbindung von Macht und Zwang auf, sobald die Gefahrensituation geklärt ist und die Gruppe wieder auf sich selbst bezogen agieren kann. Die Mitglieder der Mannschaft haben keinerlei Pflicht zum Gehorsam und der Kapitän kann niemals sicher sein, daß seine Anweisungen befolgt werden. Seine Position und sein Status hängen gänzlich vom guten Willen der Besatzung ab. Er unterliegt einer ständigen Überwachung, muß jederzeit Rede und Antwort stehen und verliert sein ‚Kommando' sehr schnell, wenn es ihm nicht gelingt, Unstimmigkeiten auszugleichen und seine eigenen Vorstellungen vom Verlauf der Kaperfahrt entweder allgemein plausibel zu machen oder gemäß den Wünschen ‚seiner' Leute zu modifizieren.[88] Die Mannschaft ist nicht Instrument des Kapitäns zur Realisierung seiner individuellen Ziele; vielmehr erscheint der Kapitän aufgrund seiner besonderen nautischen und strategischen Fähigkeiten, die er allen zur Verfügung stellt, als Instrument der Mannschaft. Die karibischen Freibeuterkapitäne haben kaum eine Möglichkeit, den Mannschaften private Projekte aufzuzwingen und an die Stelle des kollektiven Interesses ihr ganz persönliches Interesse zu setzen. (Schon von daher ist der Versuch staatlicher Organe, über die Kapitäne steuernden Einfluß auf die westindischen Freibeuter zu nehmen, a priori weitgehend zum Scheitern verurteilt.)

Der so definierten Rolle und Funktion der Kapitäne entspricht ein nahezu uneingeschränktes Recht auf freie Sezession. Einzelpersonen oder Gruppen, die sich mit den Plänen der Mehrheit nicht zu identifizieren vermögen oder sich aus anderen Gründen unbehaglich fühlen, können sich jederzeit von der Mannschaft trennen, ohne mit irgendwelchen Repressionen rechnen zu müssen (es sei denn, sie entschließen sich mitten im Gefecht dazu). Ein Großteil in den westindischen Freibeutergemeinschaften auftauchender Spannungen und Konflikte wird dadurch gelöst, daß einer der Kontrahenten oder eine oppositionelle Gruppe sich absetzt und eigene Wege geht bzw. eigene Routen segelt. Als wesentlicher Faktor der sozialen Selbstregulierung verhindert die freie Sezession darüber hinaus die Bildung soziopolitischer Gesamtheiten, die die lokalen Gruppen integrieren und vereinnahmen und das Auftauchen einer individuellen, zentralen und losgelösten politischen Macht fast zwangsläufig bewirken. Auf der anderen Seite gefährdet ein behauptetes oder durchgesetztes Recht auf uneingeschränkte Sezession die Stabilität bereits existierender zentralistischer Organisationen.[89]

Die skizzierten Beziehungsverhältnisse und Funktionen, die das Muster der sozialen Organisation der westindischen Küstenbruderschaften ausmachen, sorgen dafür, daß sich der karibische Freibeuter außerhalb des von zentraliseirten und hierarchischen Apparaten per Gesetz bestimmten bzw. bestimmbaren Bereiches vorhersagbaren Verhaltens bewegt.

Die gegen Ende des 17. Jahrhunderts bei Politikern, Kaufleuten und Kolonialbeamten allgemein sich durchsetzende Einsicht, daß das Freibeuterwesen in der Karibischen See nicht, wie geplant, zu einem effektiven Instrument staatlicher Machtpolitik umfunktioniert werden kann — („tout le monde n'étoit pas capable de gouverner ces gens — là . . .")[90] —, findet gegen Ende des 17. Jahrhunderts in einer immer massiveren Diskreditierung der Freibeuter deutlichen Niederschlag: So werden sie nun als ‚reine Scheusale, untauglich unter Menschen zu leben', beschimpft,[91] als ‚gefräßiges Ungeziefer' und ‚unverbesserliche Räuber',[92] als ‚schreckliche Verbrecher'[93] und ‚Abschaum der Welt'[94]. Zunehmend erfahren die Termini ‚Freibeuter' und ‚Pirat' eine negative Besetzung, werden in einem mehr und mehr feindseligen Sinn verwendet.[95]

Die Wandlung der Wahrnehmung und Bewertung des Freibeuterphänomens vollzieht sich im Rahmen und ist selbst Teil eines vielschichtigen historischen Prozesses, in dessen Verlauf zusammen mit politischen und ökonomischen Formationsstrukturen der gesamtgesellschaftliche Kommunikationskontext einschneidende Veränderungen erfährt. Gleichzeitig erhält die politische Strategie im Umgang mit dem Phänomen eine grundsätzlich andere Stoßrichtung. Es geht nicht länger darum, die Freibeuter zu steuern und nutzbar zu machen, sondern darum, sie zu finden, zu fangen und zu vernichten.[96] Parallel zeichnet sich deutlich das Bestreben einer politischen und ökonomischen Elite ab, das Standardverhalten der europäischen Gesellschaft und ihrer Ableger in den transatlantischen Kolonien derart zu beeinflussen und zu verändern, daß Freibeuterei keinen Raum mehr hat.

Was in der historisch-politischen Praxis nicht oder nur sehr bedingt gelingt, bringen Wissenschaftler und Literaten auf dem Papier intellektuell zuwege: die Reduktion der westindischen Freibeuterei auf eine politisch und ökonomisch relativ problemlos handhabbare und als Katalysator für ‚historischen Fortschritt' relevante Größe.

IV. Das westindische Freibeuterwesen im Spiegel traditioneller Rekonstruktionen

1. Die ‚Romanze' des karibischen Freibeuters und ihre Rezeption in ‚realistischen' Darstellungen

Wie nur wenige andere ‚Randfiguren' der Weltgeschichte hat der westindische Freibeuter die Phantasie von Zeitgenossen und Nachwelt beflügelt. In ungezählten Novellen, Romanen, Balladen, Gedichten, Liedern und Bühnenstücken, die seit dem ausgehenden 17. Jahrhundert bis weit ins 19. Jahrhundert hinein entstanden[1] und in etlichen Produktionen, die größtenteils zwischen 1920 und 1960 die Filmstudios Hollywoods verließen,[2] schuf sie ihm ein eigenes, schillerndes Universum. Seine Zeit erscheint als ein Jahrhundert, in dem alles möglich und alles einmalig war, in dem Ruhm, Ehre und beachtliche Vermögen auf jeden warteten, der mit Mut, Entschlossenheit, Skrupellosigkeit und Todesverachtung nach ihnen zu greifen wagte. Umgeben von einer faszinierenden Aura uneingeschränkter Freiheit und Macht lebt der legendäre Pirat der Karibischen See unter souveräner Mißachtung gängiger Konventionen der abendländischen Gesellschaft sein Leben ausschließlich nach der eigenen Leidenschaft, ein klassenloser, autonomer Held, der nur solche Regeln und Gesetze anerkennt, die er selber geschaffen hat. Getrieben von einer vitalen Lust am Risiko bewegt er sich mit traumtänzerisch anmutender Sicherheit durch eine bunte Szenerie aus beeindruckenden Schiffen, knatternden Segeln, donnernden Kanonen, tropischen Inseln und exotischen Gewässern. Im kollektiven Kampfgetümmel der Massenaktion eines Seegefechtes versteht er sich ebenso zu behaupten wie im individuellen Degenduell Klinge gegen Klinge, Mann gegen Mann. Ihn umweht ein Hauch von Unbesiegbarkeit. Gute Kameraden, finstere Verräter, durchtriebene Staatsbüttel und schöne Frauen säumen den außergewöhnlichen Weg, den ihm seine Persönlichkeit, seine Talente und Fähigkeiten zu gehen erlauben.

Unabhängigkeit, Mobilität und Profit sind die Grundmotive seines Daseins. Doch auf der immerwährenden Jagd nach fetter Beute läßt er sich nicht ausschließlich von seinem Egoismus leiten. Im tiefsten Innern seiner Seele schlummert eine mächtige Liebe zu dem Land, aus dem er stammt und das er in den meisten Fällen als Opfer sozialer oder politischer Ungerechtigkeit verließ. (Dabei ist der Affront nicht von der Zentralregierung — König oder Königin — zu verantworten, sondern geht auf das Konto blasierter lokaler Verwaltungsfunktionäre.) Die fanatisch-strikte Ablehnung der Anmaßungen staatlicher Autorität hindert den Freibeuter nicht daran, seinem Souverän absolute Loyalität zu erweisen. Und so demonstriert er bei entscheidenden Gelegenheiten, daß er mehr ist als ein goldgieriger Räuber. Patriotisch setzt er all seine Tatkraft, all seine Erfahrung, all sein Wissen und all seine List dafür ein, den erklärten Feinden seines Vaterlandes in guerillamäßig organisierten Kommandounternehmungen größtmöglichen Schaden zuzufügen.[3] Auch solches Tun bringt in jedem Fall materiellen Gewinn — häufig darüber hinaus die leidenschaftliche Zuneigung einer edlen und in den meisten Fällen jungfräulichen Dame — doch ist ihm das zu gönnen. Er hat diesen Lohn durch seinen beherzten Einsatz für eine gute Sache redlich verdient.

Im Zenit seiner Karriere kommt manch umsichtiger Pirat auf den klugen Gedanken, sich für spätere, vielleicht erfolg- und kraftlosere Tage eine Reserve anzulegen. Zu diesem Zweck vergräbt er vorzugsweise auf einer einsamen Insel einen Teil der erbeuteten Reichtümer und verzeichnet Ort und Lage des Schatzdepots in einem natürlich raffiniert verschlüsselten Plan, damit es später auch nur er wiederfindet.

Nun erreichen viele Freibeuter nicht das erhoffte beschauliche (bzw. das befürchtete kritische) Alter und finden keine Gelegenheit mehr, ihre Schätze zu heben und zu genießen. Die Pläne aber existieren fort und reißen diejenigen, in deren Hände sie gelangen, in einen wilden Strudel neuer, atemberaubender Abenteuer. Douglas Fairbanks sen., Erroll Flynn und Robert Louis Stevenson haben neben vielen anderen wesentlich dazu beigetragen, daß die Legende des (karibischen) Freibeuters in mehr oder weniger modifizierter Form allgemein bekannt ist.

Die skizzierten Bilder und Vorstellungen aus dem Bereich der nicht- bzw. außerwissenschaftlichen Geschichtserfahrung werden in jüngster Zeit von Autoren wissenschaftlicher bzw. populärwissenschaftlicher Darstellungen und Untersuchungen des westindischen Freibeuterwesens gern ausführlich nachgezeichnet und dokumentiert.[4]

Zumeist erfüllt die Rezeption der Freibeuterlegende in diesem Rahmen explizit oder implizit die Funktion, die jeweils angebotenen ‚seriösen' und ‚objektiven' Interpretationen des Phänomens und der mit ihm verbundenen Abläufe aufzuwerten und als Ausdruck rational geleiteter und kontrollierter Betrachtungen und Deutungen positiv gegenüber den auf das Freibeuterphänomen bezogenen Inhalten eines ‚trivialen', unstrukturieren, diffusen Geschichtsbewußtsein abzusetzen. Anders gesagt: Man verfolgt die Absicht, den ‚außerwissenschaftlichen' Modus der Wahrnehmung von (westindischen) Freibeuter durch einen ‚wissenschaftlichen' und damit vorgeblich per se ‚realitätsgerechteren' zu ersetzen.

Dabei wird der Umstand außer acht gelassen oder übersehen, daß das als ‚unwissenschaftlich' begriffene Piratenbild in weit mehr als molekularen Partikeln Spuren der wissenschaftlichen Auseinandersetzung mit dem Freibeuterwesen enthält. Die sogenannte ‚triviale' Darstellung des Phänomens, wie sie sich derzeit präsentiert, geht der von disziplinierter (und disziplinierender) Rationalität gesteuerten weder voraus noch existiert sie von ihr getrennt (oder eindeutig trennbar). Die Freibeuterlegende ist in weiten Bereichen eher ein Derivat einschlägiger wissenschaftlich-historischer (Re-)Konstruktionen.

Auf der anderen Seite lassen sich in ihr zahlreiche Splitter alter Volkserzählungen und -sagen über und um Outcasts jeglicher Couleur finden, Inhalte, die als Reflex eines ‚Kollektivgedächtnisses' auf einer symbolischen Ebene historische Realität von Bedeutung repräsentieren können und ihrerseits gelegentlich als Elemente wissenschaftlicher Darstellungen auftauchen.[5] Fiktion und rational (re-) konstruierte ‚objektive' historische Wirklichkeit bilden (nicht nur) in diesem Fall keine gegeneinander abgeschotteten, überschneidungsfreien Bereiche und erscheinen vielschichtig miteinander verwoben.[6]

Darstellungen des westindischen Freibeuterwesens, die ihre mehr oder weniger wissenschaftlich begründeten Spekulationen über Natur und Bedeutung des Phänomens im historischen Kontext in prinzipieller oder sporadischer Kontrastierung mit dem subjektiven, ‚vorwissenschaftlichen' Bewußtsein vom Piraten als adäquate Abbildung vergangener Wirklichkeit präsentieren, lenken bewußt oder unbewußt von der Frage nach Mystifikationen des Gegenstandes ab, die von sogenannten ‚realistischen' Konzepten historischer Analyse erzeugt und transportiert werden. Genau der Aspekt aber ist wesentlich und näherer Untersuchung wert. Es geht darum, die Konturen des Interpretationsrasters zu fixieren, mit dem vorliegende wissenschaftliche und populärwissenschaftliche Approximationen das karibische Freibeuterwesen zu fassen versuchen und auf einer metatheoretischen Ebene die Unzulänglichkeiten des kategorialen Rahmens zu markieren, in dessen Grenzen die traditionelle Deutung des Phänomens Fakten schafft und Relevanz konstituiert.[7]

2. Pierre le Grand -- der ‚Prototyp'

Exquemelin erzählt:

„Unter diesen Räubern, die auf der Insel Tortuga gewesen, war einer namens Pierre le Grand aus Dieppe gebürtig, welcher im Jahr 1602 mit einer Barke von nur achtundzwanzig Mann Besatzung an der Westspitze der Insel Espanola bei Cabo del Tiburon den Vizeadmiral der spanischen Flotte gefangen

nahm (...), und dort hatte er die Spanier an Land gesetzt, das Schiff aber hat er nach Frankreich gebracht. Noch auf See, erbat er eine Kommission, um in einen Hafen einlaufen zu dürfen.

Nun will ich nach dem Tagebuch einer glaubwürdigen Person berichten, wie sich die Sache zugetragen hat. Dieser Räuber war schon geraume Zeit auf See, ohne daß ihm eine Beute aufstieß, und begann Mangel an Nahrung zu leiden, zudem war sein Fahrzeug so untauglich geworden, daß er sich mit Not auf See zu halten vermochte.

Sobald er dieses Schiff, das von der Flotte abgekommen war, ansichtig worden, segelte er darauf los, es auszukundschaften, und als er so dicht dabei war, daß es ihm nicht mehr entwischen konnte, beschloß er mit seinen Leuten an Bord zu klettern, mutmaßend, es unvorbereitet zu finden. Die Mannschaft zeigte sich willig, ihrem Hauptmann zu gehorchen, weil sie einsahen, daß er selbst nicht mehr Aussicht habe davonzukommen als sie, schwuren also einander Treue. Der Wundarzt hatte vom Hauptmann Befehl, die Barke mit einem Kuhfuß in Grund zu bohren und mit an Bord zu kommen. Es war um die Zeit der Abenddämmerung, als sie an das Schiff kamen, ohne alle Umstände liefen sie ihm an die Seite und enterten es. Sie hatten keine anderen Waffen als jeder ein Pistol und einen Haudegen. Ohne Widerstand liefen sie nach der Kajüte, darin der Kapitän samt einigen anderen Karten spielte, augenblicks wird ihm das Pistol auf die Brust gesetzt und er gezwungen, sein Schiff zu übergeben. Andere waren indessen nach der Waffenkammer gelaufen und hatten da die Waffen genommen. Etliche Spanier, die sich zur Wehr setzen wollten, schoß man nieder. Der Kapitän war selbigen Tags gewarnt worden, daß das Fahrzeug, so er vor sich sähe, ein Räuber wäre und ihnen Ungemach bereiten könnte, doch er ließ denjenigen, der solches vorbrachte, barsch abfahren: er fürchte seinesgleichen nicht, viel weniger noch diese winzige Barke. Und also wurde ihm durch seine Unachtsamkeit sein Schiff mit Schanden weggenommen. Die Barke aber war an Lee des großen Schiffes gesunken. Als nun einige Spanier des fremden Volkes auf ihrem Schiff gewahr wurden, meinten sie, es sei aus der Luft gefallen, und sagten: Jesus, son demonios estos. Der Räuber behielt darauf soviel von den spanischen Matrosen, als er das Schiff zu regieren für nötig erachtete, die übrigen ließ er an Land setzen, er selbst aber segelte mit dem Schiff nach Frankreich, wo er geblieben und seither nicht wieder auf See gekommen ist."[8]

Das Abenteuer Pierre le Grands wird in nahezu allen einschlägigen Werken der Sekundärliteratur zum (westindischen) Freibeuterwesen ausführlich zitiert, wobei sich viele Autoren die Freiheit nehmen, Exquemelins Vorlage im Detail phantasie- und liebevoll zu variieren und auszuschmücken.[9]

Irrelevant ist hier die Frage, ob und inwieweit der wagemutige Franzose als historische Figur gelten kann. Bedeutsam erscheint vielmehr die offensichtliche Schlüsselfunktion, die der Rezeption seiner kurzen aber äußerst erfolgreichen und beeindruckenden Seeräuberkarriere — sei sie nun fiktiv oder real — als spezifischem Moment traditioneller Wahrnehmungs- und Beschreibungsweise westindischer Freibeuterei zukommt. In unausgesprochenem Einvernehmen befördern fast alle Exegeten Ecquemelins Pierre le Grand zum ‚ersten karibischen Piraten' und machen so die Person und die Tat des Mannes aus Dieppe zum Bezugs- und Ausgangspunkt einer langen Kette (vorgeblich) ähnlich gelagerter Aktionen.

Dabei verdichten sich die Eigenschaften und Charakterzüge le Grands, wie sie im Profil seines Raubzuges zum Ausdruck kommen, zu konstitutiven Komponenten eines idealtypischen Bildes des brauchbaren und nützlichen westindischen Freibeuters.

> *„He showed initiative when he went out and sought the success which would not come to him; determination, when he persisted where all others had lost hope; mercy when he freed his prisoners without abuse or unnecessary suffering; and moderation, when, having gained reasonable wealth, he gave up the practice of piracy and became an honest citizen."*[10]

Der ‚gute' — d.h. staatlicherseits potentiell disponierbare — Pirat, den Pierre le Grand repräsentiert, hat ein eindeutiges und vorrangiges Profitmotiv. Er wird nicht durch die Erfordernisse konkreter Subsistenzsicherung zum Seeraub getrieben sondern durch ein abstraktes Kalkül. Seine Profession ist die Jagd nach unmittelbarem, materiellem Gewinn. (Geködert durch die Aussicht auf fette Beute kann er so gegebenenfalls zur Durchführung von Aktionen im karibischen Raum bewegt werden, die nach Auffassung der jeweiligen Kolonialadministration politisch und ökonomisch opportun erscheinen.)

Ein hohes Maß an Selbstdisziplin und Affektkontrolle bestimmt sein Tun. Er zeigt Zurückhaltung beim Verüben von Gewalttaten, Mäßigung beim Töten und die Fähigkeit, den Genuß der Früchte seiner ‚Arbeit' zu dosieren.[11] Voraussicht, Sparsamkeit, Zukunftsplanung sind Maximen seines Verhaltens, das sich so an Kriterien eines zweckrationalen Handlungsschemas orientiert und mit dem Raster einer ‚vernünftigen' Ökonomie fassen läßt. Zwar ist der Einsatz des Lebens, das er bei seiner Aktion ja riskiert, tendenziell irrational. Doch macht der nicht-verschwenderische, klug bemessene Umgang mit der Beute das Wagnis des Todes zu einer überlegten und notwendigen Investition, die sich amortisiert.

Der soziale Habitus und die sozialen Attitüden des idealtypischen Piraten entsprechen wesentlich bürgerlichen Werten, Normen und Tugenden. Er ist bestenfalls graduell, keineswegs aber prinzipiell vom Händler und Kaufmann zu unterscheiden. Wenn überhaupt, vergißt er die Regeln von Sitte und Anstand nur für kurze Zeit und kann sich nach seinem räuberischen Exkurs auf See problemlos der ‚guten' Gesellschaft als angesehenes Mitglied wiedereinfügen.

3. Henry Morgan — das ‚ausgereifte Modell'

Eine weitere Figur beherrscht das Szenarium traditioneller Rekonstruktionen westindischer Freibeutergeschichte: Henry Morgan.[12] Seine Existenz und seine Taten sind — anders als im Falle le Grands — durch Akten und Urkunden detailliert belegt. Das macht Morgans turbulente Seeräuberbiographie zum bevorzugten Demonstrationsobjekt vor allem solcher Arbeiten, die das Freibeuterbild mit dem Anspruch strenger Wissenschaftlichkeit zeichnen wollen.

Abb. 3 Henry Morgan

Henry Morgan wird vermutlich im Jahre 1635 als Sohn eines Pächters oder Grundbesitzers in Wales geboren. Die Umstände seines ersten Auftauchens in Westindien sind nicht eindeutig geklärt. Fest steht, daß ihn weniger wirtschaftliche Not als Abenteuerlust zu den Ufern der karibischen Inselwelt trieb — wohl auch die Gunst verwandtschaftlicher Bande und guter Beziehungen: Der in den Verwaltungsakten der Insel Jamaica 1664 als ‚Deputy Governor' verzeichnete Colonel Edward Morgan ist höchstwahrscheinlich sein Onkel.[13]

Ab 1665 etwa beteiligt sich Henry Morgan an Raubunternehmungen und Kaperfahrten englischer Freibeuter, die — zum Teil unter Begleitung königlicher Offiziere — von Jamaica aus gegen spanische Schiffe und Niederlassungen segeln.

„Klüger als seine Kameraden, verpraßte er seinen Beuteanteil nicht in Kneipen und mit Weibern sondern sparte zusammen, was er mit Einsatz seines Lebens gewonnen hatte."[14]

So verfügt er bald über die Mittel und Kreditwürdigkeit, um in eigener Regie operieren zu können. Mitte 1668 initiiert und organisiert Morgan mit Wissen und Billigung des englischen Gouverneurs von Jamaica, Sir Thomas Modyford, und mit finanzieller Unterstützung in Port Royal ansässiger Kaufleute seinen ersten eigenen Raubzug.

Ziel ist die Stadt Porto Bello, einer der bestbefestigten spanischen Stützpunkte in Westindien, Stapelplatz und Verschiffungshafen fast aller aus Süd- und Zentralamerika stammenden Reichtümer; unermeßliche Werte an Gold, Silber, Perlen und Edelsteinen warten hier neben großen Mengen von Edelhölzern, Indigo und Kakao auf den Weitertransport nach Europa. Morgan kommt mit neun Schiffen und 400 Mann. Die Piraten überrumpeln die Garnison, halten sich 15 Tage in der Stadt auf, lassen ein zerstörtes und ein geschleiftes Fort zurück, leere Lagerhäuser und demoralisierte Spanier und werden bei ihrer Rückkehr nach Jamaica in Port Royal triumphal empfangen und als Helden gefeiert.

Im Frühjahr 1669 suchen unter Morgans Kommando — wiederum in enger Absprache mit Sir Thomas Modyford — etwa 500 Freibeuter die spanischen Siedlungen Maracaibo und Gibraltar heim. Drei stattliche und schwerbewaffnete spanische Linienschiffe, deren Kapitäne versuchen, den Raubgenossen die Heimfahrt zu verwehren, bleiben als Wracks auf der Strecke. Die Beute ist auch diesmal beachtlich.

Im Januar 1671 dann gelingt Henry Morgan ein Coup, der ihm endgültig den Weg in die Annalen der Geschichte ebnet. Als selbsternannter ‚Chefadmiral aller Bukaniersflotten und Generalissimo der vereinigten Freibeuter von Amerika' zieht er mit etwa 2.000 Mann (Engländer, Holländer und Franzosen) auf 36 Schiffen gegen Panama — auch diesmal nicht ohne das Plazet Modyfords.

Abb. 4 Morgans Angriff auf Maracaibo

Abb. 5 Kampf zwischen Spaniern und Piraten in Gibraltar

Panama ist zu jener Zeit mit die größte und reichste Niederlassung Spanisch-Amerikas:

> „... es waren meist hölzerne Häuser, jedoch prächtig gebaut, allesamt von Cedernholz und innen mit schönem Bildwerk geschmückt (...). Da waren auch sieben Mönchs- und Nonnenkloster samt einem Spital und einer Domkirche, dazu noch eine Pfarrkirche, sie alle waren ausnehmend schön mit Bildwerk und Schildereien geziert. In der Stadt waren zweitausend köstliche Kaufmannshäuser und ungefähr dreitausend gewöhnliche, auch Ställe von Fuhrleuten (...). Rings um die Stadt waren mannigfaltige Anlagen und anmutige Gärten, versehen mit allerhand Fruchtbäumen und Küchenkräutern.[15]

In Panama lagern die Spanier das mexikanische Gold und das peruanische Silber, bevor sie es auf Mauleseln zur Atlantikküste weitertransportieren. Unter Morgans Führung schlagen die Piraten nach einem strapaziösen neuntägigen Fußmarsch über den Isthmus eine beachtliche Überzahl spanischer Soldaten in die Flucht und besetzen, plündern und brandschatzen die Stadt. Panama versinkt in Schutt und Asche. Lediglich der Gouverneurspalast, ein paar Kirchen und an die 300 Gebäude der Vorstadt bleiben verschont.

Bemerkenswert ist, daß Henry Morgan sich während des Panama-Unternehmens wiederholt ungeschriebenen Konventionen der Freibeutergemeinschaften widersetzt. Als er nach Einnahme der Stadt hört, daß eine größere Gruppe seiner Weggefährten Anstalten trifft, den Haupttrupp zu verlassen, um in pazifischen Gewässern nach Beute zu kreuzen, läßt er alle im Hafen liegenden Schiffe zerstören und torpediert so das Recht auf freie Sezession. (Auf dem Rückmarsch über den Isthmus will er keinen Mann missen, da mit spanischen Hinterhalten gerechnet werden muß, gegen die es sich zu wehren gilt.)

Beim Verteilen der Beute dann bedenkt er sich selbst überaus großzügig, während er die Mannschaften mit einem Taschengeld abspeist. Offene Revolte ist die Folge, der sich Morgan allerdings dezent zu entziehen versteht: Mit einigen Getreuen setzt er sich in einer Nacht- und Nebelaktion ab und segelt auf eigener Route als schwerreicher Mann nach Jamaica zurück — was nebenbei zeigt, daß er das Prinzip der freien Sezession keineswegs grundsätzlich ablehnt.

Die Unternehmungen Henry Morgans entsprechen exakt der inoffiziellen Linie englischer Kolonialpolitik gegen Spanien im westindischen Raum. Doch suchen die verantwortlichen Lords in Whitehall parallel auf offiziellem, diplomatischem Parkett mit der Regierung in Madrid Übereinkünfte zu erzielen, die als Basis einer möglichst von kriegerischen Eskalationen freien englisch-spanischen kolonialen Koexistenz dienen können.

Im März 1671 soll ein von beiden Seiten bereits Anfang Juli 1670 unterzeichnetes Abkommen in Kraft treten, mit dem Spanien die englischen Besitzungen in der Karibischen See erstmals formal anerkennt. Das ist genau der Zeitpunkt, zu dem in Europa die Plünderung und Einäscherung Panamas ruchbar wird. Der wie immer wütende Protest der spanischen Krone nötigt die englische Regierung dieses Mal zu einer deutlicheren Reaktion als die sonst übliche lapidare Antwort, ihre britische Majestät betrachte die karibischen Freibeuter auf Jamaica keineswegs als ihre Untertanen und fühle sich für deren Taten nicht verantwortlich. Henry Morgan und sein ‚Leitoffizier' Sir Thomas Modyford werden unter Arrest nach London zitiert, wo sich beide Herren vor Gericht für ihr Tun verantworten sollen. Der Prozeß findet nie statt. Sir Thomas Modyford wird seines Postens als Gouverneur enthoben und wandert pro forma für eine (kurze) Weile in den Tower. Henry Morgan wird 1674 geadelt und zum ‚Lieutenant-Governor' von Jamaica ernannt, ,,. . . King Charles expressing particular confidence in his loyalty, prudence and courage and long experience of that colony."[16] Als solcher und später als ‚Custos of Port Royal' und ‚Judge of the High Court of Vice-Admiralty' macht sich Sir Henry Morgan einen Ruf als gewiefter Piratenjäger, der so manchen seiner ehemaligen Gefährten ohne Pardon zur Strecke und an den Galgen bringt.[17]

Auch Sir Thomas Modyford kehrt als ‚Chief Justice' der Kolonie Jamaica in Amt und Würden und in die Karibische See zurück. Auf seinem Grabstein in der Kathedrale in Spanish Town wird er unter anderem beschrieben als ,,The Soule and Life of all Jamaica, Who first made it what it now is."[18]

Stellt Pierre le Grand quasi den ‚Rohstoff' für den klassischen karibischen Freibeuter dar, wird in Sir Henry Morgan das ‚Endprodukt' einer gelungenen ‚Bearbeitung' vorgeführt. Auch Morgans primäres Motiv ist die Aussicht auf fette und schnelle Beute. Da er sich auf dem Weg dorthin weitgehend an staatlich verordnete und abgesegnete Spielregeln hält, erscheint seine Piraterie aber weniger als Methode individueller Bereicherung, sondern als effektives Instrument kolonialpolitischer und kolonialwirtschaftlicher Praxis. Kraft seiner Führerpersönlichkeit faßt er relativ ,,zuchtlose Scharen" vorübergehend zu einer ,,furchteinflößenden Kriegsmacht" zusammen,[19] die durch spektakuläre, paramilitärische Offensivoperationen der Präsenz, den Ansprüchen und Interessen Englands im karibischen Raum nachdrücklich Geltung verschafft: Sie hält den ‚äußeren Feind' Spanien in Atem, bereitet ihm strategische und moralische Niederlagen und lenkt ihn von Attacken gegen englische Siedlungen und den englischen Schiffsverkehr ab. Dabei stehen die von Morgan verantworteten Freibeuteroperationen nicht im Zeichen einer mehr oder weniger diffusen Spontaneität; sie sind Ausdruck zielbewußter, gewinnmotivierter Planung und Organisation.

Der Umsatz der beträchtlichen Beute, die aus Morgans Unternehmungen nach Jamaica gelangt, ist ein wichtiges Moment für die lokale Wirtschaft. Anders als die zwischen Europa und Westindien pendelnden Handelsfahrer ziehen Morgan und Konsorten ihren ‚Profit' nicht aus der Karibischen See ab. Sie lassen ihn in die Kassen der Geschäftsleute von Port Royal fließen — z.B. indem sie in Ausrüstung von Schiffen für neue Expeditionen investieren —, beschleunigen den Bargeldverkehr und tragen zur Akkumulation des lokalen Kapitals bei.[20]

Henry Morgan ist schillernder Exponent des institutionalisierten und professionalisierten Piratentums. Er erscheint als Agent der herrschenden Klasse — des Handels- und Finanzbürgertums samt der ‚fortschrittlichen' Teile der eingesessenen Feudalaristokratie —, als gut funktionierende Figur im ‚Spiel' der Reichen und Mächtigen um koloniale Märkte und Einflußsphären. Reibungslos fügt er sich der Logik eines auf den Prinzipien Herrschaft und Ausbeutung basierenden Systems. Morgans Motive und Intentionen lassen sich ohne weiteres mit den Motiven und Intentionen derjenigen gleichsetzen, die versuchen, das westindische Freibeuterwesen zu disziplinieren und zu kontrollieren. Morgan legt Verhaltensweisen an den Tag, die dem im 17. Jahrhundert sich entfaltenden Kaufmannsgeist voll entsprechen:

> *„Der Mensch, der Erfolg hatte, war der Mensch, der sparte, der seine Gewinne in seine Unternehmungen steckte, der Preise und Kosten genau kalkulierte und Risiken auf sich nahm, um Nutzen daraus zu ziehen."*[21]

Der Umstand, daß der Person und den Taten Sir Henry Morgans in der traditionellen Piratenliteratur herausragende Bedeutung beigemessen wird, reflektiert eine Sichtweise, die dem westindischen Freibeuterwesen nur Sinn und Geltung im Feld (merkantil und imperialistisch determinierter) ökonomischer und politischer Rationalität zubilligt. Die Parameter des Analyserasters, mit dem die orthodoxe Geschichtsschreibung über Piraterie arbeitet, bestimmen die historische Relevanz des Freibeuters bzw. des Freibeuterwesens als Funktion der Intensität seiner (positiven) Beziehungen zu staatlicher Gewalt einerseits und zu Markt und Handel andererseits; maßgeblich ist in diesem Kontext der Grad des Einflusses der Freibeuterei auf den Verlauf des Kampfes um die Beherrschung des Atlantiks und der Karibischen See und auf Volumen und Distribution von Handelsgütern und -waren.

Selbstverständlich werden auch die nicht-machtgesteuerten, nicht-profitorientierten Varianten der Freibeuterei zur Kenntnis genommen. Doch finden sie sich gewöhnlich als mehr oder weniger irrationale Manifestationen einer Art pathologischer Verfehlung/Abweichung/Entartung — überwiegend grausamer Natur — eines bestimmten Teils der Piratenspezies in den Bereich des Unwesentlichen ausgegrenzt.

4. Das westindische Freibeuterwesen als ‚Instrument der Hohen Politik'

Klassische Darstellungen des westindischen Freibeuterwesens leitet vor allem die Intention, die „historische Bedingtheit" der „Entstehung, Entwicklung und des Zerfalls dieser merkwürdigen Seeräuber-Genossenschaft" durch die „Politik der Großen Mächte" aufzuzeigen.[22] Zwar findet sich diese Zielperspektive nicht immer so explizit formuliert wie bei Hasenclever, doch ist sie der traditionellen Analyse immanent. Das Freibeuterphänomen wird eher am Rande der gängigen historischen Untersuchungsphäre angesiedelt. Es hat keine Dignität an sich. Lediglich in den Grenzen eines übergeordneten Bezugsrahmens, der politische Ereignisse und internationale Beziehungen sowie das Wirken mächtiger und einflußreicher Personen — genauer: die Abläufe der diplomatischen und militärischen Konflikte zwischen (sogenannten) Großmächten und ihren Repräsentanten — als den einzig wirklich bedeutsamen Gegenstand historischer Forschung definiert, erscheint das Phänomen behandlungswürdig; (die Tradition des Historismus ist hier evident).

Die Bukaniere und Flibustier finden ihren Weg in den geschichtswissenschaftlichen Wahrnehmungshorizont und in geschichtswissenschaftliche Abhandlungen „... not as picturesque figures of melodrama, but because they were for a time an instrument of high policy."[23] (Tatsächlich liegt zwischen diesen beiden Polen ein weites Feld noch ungeschriebener Piratengeschichte.)

Die Freibeuterei wird als eine Art politische Institution begriffen, die in einer spezifischen Phase der europäischen transatlantischen Expansion eine wesentliche Rolle spielt.[24] Im Verlauf der Auseinandersetzung um koloniale Macht und kolonialen Einfluß in Amerika im allgemeinen und um den Rohstofflieferanten und den Markt Westindien im besonderen, tragen Piraten mit staatlicher Sanktion die Offensive gegen den spanischen Exklusivanspruch auf die Neue Welt,[25] da weder die englische noch die französische oder holländische Regierung im 16./17. Jahrhundert über ein ausreichendes Marinekontingent verfügt,[26] das diesen Part mit der Aussicht auf Erfolg übernehmen könnte. Der Vertrag von Tordesillas[27], die Unfähigkeit Spaniens, den hier festgeschriebenen Status de facto durchzusetzen und die Weigerung, die Monopolbestimmungen zu revidieren, geschweige denn aufzugeben, die Desorganisation des spanischen Kolonialverwaltungssystems in Mittel- und Südamerika und das nachdrückliche Bestreben der übrigen nordwesteuropäischen Mächte, sich vom lukrativen Transatlantikhandel Spaniens eine gehörige Scheibe abzuschneiden und selber in Amerika politisch und ökonomisch Fuß zu fassen, werden zu konstituierenden Momenten für das westindische Freibeuterwesen und sein Florieren erklärt.[28] Es ist ein „... Zerstörungsmittel in der Hand der den Spaniern feindlichen Mächte, eine Bombe von unerhörter Brisanz, die Platz macht für das neue Amerika."[29]

Die an Piraten/Privatiers delegierte Unterminimierung des spanischen Monopols erfolgt — so die auf das Politische zentrierte Version der Freibeutergeschichtsschreibung — in drei Etappen:

1. Den Reigen eröffnen zunächst eher sporadische Operationen, die überwiegend auf europäische Gewässer beschränkt bleiben. Vor der spanischen Atlantikküste werden aus Amerika zurückkehrende Galeonen abgefangen und ausgeraubt.[30] Im Jahre 1523 bringt der französische Pirat Jean Fleury bei einem solchen Unternehmen drei Schiffe auf, die einen Großteil der mexikanischen Beute des Hérnan Cortés transportieren; (die Ladung ist für Karl V. bestimmt).[31] Fleury erwischt nicht nur gigantische Reichtümer an Gold, Perlen und Smaragden. Erstmals, so geht die Mähr, fällt auch umfangreiches, streng geheimgehaltenes Kartenmaterial über die spanischen Schiffahrtsrouten von und nach Westindien in ‚unbefugte' Hände und macht auch bei holländischen und englischen Seeleuten schnell die Runde.[32] Die relative Ruhe vor piratischen Übergriffen, die den Spaniern in ihren transatlantischen Besitzungen etliche Jahre lang beschieden war, findet nun ein rasches Ende.

2. Systematisch und professionell organisierte, von staatlichen Institutionen und wirtschaftlichen Konsortien initiierte und finanzierte Kaperfahrten zu den Antillen kennzeichnen den weiteren Verlauf der kolonialpolitischen Auseinandersetzung mit Spanien. Piraten überlagern den gesamten spanischen Schiffsverkehr in der Karibischen See und im Golf von Mexiko und lassen kaum eine der spanischen Niederlassungen ungeschoren.

    Bis Ende des 16. Jahrhunderts orientieren sich die Freibeuterunternehmungen gegen die spanische Kolonialmacht an einem Aktionsmuster, das knapp aber treffend als ‚Hau-zu-und-hau-ab'-Taktik zu bezeichnen ist: Vom jeweiligen europäischen Mutterland aus stößt man nach Westindien vor, schlägt zu Wasser und/oder zu Land blitzschnell seine Beute, verläßt darauf unverzüglich den von Spanien reklamierten Machtbereich und kehrt in den heimatlichen Hafen zurück; (die Namen der Kapitäne John Hawkins, Francis Drake, François le Clerc und Piet Heyn stehen repräsentativ für die antispanischen Raubexpeditionen dieser Prägung).[33]

3. Die naheliegende Idee, in Westindien selbst vorgeschobene Basen für den offiziellen, halboffiziellen und inoffiziellen Kaperkrieg gegen Spanien zu etablieren, wird etwa ab 1620 zunehmend erfolgreich realisiert.[34] Die Spanier verlieren die bereits lädierte Seeherrschaft im karibischen Raum endgültig an die englischen, holländischen und französischen Flibustier, die sich auf strategisch günstig gelegenen Antilleninseln festsetzen.[35] Die Stützpunkte der Flibustier und Bukaniere in der Karibischen See sind für England, Holland und Frankreich entscheidende Ausgangspunkte zur Erschließung der westlichen Hemisphäre.

Fortan operieren die Freibeuter als Fünfte Kolonne oder internationale maritime Söldnertruppe[36] der nordwesteuropäischen Mächte jenseits der imaginären Linie, die auf dem 46. Längengrad von Pol zu Pol verläuft und seit 1494 (Tordesillas) das Territorium spanischer Kolonialinteressen gegen den Rest der Welt abgrenzt.

Die ‚Hohe Zeit' des karibischen Freibeuterwesens beginnt, in der „... von einer Reihe kunterbunt zusammengewürfelter Außenseiter ... fast zehn Jahrzehnte lang bis in unsere Epoche nachwirkende Weltgeschichte gemacht ..." wird.[37]

Bis Ende des 17. Jahrhunderts stellen die Freibeuterkongregationen das einzige relevante nicht-spanische militärische Machtpotential dar und sind als solches ein wichtiger politischer Faktor.[38] Prosaisch ausgedrückt: „Die Karibische See glich ... einem Spieltisch, wo es um die Kronen der Könige Europas ging und Piraten die Würfel rollen ließen."[39]

Das skizzierte Drei-Phasen-Konstrukt liefert ein progressives Entwicklungsschema freibeuterischer Aktivitäten gegen die spanische Kolonialmacht in Westindien. Alle Stufen sind linear und kausal miteinander verknüpft und die jeweils folgende spiegelt eine relativ höhere und komplexere Organisationsqualität wider als die vorhergehende. (Parallel steigen die Anforderungen an die staatlichen Steuerungsvermögen, da immer längere räumliche und zeitliche Distanzen überbrückt werden müssen.)

Das karibische Freibeuterwesen ist demnach logischer Endpunkt eines kontinuierlichen Prozesses, die fortgeschrittenste Form der paramilitärischen Konfrontation mit Spanien um die Ressourcen der Neuen Welt. Aus dieser Perspektive erscheinen die Flibustier/Bukaniere als direkte Nachfolger von Drake, Hawkins et al.[40] und sind, so wird suggeriert, analog zu ihren Vorgängern zu beschreiben und zu bewerten.

Die ‚höfischen' Piraten des 16. Jahrhunderts, die mit guten Verbindungen zu Krone, Adel und Kaufmannschaft diszipliniert und loyal tatsächlich überwiegend mehr oder weniger zentral verwalteten und gewinnorientierten Seeraub betreiben, werden zum Klischee für die Abbildung und Interpretation des westindischen Freibeuterwesens des 17. Jahrhunderts.[41]

Während der zweiten Phase piratischer Intervention gegen Spanien ist Francis Drake „... der große Schrittmacher der englischen Politik in Westindien."[42] Die karibischen Freibeuter folgen seinem Kielwasser und setzen — nun direkt vor Ort ständig präsent und verfügbar — ihrerseits als Wegbereiter einer planmäßigen Landnahme spezifische (kolonial-) politische Akzente. Die Piratennester auf den Antillen sind (nach traditioneller Auffassung) Brückenköpfe der Kolonisation, Keimzellen regulärer — sprich staatlich kontrollierter bzw. kontrollierbarer Niederlassungen und florierender Plantagen.[43] Die Freibeuter selbst erhalten den Status erster Siedler[44], die allerdings zunächst noch einer etwas unsteten Daseinsweise anhängen:

> „The passion for wandering from island to island in search of some easy way to wealth or merely in search of change is a noticable trait of all our early colonists in the West Indies."[45]

Doch sind sie gerade durch ihren ‚wilden' Lebensstil für die Anforderungen der rauhen Pionierarbeit prädestiniert: „. . . those half-trades, half-privateers who roved about the Spanish waters were exactly the people who were likely to prove useful in colonization."[46]

Der Kolonialadministration bleibt die doppelte Aufgabe, einerseits die ‚räuberischen Instinkte' dieser Leute zu kanalisieren, andererseits Verhaltensweisen zu inspirieren und zu fördern „. . . qui font les véritables colonisatuers, et avant tout l'attachement au sol."[47]

Schon für die Jahre ab 1664 dann konstatiert die landläufige Interpretation „. . . the rising movement towards planting that was stirring among the adventurers of all the maritime nations."[48]

Die verbleibenden Bukaniere und Flibustier bilden agile Truppen verwegener Amphibienkämpfer, die durch ihre oft unorthodoxen offensiven Operationen „. . . as a striking force and a planter militia for land defence"[49] wesentlich zur Konsolidierung der frisch gewonnenen und zunächst noch recht dünn besiedelten englischen, holländischen und französischen Kolonien in Westindien beitragen. Die Freibeuterei fördert zudem „. . . a high and military spirit among the inhabitants."[50] So können die Spanier bei ihren ohnehin recht halbherzigen Versuchen, die Karibischen Inseln von den unwillkommenen, respektlosen Eindringlingen zu räumen, wenn überhaupt, nur geringe und kurzfristige Erfolge verbuchen.

Im weiteren Verlauf der Geschichte werden die allmählich prosperierenden transatlantischen Kolonien zu Objekten und gleichzeitig zu Nebenschauplätzen der bewaffneten Konflikte in Europa.[51] Die europäischen Hegemonial- und Territorialkriege liefern das Bedingungsgefüge, das die Entwicklung des westindischen Freibeuterwesens für den Rest des Jahrhunderts determiniert. Das heißt Piraterie findet sich nahezu ausschließlich als kriegsbegleitende Aktion gefaßt und analysiert,[52] „. . . as a system of politics and waging war."[53]

Die ständig angespannte politische Situation hält die europäischen Regierungen geneigt, Freibeuterei durch forcierte Ausgabe staatlicher Kaperlizenzen zu animieren. Die Kriegswirren schaffen entwurzelte, versprengte, unruhige

Existenzen, eine Art menschliches Treibgut, das zum Teil an den Ufern der Karibischen See strandet und ein ideales, nahezu unerschöpfliches Rekrutierungspotential für das institutionaliseirte Raubgewerbe darstellt.[54]

Im westindischen Raum führen die Vorgänge in Europa zur Auflösung der traditionellen Front mit Spanien auf der einen und England, Holland und Frankreich auf der anderen Seite. Die einzelnen Nationalitätenkontingente unter den Flibustiern und Bukaniern werden von den Administrationen der jeweiligen Mutterländer vereinnahmt und zu Kriegs- und Hilfsdiensten verpflichtet und entsprechend der gerade aktuellen politischen Konstellationen und Koalitionen gegeneinander ausgespielt. Nachdem ihre eigentliche Aufgabe erfüllt ist, in den weiten Gebieten des Antillenmeeres die politische und ökonomische Vorherrschaft der spanischen Krone zu brechen, sehen sich die Freibeuter im Rivalitätskampf der europäischen Kolonialmächte zu Kanonenfutter degradiert und nach und nach aufgerieben.[55]

Gegen Ende des 17. Jahrhunderts erreichen die Kräfteverhältnisse in Europa (zumindest vorübergehend) deutlich ein Niveau relativer Ausgewogenheit. Parallel gewinnen die transatlantischen Kolonien als expandierende Produktionsstätten tropischer Güter (Tabak, Zucker, Kaffe, Kakao, Baumwolle, Edelhözer usw.) an wirtschaftspolitischer Bedeutung für die heimischen Märkte. Als Folge lassen die europäischen Regierungen ein zunehmendes Interesse erkennen, durch Befriedung des karibischen Raumes die Ausbeutung der ‚natürlichen Reichtümer' Westindiens zu optimieren.

Im Vertrag von Ryswijk (1697) und später noch einmal im Vertrag von Utrecht (1713) schreiben Spanien, England, Holland und Frankreich ihre transatlantischen kolonialen Besitzstände fest und erkennen sie wechselseitig an. Alle Parteien verpflichten sich, Piraterie als Mittel der politischen Auseinandersetzung nicht länger zuzulassen. Mit der staatlichen Protektion verlieren die karibischen Freibeuter ihre maßgebliche Existenzgrundlage. Auch die Wertschätzung, die Flibustier und Bukaniere über Jahrzehnte bei den westindischen Siedlern genossen, schrumpft rapide. Es dämmert die Einsicht, daß die Begleiterscheinungen des exzessiv betriebenen Seeraubs die Kolonien zu Horten der Zügellosigkeit und Unordnung machen und so das Wachstum eines soliden wirtschaftlichen Wohlstandes behindern.

„*The planters had come at last to realize that to harbour ruffians and afford them every opportunity of squandering their plunder in riot and debauchery . . . drove away legitimate trade and prevented the investment of capital in serious enterprise.*"[56]

Die meisten Piraten sind reibungslos in das etablierte kolonialpolitische Gefüge zu integrieren: Sie lassen sich als Pflanzer nieder oder werden von der regulären Kriegs- und Handelsmarine absorbiert. Der kleine Rest der Unverbesserlichen wird für vogelfrei erklärt, gnadenlos gejagt und nach und nach aufgehängt.[57] Damit ist das Ende des karibischen Freibeuterwesens besiegelt.

Zwei Punkte bleiben festzuhalten:

— Die skizzierte Perspektive geht davon aus, daß eine Territorialisierung des westindischen Freibeuterwesens, eine staatliche Aneignung und Vereinnahmung durch einen zentralen Steuerungs- und Kontrollapparat, in relevantem und effektivem Maß stattgefunden hat.

— Folgerichtig zeichnet sie die schließliche Denunzierung und systematische Bekämpfung der Piraterie als Konsequenz eines Umschwungs in der Haltung der Regierungen, der in internationalen politischen Übereinkünften und Verträgen Ausdruck findet.[58]

5. Das westindische Freibeuterwesen und die ‚ursprüngliche Akkumulation des Handelskapitals'

Ökonomisch gesehen — und diese Perspektive markiert die andere Schiene der traditionellen Analyse — ist die Zeit der karibischen Freibeuter die der ‚ursprünglichen Akkumulation':

„In der nüchternen Sprache der Politökonomie sind die Seeräuber wichtige Agenten der Genese und Durchsetzung kapitalistischer Wirtschaftsstrukturen, für die Verwandlung des feudalen Schatzes in das Handels- und Kaufmannskapital."[59]

Das Freibeuterwesen erscheint als Ferment der Auflösung der feudalen Gesellschaftsform[60] und als Faktor, der die kapitalistische Produktionsweise formen hilft.[61]

Unbestritten hat die ‚Eroberung' und koloniale Ausbeutung Amerikas stimulierenden Einfluß auf die wirtschaftlichen Entwicklungen und Transformationen in Europa.[62] Bereits 1503 gelangen kleinere Goldmengen aus Westindien nach Spanien. Im Jahre 1519 folgt die erste Azteken-Beute aus Mexiko und 1534 Pizzaros Inka-Schatz aus Peru. Die übrigen europäischen Länder erreicht die neue Kaufkraft zunächst durch die Kanäle des privaten (Schleich-) Handels einschließlich der Piraterie. Ein Großteil der Edelmetalleinfuhr jener Jahre nach England, Frankreich und Holland verdankt sich der Plünderung spanischer ‚Silberschiffe' durch unternehmungslustige Freibeuter.

Während des gesamten 16. Jahrhunderts und bis weit ins 17. Jahrhundert hinein sind Seehandel und Seeraub korrelierende Aktivitäten, zwischen denen eine klar fixierte bzw. fixierbare Grenze faktisch nicht existiert. Freibeuterei gilt als reguläres und durchaus ehrbares Gewerbe und wird geschäftsmäßig betrieben.[63] In den europäischen Metropolen — besonders in London — finden sich Händler und Kaufleute, exponierte Seefahrer und Angehörige führender Adelskreise häufig in Form von ad-hoc-Aktiengesellschaften zusammen, mit dem erklärten Ziel, Kaperexpeditionen zu initiieren und zu finanzieren.[64] Nicht selten sind auch die jeweiligen Königshäuser mit Einlagen beteiligt.

> „Privateering ... fused the energy and resources of ... various social groups; court and country gentlemen, merchant magnates and local traders, captains and masters, those thrusting yeomen of the sea ..."[65]

Doch wird die Branche eindeutig vom Handels- und Finanzbürgertum der großen Städte dominiert.

Obwohl im Einzelfall der Erfolg seeräuberischer Operationen nur schwer kalkulierbar ist, rechtfertigt die potentielle Rendite jedes Risiko. Unterm Strich ermöglicht die Freibeuterei eine rasante Realisierung beachtlicher Gewinne und potenziert so das Tempo der Aufstockung frei verfügbarer Aktiva.[66]

Als herausragende aber keineswegs exklusive Beispiele in diesem Sinne materiell lukrativer Kaperfahrten würdigt die einschlägige Literatur die westindischen Freibeuterunternehmungen von Francis Drake. Von seiner berühmtesten Reise, die ihn zwischen November 1577 und September 1580 nicht nur in den karibischen Raum, sondern auch noch um den Rest des Erdballs führt, bringt Drake eine Beute mit, deren Wert (nach damaliger Kaufkraft) die Summe von 600.000 Pfund Sterling wahrscheinlich weit übersteigt. (Durchaus ernstzunehmende Schätzungen sprechen von 1,5 Mio. Pfund Sterling.)[67] Nach Abzug aller Unkosten[68] und der separaten Anteile für Königin Elisabeth I. und Drake selbst entfällt auf alle weiteren Beteiligungen eine Dividende von ca. 5.000 %.[69]

> „Elisabeth zahlte aus den Erlösen ihre ganze Auslandsschuld zurück und legte einen Teil des Restbetrages (rund 42.000 Pfund Sterling) in der Levant Company an; größtenteils aus den Gewinnen der Levant Company wurde die East India Company gegründet, mittels deren Gewinnen während des 17. und 18. Jahrhunderts die Fundamente der englischen Auslandsverbindungen gelegt wurden, und so fort."[70]

Profite aus organisierter Piraterie erscheinen als Quelle staatlicher und privater Investitionen in Schiffbau, Explorationsunternehmungen, Handels- und Gewerbeprojekte. Beute wird zu Kapital, das sich vor allem auf Seiten der Händler und Kaufleute konzentriert und einen spekulativen Boom auslöst, eine qualitative Ausweitung kommerzieller Aktivitäten, die sich zunächst noch überwiegend auf die Zirkulationssphäre beschränken.[71]

Das ändert sich rasch. Die mit dem ausgehenden 16. Jahrhundert nicht zuletzt auch durch systematisch betriebene Freibeuterei ermöglichte und begünstigte Akkumulation mobiler Geldvermögen in bislang nicht gekannter Höhe schafft die materielle Voraussetzung eines historischen Prozesses, in dessen weiterem Verlauf Teile des Handels- und Finanzbürgertums ‚überschüssiges' Kapital zunehmend auch direkt in die Produktionssphäre investieren und auf diesem Weg wesentlich dazu beitragen, daß entsprechend sich wandelnder Verwertungsinteressen und -zusammenhänge die Warenherstellung durch Rationalisierung und Zentralisierung allmählich eine höhere und komplexere Form erreicht.

So gesehen übernimmt das Kaufmanns- und Handelskapital — samt der in ihm aufgehobenen Piratenbeute — eine vorbereitende Schlüsselfunktion für die Entwicklung der kapitalistischen Produktionsweise.[72]

Erträge der von europäischen Dependanzen auf den Großen und Kleinen Antillen aus organisierten Kaperexpeditionen im westindischen Raum fließen überwiegend nicht nach Europa ab, sondern kommen unmittelbar den Kolonien zugute. „. . . £5.000 or £10.000 from a Spanish prize would help to put the colony on its feet."[73]

Aus dem Fonds staatlich vereinnahmter Beuteanteile werden die Aufwendungen für den militärischen Schutz der Siedlungen und den Unterhalt der administrativen Einrichtungen und ihrer beamteten Sachwalter bezuschußt.[74] Renditen aus privaten Beteiligungen an Raubfahrten gegen die Spanier verschaffen in Westindien ansässigen kaufmännischen ‚Unternehmen' binnen kürzester Frist das notwendige Investitionspotential zur Installation kapitalintensiver Verfahren des Anbaus und der Verarbeitung tropischer Agrarprodukte (Großplantagen, Zuckermühlen usw.).[75] Conclusio: Das karibische Freibeuterwesen — sofern machtgesteuert und profitorientiert — unterstützt ohne Frage zumindest mittelbar Absicherung und Entfaltung des merkantilen Ausbeutungssystems in den transatlantischen europäischen Kolonien.

Als etwa ab 1650 die koloniale Wirtschaft effektiv zu funktionieren und klar kalkulierbare Gewinne abzuwerfen beginnt und parallel sich auch mit den Spaniern allmählich immer reibungslosere Austauschbeziehungen herstellen lassen, verliert die Piraterie als Methode zur schnellen Beschaffung bzw. Aufstockung flüssiger Aktiva zunehmend an Attraktivität.

Händler und Kaufleute räumen mit der Zeit vor den spektakulären aber letztlich unwägbaren Profiten aus der Kaperei dem stetigen und sicheren Profit aus geregelten und fest etablierten Unternehmungen eine deutliche Präferenz ein und beteiligen sich an dem ideellen und materiellen Kampf gegen das unliebsam gewordene Raubgewerbe.[76] Anders gesagt: Der entwickelte Merkantilismus repräsentiert einen neuen Typus von Rationalität und ökonomischer Disziplin, in deren Feld u.a. auch die Freibeuterei keinen Ort mehr hat.[77]

Macht die so sich präsentierende Analyse des Freibeuterphänomens den in Westindien stationär betriebenen kontrollierten Seeraub zu einem zwar erwähnens- und beachtenswerten, aber kaum sensationellen Appendix der ‚ökonomisch relevanten' Piraterie des 16. und 17. Jahrhunderts, erscheinen die unautorisierten bzw. nicht mehr autorisierten Operationen der ‚Küstenbrüder' unter der Rubrik ‚sporadische Entgleisungen' als Marginalien, die man getrost vernachlässigen kann.[78]

Das westindische Freibeuterwesen wird (wie das Freibeuterwesen insgesamt) auf die Funktion reduziert, Geldvermögen zu erbeuten und zu akkumulieren bzw. nur insoweit erfaßt, als es sich auf diese Funktion reduzieren läßt.

Entsprechend der Analyse auf politischer Ebene erhält auch hier nur jene Form des Seeraubs historisches Gewicht, die direkter oder indirekter Lenkung durch nationale Eliten und zentralisierte staatliche Institutionen zumindest im Ansatz unterliegt.

6. Die ‚Verbürgerlichung' des westindischen Freibeuters

Auf den beschriebenen, durch makropolitische bzw. makroökonomische Kategorien determinierten Betrachtungsebenen werden die westindischen Freibeuter als eine Art lokaler Machtgruppe begriffen, die innerhalb der bestehenden und sich entwickelnden sozialen, politischen und ökonomischen Struktur oder an deren Peripherie — mitunter auch schon mal außerhalb der Systemgrenzen in unklar definierten Sphären — operiert, nicht jedoch direkt gegen diese Struktur auftritt.[79] Mehr noch: Im Verein mit der ‚europäischen' Piraterie des 16. Jahrhunderts gewinnt das karibische Freibeuterwesen des 17. Jahrhunderts den Stellenwert eines Katalysators des historischen Fortschritts, der gesellschaftlichen Transformation hin zur bürgerlichen Ordnung. Es erhält seinen Ort im Raum der politischen und ökonomischen Ideale und Interessen der aufstrebenden Bourgeoisie zugewiesen. So präsentiert man z.B. die soziale Organisationsform der westindischen Freibeuterkongregationen als partielle Antizipation wesentlicher ‚Errungenschaften' der Französischen Revolution, als im Ansatz erkennbare Verwirklichung bürgerlicher Freiheiten — religiöse Toleranz, eine Art Gesellschaftsvertrag, allgemeines Wahlrecht[80] — und erkennt im Zusammenleben der Flibustier/Bukaniere „Ansätze all dessen, was wir heute unter Demokratie verstehen."[81] Andrews schreibt:

„There was an element of democracy in privateering, strongest at sea, where the mariners inclined to take the bit between their teeth and gentlemen often had to haul and draw with the rest, but also present in the preparation of a venture and its winding up, since both were free for all."[82]

Archenholz gar schwärmt von „... der berühmten schwimmenden Republik der Flibustier, der in der siebenten, achten und neunten Dekade des siebenzehnten Jahrhunderts, nichts als ein Oberhaupt von großem Genie und tiefen Einsichten fehlte, um sich Amerika von einem Pol zum anderen unterwürfig zu machen..."[83] und attestiert den Freibeutern eine zumindest im Ansatz manifeste Fähigkeit und Bereitschaft zur Staatsbildung.[84]

Andrews, Kingsford und Newton[85] betonen neben vielen anderen die Bedeutung des Freibeuterwesens für die Entwicklung der regulären nationalen europäischen Seefahrt. Piraten oder ehemalige Piraten helfen als Experten beim Aufbau leistungsstarker staatlicher Flottenverbände, die dann unter anderem eine wichtige Funktion im Rahmen der Ausprägung und Sicherung frühkapitalistischer Produktionsverhältnisse und Akkumulationsbedingungen in den transatlantischen Kolonien übernehmen.

Westindien wird zur ‚Hohen Schule' englischer, holländischer und französischer Navigatoren erklärt mit dem Hinweis auf den sicherlich zutreffenden Umstand, daß in jenen bewegten Jahren so manche Admiralskarriere bei den Flibustiern und Bukanieren im Antillenmeer beginnt.[86]

„Die weltweite Ausdehnung von Handel und Wirtschaft war mit einer Markt- und Finanzkonzentration verbunden, die gesetzliche Steuerung und private Initiative gleichzeitig verlangte."[87] In diesem Wechselspiel der Kräfte, das die Stabilisierung und Entwicklung der politischen Systeme Europas im 17. Jahrhundert gewährleistet, sind die (karibischen) Freibeuter auch auf Seiten derer zu suchen, die sich über feudale und merkantile wachstums- und expansionshemmende Handelsrestriktionen und -privilegien, über Monopolpolitik und dirigistische Markt- und Verkaufsregeln souverän hinwegsetzen. Der Pirat erscheint als Protagonist der ‚Freiheit der Meere' und des ‚Handels ohne den Staat', als Repräsentant einer bürgerlich-progressiven Gesinnung, einer wirtschaftlichen Form von Nonkonformismus, die sich schließlich, parallel zur Ausdehnung des Staatlichen in den kolonialen Raum, durchzusetzen und zu behaupten vermag. Der Freibeuter wird zum Symbol für ein aggressives, risikofreudiges, privates und freies Unternehmertum, des Prinzips uneingeschränkter Konkurrenz und maximalen Profits.

Die ‚Verbürgerlichung' des Freibeuterphänomens ist Ausdruck einer spezifischen Gesamtsicht von Geschichte, der explizit oder implizit eine Struktur- und Entwicklungstheorie zugrunde liegt, die sich dem bürgerlich-kapitalistischen

System gegenüber affirmativ verhält.[88] Das heißt die Theorie folgt einem Leitideal, das auf Erhaltung und Verteidigung der bürgerlichen Welt und ihrer Ordnung abzielt, ist Moment einer bewußten oder unbewußten Legitimationsstrategie, die den Stand des gegenwärtig ‚Erreichten' und den Weg hierin als der Natur des Menschen und der Logik der Schöpfung entsprechend auszugeben trachtet. (Motto: Es mußte notwendig so kommen, wie es gekommen ist, und der aktuelle Zustand repräsentiert den besten aller möglichen).[89]

So wird der Umstand ignoriert oder verdeckt — bestenfalls findet er partielle und zusammenhanglose Erwähnung —, daß gerade die westindische Freibeuterei in vieler Beziehung den Charakter einer Flucht- und Verweigerungsbewegung hat, die der schrittweisen Durchsetzung einer imperialen, merkantilistischen bzw. konkurrenzkapitalistischen Ordnungskonzeption samt einer dieser Konzeption entsprechenden Zweckbestimmung gesellschaftlichen Seins in den westindischen Inselkolonien entschiedenen Widerstand entgegensetzt.

Die Küstenbruderschaften der Flibustier und Bukaniere stellen in der zweiten Hälfte des 17. Jahrhunderts in Relation zur ‚abendländischen Gesellschaft' soziale Mikrodeviationen dar, historische Konkretionen abseits der offiziellen (bzw. zur offiziellen erklärten) Linie, die in ihrem vitalen und virulenten Behauptungswillen gegen die Reduktion subjektiver Freiheitsgrade und autonomer Kompetenzen durch herrschende oder zur Herrschaft drängende Zwänge und Institutionen die Effektivität des disziplinierenden, zentralisierenden und hierarchisierenden politischen und ökonomischen Zugriffs auf die transatlantischen Territorien massiv gefährden.[90]

Diesen Aspekt des Phänomens opfert die klassische Analyse nahezu gänzlich dem ständigen Stöbern nach Affinitäten des Freibeuterwesens zu Staat und Wirtschaft. Doch: „Nicht in der Geschichtswissenschaft stattzufinden, heißt nicht, nicht in der Geschichte wirksam zu sein."[91]

V. Die Repräsentation der westindischen Freibeuter in der bürgerlich-merkantilistischen Propaganda

Mit dem ausgehenden 17. Jahrhundert beginnt das Handels- und Finanzbürgertum im Verein mit ihm assoziierten gesellschaftlichen Kräften und Institutionen durch allmähliche Ausweitung des publizistischen Marktes Öffentlichkeit herzustellen zwecks Verbreitung, Diskussion und Klärung merkantiler Ordnungskonzeptionen und Verkehrsformen und des Selbstverständnisses. Gleichzeitig soll so auch ideell Grund und Recht für die merkantile Expansion geschaffen und ihr Fortschritt gesichert werden. Die ausgiebige publizistische Beschäftigung mit dem westindischen Freibeuterwesen, die ebenfalls um die Jahrhundertwende einsetzt, muß in diesem Kontext gesehen werden. Sie trifft auf breites Interesse.

Das Buch von Alexandre Olivier Exquemelin (Esquemeling/Oexmelin) z.B. über ‚Die Amerikanischen Seeräuber', das erstmals im Jahre 1678 in holländischer Sprache erscheint, entwickelt sich rasch zu einem Bestseller, wird ins Deutsche (1679), ins Spanische (1681/82), ins Englische (1684) und ins Französische (1686) übersetzt und erlebt in allen Sprachen zahlreiche Auflagen: „... no book of the seventeenth century in any language was ever the parent of so many imitations and the source of so many fictions ..."[1] So erfahren Verbreitungs- und Wirkungsgrad von Exquemelins An- und Einsichten das Wesen des Freibeuterphänomens betreffend weitere Verstärkung.

Vergleichbare Resonanz finden die Werke der französischen Jesuitenpatres Jean-Baptiste Du Tertre (Histoire générale des Antilles, 4 Bände, Paris 1667 – 1671), Jean-Baptiste Labat (Nouveau Voyage aux Isles de l'Amérique, Paris 1722) und Pierre-François de Charlevoix (Histoire de l'isle Espagnole ou de S. Domingue, Paris 1733); in minuziösen Schilderungen setzen sich die drei Schreiber mit Leben und Treiben der westindischen ‚Küstenbrüder' auseinander.

Das wichtigste Werk der frühen Sekundärliteratur über das westindische Freibeuterwesen erscheint 1724: A General History of the robberies and murders of the most notorious Pyrates ... von Captain Charles Johnson alias Daniel Defoe.[2]
In all diesen und ähnlichen Publikationen zum Thema verbirgt sich, wie bereits angedeutet, das eigentliche merkantile Interesse — möglichst umfassende Beherrschung und Kontrolle des westindischen Raumes und der Aktivitäten der dort lebenden Europäer zwecks optimaler Ressourcenausbeutung, entsprechende Bekämpfung und Reduktion jeglicher „occupation nomade"[3] — hinter generalisierenden ideologischen Positionen und propagandistischen Euphemismen.

Abb. 6 Titelseite der französischen Ausgabe von EXQUEMELIN, Paris 1700

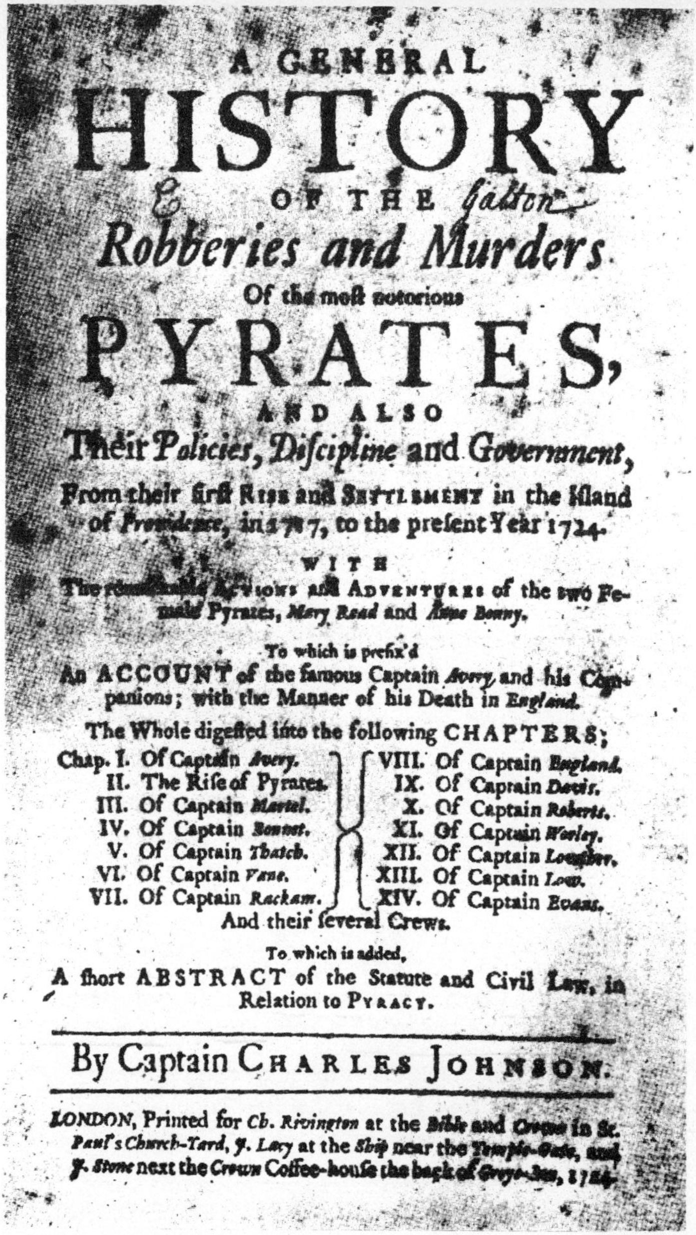

A GENERAL HISTORY

OF THE *Galton*
Robberies and Murders
Of the most notorious
PYRATES,

AND ALSO

Their *Policies, Discipline* and *Government,*
From their first Rise and Settlement in the Island of *Providence*, in 1717, to the present Year 1724.

WITH

The remarkable Actions and Adventures of the two Female Pyrates, *Mary Read* and *Anne Bonny.*

To which is prefix'd
An ACCOUNT of the famous Captain *Avery*, and his Companions; with the Manner of his Death in *England.*

The Whole digested into the following CHAPTERS;

Chap. I. Of Captain *Avery*.	VIII. Of Captain *England*.
II. The Rise of Pyrates.	IX. Of Captain *Davis*.
III. Of Captain *Martel*.	X. Of Captain *Roberts*.
IV. Of Captain *Bonnet*.	XI. Of Captain *Worley*.
V. Of Captain *Thatch*.	XII. Of Captain *Lowther*.
VI. Of Captain *Vane*.	XIII. Of Captain *Low*.
VII. Of Captain *Rackam*.	XIV. Of Captain *Evans*.

And their several Crews.

To which is added,
A short ABSTRACT of the Statute and Civil Law, in Relation to PYRACY.

By Captain CHARLES JOHNSON.

LONDON, Printed for *Ch. Rivington* at the *Bible and Crown* in St. *Paul's Church-Yard, J. Lacy* at the *Ship* near the *Temple-Gate,* and *J. Stone* next the *Crown* Coffee-house the back of *Grays-Inn*, 1724.

Abb. 7 Titelblatt des Buches von Johnson alias Daniel Defoe

Die merkantile Okkupation des westindischen Raumes erhält bzw. verleiht sich selbst den Charakter einer zivilisatorischen Mission gegen Barbarei und Untermenschentum. Dabei entfaltet sich das Muster der Argumentation wie folgt.

Die Pioniere, die im Verlauf des 16. und des frühen 17. Jahrhunderts auf den Karibischen Inseln landen oder stranden und dort zu Flibustiern, Bukaniern oder sich selbst versorgenden Pflanzern werden, kommen aus hohen Kulturen, aus den in ihrer politischen und ökonomischen Entwicklung fortgeschrittensten Ländern Europas. Allerdings bewegten sie sich zum überwiegenden Teil bereits in diesem Rahmen auf extrem niedrigem sozialen und moralischen Niveau, gehören zum ‚Bodensatz' der englischen, holländischen und französischen Gesellschaft.

In den Wildnissen Westindiens der eigenen Willkür überlassen, verrohen diese ohnehin unsicheren Kantonisten vollends und sinken rasch in eine Art Urzustand zurück. Ihre Manier zu wohnen, sich zu kleiden und zu ernähren, die Formen ihres Umgangs miteinander und mit den Dingen weichen eklatant von Standards ab, die Normalität und Zivilisation schlechthin konstituieren und symbolisieren und lassen deutlich Elemente erkennen, die primitiven, in der Alten Welt überwundenen Entwicklungsstufen soziokultureller Evolution entsprechen. Die ersten Europäer, die sich in Westindien dauerhaft aufhalten, zerfallen in kleine, voneinander isolierte, plan- und ziellos umherschweifende Gruppen.[4]

Sie leben in einem anarchischen Zustand ohne Ordnung, ohne Führung, ohne Ehrgeiz, ohne nennenswerten Privatbesitz, ohne Spartätigkeit mehr schlecht als recht von der Hand in den Mund. Sie betreiben Jagd und Fischfang, sporadischen Seeraub, kaum Ackerbau, sammeln wilde Früchte und haben nichts als den augenblicklichen Genuß im Sinn. Sie zeigen einen ausgeprägten Hang zu unproduktiven Lebensäußerungen — Spiel, Fest, Verschwendung, Exzeß — und lassen ein positives Verhältnis zu geregelter und disziplinierter Arbeit weitgehend vermissen. So sind sie zu keinerlei zivilisationsschaffenden Leistungen fähig, die — wie jeder aufgeklärte Mensch weiß — komplexe, konzentrierte, hierarchisierte gesellschaftliche Kollektive unter zentraler Planung und Koordination erfordern würden.

Eine erfolgreiche und profitable Bewirtschaftung des Landes, eine adäquate Exploration, Entwicklung und Realisierung der ökonomischen Potentiale des karibischen Raumes ist auf dieser desolaten Basis natürlich ausgeschlossen. Doch Rettung naht.

Als Avantgarde des Fortschritts und der Zivilisation nehmen sich vor allem englische, französische und holländische Kaufleute der nicht ganz leichten und ehrenvollen Aufgabe an, ihre abgedrifteten Landsleute in den transatlantischen Territorien in die Bahnen europäischer Gesittung zurückzugeleiten, die von vielen ja nur aufgrund widriger Umstände und oft gegen besseres Wissen verlassen werden. Durch eine hauptsächlich von führenden Vertretern des Handels- und Finanzbürgertums betriebene und verantwortete Politik gelingt es nach und nach, im westindischen Raum Strukturen zu schaffen, die alle Art von Sicherheit und Prosperität begünstigen. So können schließlich unter den segensreichen Auswirkungen der merkantilen Intervention weite Landstriche urbar gemacht und die Bodenerträge gesteigert werden, können feste Ansiedlungen, urbane Zentren, geordnete Familien und regelmäßiger Waren-, Güter- und Geldverkehr entstehen und sich entfalten.

Das Unterfangen jedoch, auf die ‚Küstenbrüder' derart erzieherischen Einfluß zu nehmen, daß sie ihren Habitus und ihre Attitüden dem Niveau des merkantilen Interessengefüges und einer diesem Niveau entsprechenden Form methodisch-rationaler Lebensführung angleichen, ist nur partiell erfolgreich. Die Bukaniere, die einem nach europäischen Maßstäben zwar rauhen und außergewöhnlichen aber keineswegs ehrenrührigen ‚Beruf' mit zumindest tendenziell halbwegs festen Arbeitszeiten einigermaßen diszipliniert nachgehen und den Proviantbedarf von Plantagen, Siedlungen, Handels- und Kriegsschiffen zu decken helfen, zudem den Markt mit Fellen und Häuten beliefern, entwickeln sich unter der ordnenden Kraft der merkantilen Maschine relativ problemlos zu nützlichen Mitgliedern einer stabilen und seßhaften kolonialen Bevölkerung.

Die Tätigkeit als Flibustier dagegen ist letztlich unwägbar und unklassifizierbar und auf Dauer mit den Belangen gesitteter Gemeinwesen nicht kompatibel. Die meisten Piraten sind auf dem verderblichen Pfad der Degeneration soweit fortgeschritten, daß sie sich jeglicher Zivilisierung als untauglich erweisen und daß die für Menschen gemachten Gesetze auf sie nicht mehr angewendet werden können. Sie folgen einer Lebensweise, „. . . that so much debases human Nature, and set them upon a Level with the wild Beats of the Forest."[5]

In einem Bericht des ‚Boston News Letter' vom 22. August 1720 heißt es über westindische Seeräuber u.a.: Unablässig reißen sie Zoten, schimpfen, fluchen und lästern Gott in der übelsten Weise, die man sich vorzustellen vermag; sie mokieren sich über den König und machen ihn lächerlich; sie bringen nicht die Geduld auf, Flaschen mit Korkenziehern zu öffnen, sondern pflegen ihnen mit dem Säbel den Hals abzuschlagen und schütten den Inhalt in einem Zug hinunter; ihre Beute bringen sie an Land mit losen Frauenzimmern durch.[6]

Diese Art der Denunzierung des westindischen Freibeuters birgt Korrespondenzen mit abendländischen Vorstellungsbildern, in denen Wasser und Wahnsinn verbunden sind: Das Meer ist ein Hort bedrohlicher, abgründiger Kräfte, das Reich der Kontingenz, der unablässigen Ruhelosigkeit, und Wahnsinn im Menschen wird interpretiert „... als Manifestation eines dunklen und aquatischen Elements, als finstere Unordnung, als bewegtes Chaos, das sich ... der klaren Stabilität und Reife des Geistes widersetzt ..."[7]

Die merkantilistische Propaganda macht den Seeräuber zu einer Inkarnation jener unkalkulierbaren Mächte, sieht ihn mit der ungezähmten Natur und dem Teufel im Bunde. In der Beschreibung z.B., die Johnson alias Defoe vom berühmt-berüchtigten Kapitän Schwarzbart (Edward Teach) und dessen ‚schrecklichen' Taten liefert, heißt es u.a.:

„*This Beard was black, which he suffered to grow of an extravagant Length; as to Breath, it came up to his Eyes; he was accustom'd to twist it with Ribbons, in small Tails ... and turn them about his Ears. In Time of Action, he wore a Sling over his Shoulders, with three brace of Pistols, hanging in Holsters like Bandaliers, & stuck lighted Matches under his Hat, which appearing on each Side of his Face, his Eyes naturally looking fierce and wild, made him altogether such a Figure, that Imagination cannot form an Idea of a Fury, from Hell, to look more frightful ...*"[8]

„*... once upon a Cruize, they found out that they had a Man on Board more than their Crew; such a one was seen several Days amongst them, sometimes below, and sometimes upon Deck, yet no Man in the ship could give an Account who he was, or from whence he came ... they believed it was the Devil.*"[9]

Auf die Frage, wo denn sein Schatz begraben liege, soll Schwarzbart geantwortet haben, „*... that no Body but himself & the Devil, knew where it was, and the longest liver should take all.*"[10]

In seinem letzten Gefecht kämpft Teach mit einer nichtmenschlich anmutenden Kraft und Wildheit und bricht erst zusammen, nachdem ihm seine Gegner 25 schwere Wunden zugefügt haben, davon fünf durch Pistolenschüsse.[11]

Vor beschriebenem Hintergrund wird als übergeordnetes Ziel der merkantilen Intervention im westindischen Raum geltend gemacht, die ‚barbarische' Welt von der ‚zivilisierten' zu trennen und das ‚wilde', ‚unkultivierte' und ‚verrückte' Leben zu besiegen (durch Transformation oder Liquidierung).

Gegen die finstere Aggressivität und die ungezügelten Leidenschaften des Piraten, denen die genannten Publikationen ausgreifende Schilderungen widmen, läßt sich die ‚rechtschaffene' und rechtschaffende' Moral des Kaufmanns und Händlers positiv absetzen und zu gebührendem Glanz aufpolieren. Zudem fördert der stetige Hinweis auf eine vom Seeraub ausgehende allgegenwärtige äußere Bedrohung den für die Durchsetzung und Aufrechterhaltung merkantiler Strukturen in den westindischen Kolonien notwendigen Integrationsdruck.

Die Beschreibungen und Einschätzungen der Küstenbruderschaften im allgemeinen und des Piraten im besonderen, wie sie die Autoren Ende des 17., Anfang des 18. Jahrhunderts vorlegen, lassen eine ‚befriedende' und ‚ordnende' Intervention im westindischen Raum notwendig erscheinen und liefern eine Rechtfertigung für die imperial-merkantile Repressionspolitik gegen die freibeuterischen Lebensverhältnisse und -äußerungen und deren schließliche Destruktion. Die Ausbeuter der Kolonien (Händler, Kaufleute, Finanzspekulanten) werden als ihre Beschützer, Bewahrer und Wohltäter vorgeführt.

Mit dem Bild einer soziokulturellen Entwicklung in aufeinanderfolgenden, jeweils höherwertigen Stufen und der Möglichkeit/Gefahr, von einer bereits ‚entwickelten' Ebene auf eine ‚unterentwickelte' zurückzusinken, wird eine räumliche Verortung der westindischen Küstenbruderschaften vorgenommen: Sie befinden sich unter merkantilem Niveau und können allein aus eigener Kraft kein ‚reiferes' Stadium erreichen. Der Merkantilismus repräsentiert das Zielpotential, das die wilden bzw. verwilderten Subjekte in Richtung Fortschritt, Sicherheit und Ordnung zieht.

Parallel beginnen bürgerliche Autoren, allen voran Daniel Defoe (Capt. Charles Johnson), die dynamischen Beziehungen zwischen der sich etablierenden und konsolidierenden merkantilen Gesellschaft und den freibeuterischen Deviationen zu reflektieren. Es geht um die Frage, wie die westindischen Piraten — solche ohne staatliche Sanktion — im Gefüge merkantiler Strukturen (zumindest noch eine Zeit lang) zu existieren vermögen.

Der Kaperer von eigenen Gnaden, so wird kategorisch konstatiert, verhält sich zur merkantilen Ordnung parasitär.[12] Auf der Jagd nach Beute und der Suche nach Ab- und Umsatzmöglichkeiten für Raubgut ist er von der kolonialen Wirtschaft und einem möglichst weitgespannten Handelsnetz abhängig. Schmarotzend klinkt er sich in bestehende Warenströme, Handelsnetze und Märkte ein. Der ‚wilde' Seeräuber benötigt und benutzt zur Sicherung seines Überlebens eine entwickelte ökonomische Infrastruktur, ohne daß er zu deren Aufbau, Erhalt und Wachstum beiträgt. Die Übernahme sozialer Verpflichtungen und sozialer Verantwortung lehnt er ab.

Da der Seeraub als gänzlich unproduktiv gelten muß, liegt auf der Hand, daß der Pirat an die im merkantilen Rahmen erzielten/erwirtschafteten Produktionsergebnisse materiell gebunden ist. Seine Aktivitäten gehen mithin klar zu Lasten des ehrbaren Kaufmanns und des fleißigen Plantagenbestellers.

Ähnlich wie der ‚gute' Bürger — so heißt es — strebt der Pirat nach größtmöglichem Profit; doch Mittel und Wege, die er wählt, dieses Ziel zu erreichen, stempeln ihn zum Kriminellen.[13]

Auf der anderen Seite schlummert in der Seele eines jeden Bürgers ein kleiner Pirat, der von sprudelndem Einkommen ohne Mühsal träumt, vom süßen Nichtstun und grenzenloser Verantwortungsfreiheit und der durch eiserne Selbstdisziplin bezwungen werden muß. In diesem Sinn predigt z.B. ein Priester anläßlich der Hinrichtung mehrerer wegen Seeraubs verurteilter Männer:

> „We, even we also, have every one of us an horrible Fountain of Sin in our Souls. There are none of the Crimes committed by these Miserable Men, or by the worst of those Criminals that go down into the Pit but we have the seeds of them ..."[14]

Viele der Piratenkarrieren und -biographien, die in der einschlägigen Literatur des frühen 18. Jahrhunderts bevorzugt geschildert werden, finden zumeist am Galgen oder bei den Fischen ein vorzeitiges Ende. Das gesamte Seeräuberdasein kreist um Gewalt, Exzeß und Tod und erscheint kurz und ziemlich düster, ein wilder Reigen diabolischer Schicksale und Charaktere. Doch ist es den Autoren weniger um die Dokumentation der schlichten Weisheit zu tun, daß sich Verbrechen letztendlich nicht lohnen. Vielmehr soll die ‚politische Kultur' der westindischen Küstenbruderschaften insgesamt als äußerst instabile und zwangsläufig aus sich selbst heraus kurzlebige Erscheinung vorgestellt werden.

Sicherlich kann man der totalen Demokratie, wie sie Flibustier und Bukaniere untereinander pflegen, theoretisch durchaus den einen oder anderen bewunderungswürdigen Aspekt abgewinnen: Defoe z.B. vermittelt zumindest implizit den Eindruck, daß für ihn Demokratie im Prinzip die reinste und natürlichste Form der Regierungsorganisation darstellt und setzt einige Manifestationen des ‚instinktiven Egalitarismus' der karibischen Freibeuter in Kontrast zu plutokratischen und korrupten Auswüchsen im England seiner Zeit.[15]

In der Praxis aber — darauf wird mit Nachdruck insistiert — führen die radikaldemokratischen Verhaltens- und Verfahrensweisen der ‚Küstenbrüder' unweigerlich zum Chaos und zwar deshalb, weil jeder positive Bezug zum Rahmen eines übergeordneten rechtlichen und moralischen Systems fehlt.

Die Freibeutergemeinschaften sind weder fähig noch willens, konstruktive kollektive Leistungen zu vollbringen, mitzutragen oder zu würdigen. Ihr Gebaren zielt von Anfang an auf pure Destruktion. Bei ‚objektiver', von romantisierenden Freiheitsidealen unverblendeter Betrachtung ergibt sich klar, daß die „pirate community' Westindiens als politische Gebilde selbstzerstörerisch und mithin für den merkantilen Apparat relativ harmlos ist. Es bedarf eigentlich keiner großartigen Anstrengungen, diese summa summarum engstirnigen, anachronistischen und lästigen Zeitgenossen loszuwerden. Über kurz oder lang schaffen sie sich selbst aus der Welt.

Die von Daniel Defoe et al. zu Beginn des 18. Jahrhunderts begründete Tradition der Freibeutergeschichtsschreibung ist bis heute weitgehend ungebrochen. Alle romantischen, abenteuerlichen, heroischen, utopischen und avantgardistischen Akzente, die in den Beschreibungen der Existenzweise der westindischen Küstenbruderschaften gesetzt werden können ebenso wie die partiell gelungene politisch und ökonomisch ‚nutzbringende' Handhabung der Flibustier und Bukaniere durch den zentralen Apparat dürfen — so der grundlegende und durchgängige moralisierende Tenor — nicht darüber hinwegtäuschen, daß das Freibeuterdasein im Kern schäbig und marode ist. Nahezu kein Autor, der sich die Piraten zum Thema wählte, hat es bislang versäumt, mit erhobenem Zeigefinger zumindest im Vorwort darauf hinzuweisen. Ein deutliches Beispiel aus jüngster Zeit:

„Der Alltag des Piraten war voll Langeweile, von der er sich durch Glücksspiele, wilde Prügeleien und Trinkgelage befreien wollte. Die Homosexualität war eine alltägliche Erscheinung, die Syphilis grassierte und in den Bordellen gab es wahrscheinlich höhere Verluste als im Gefecht."[16]

Solche und ähnliche Darlegungen in modernen Publikationen zum Thema sind nur selten Ausdruck bewußter und gezielter Diffamierung, sondern werden in abgewandelter Form aus älteren Werken unreflektiert übernommen. So hat sich die denunzierende Deformation des Freibeuterphänomens weitgehend verselbständigt.

Ebenso taucht in steter Folge explizit oder implizit die Ansicht auf, die ordnende Kraft der merkantilen Intervention habe die Möglichkeit für ungehemmten, Chaos stiftenden freibeuterischen Exzeß jeglicher Art reduziert und schließlich aufgehoben und so dafür gesorgt, daß die europäischen Kolonisten in Westindien zu einer menschenwürdigen, vernünftigen und produktiven Organisation des Zusammenlebens (zurück-) finden konnten.

Neben die ständige Wiederholung von Inhalten der merkantilistischen Affirmations- und Legitimationspublizistik im Stile Defoes ist in neuester Zeit mit dem Aufsatz von Heiner Treinen „Parasitäre Anarchie. Die karibische Piraterie im 17. Jahrhundert"[17] eine zynische Aufarbeitung spezifischer funktionaler Elemente des tradierten Argumentationsmusters gegen Freibeutertum getreten und für die Auseinandersetzung der Anwälte einer ‚arbeitsteiligen Industriegesellschaft' und ‚bürgerlicher Staatsapparate' mit dem grün-alternativen ‚Aussteigertum' fruchtbar gemacht worden.[18] (Es ist kaum ein Zufall, daß der Aufsatz von Treinen rechtzeitig zu den Berliner Senatswahlen 1981 erscheint.)

Treinen schlägt einen Bogen von den westindischen Freibeuterkongregationen des 15./16. Jahrhunderts zu Landkommunen, Wohngemeinschaften, Hausbesetzern usw. unserer Tage und entdeckt in der sozialen Organisation der Küstenbruderschaften „. . . strukturelle Merkmale . . ., die auch heutigen politischen Vorstellungen über Radikaldemokratie und über ‚alternative Lebensformen' eigentümlich sind."[19] Der Umstand, daß hinter der Freibeuterei „. . . keine politische Idee oder gar eine ausformulierte Lebensdoktrin . . ."[20] steht, kann nach Treinen in diesem Kontext vernachlässigt werden.

Damals wie heute, so Treinen, sind die beobachtbaren radikaldemokratischen, anarchistischen Ansätze mit einer parasitären Betätigung mehr oder weniger zwingend verbunden; Freibeuter wie moderne Aussteiger können ihren Unterhalt nur sichern, indem sie sich auf ihrer jeweiligen ‚Gegenwiese' vom merkantilen bzw. kapitalistischen Klee nähren. Mehr noch: Die parasitäre Existenz, die Verweigerung der Einfügung in ‚vernünftig' geplante Arbeitsverhältnisse mit ihren Organisationsstrukturen, stellt die wesentliche der „kurzfristigen Ausnahmebedingungen" dar, unter denen sich außerhalb des Rahmens etablierter und gesamtgesellschaftlich akzeptierter Handlungsmuster eine insuläre Eigenwelt mit anarchotropen Sozialstrukturen erst ausprägen kann, wenn nicht sogar ausprägen muß. Die westindischen Piraten z.B. verlassen die Basis „. . . der rationalen Herrschaft innerhalb des staatlichen Gesamtzusammenhangs mit den von hier aus je legitimen Führungsgremien . . . zugunsten einer Legitimierung von Handlungen ausschließlich durch den Konsens der Besatzungen."[21]

Hierzu ‚passen' laut Treinen die Fälle politisch orientierter Gruppen, die aus der antiautoritären Bewegung der 60er Jahre hervorgegangen sind und „. . . als Legitimation gegenüber staatlichen Ordnungen und deren Begründungszusammenhängen eine Basisorientierung benutzen . . ."[22]

Jenseits aller politisierender Debatten sind die wenigen historisch manifesten anarchischen Grundordnungen nicht als Lebensinhalt der Beteiligten zu begreifen, sondern haben deutlich instrumentalen Charakter.[23] Hier liegt ein wesentlicher Grund, daß solche Ordnungen höchst instabile und flüchtige Erscheinungen bleiben; ist nämlich das ‚Organisationsziel' erreicht — im Falle der westindischen Piraten das Beutemachen[24] — zerstreut sich die Gruppe in alle Winde. Ein Teil findet den Weg zurück ins ‚bürgerliche Leben', in ‚Legitimität' und ‚Legalität', Ein anderer Teil rottet sich in den Hafenkneipen auf Tortuga oder anderswo zu neuen parasitären Unternehmungen zusammen. Die Struktur der Mannschaften ändert sich also von Fahrt zu Fahrt. Treinen doziert: „Wir wissen, wie groß bei nicht-institutionalisierten Kleingruppen der Einfluß eines noch so geringen Personenwechsels auf die informelle Organisation sozialer Einheiten ist."[25]

Auf der Basis des Ensembles freibeuterischer Gepflogenheiten samt der von den ‚Küstenbrüdern' zur Organisation ihrer sozialen Beziehungen „. . . ohne Bezug zu übergreifenden Instanzen geschaffenen institutionellen Regelungen . . ."[26], die zumindest einigen der theoretisch propagierten Merkmalssyndromen anarchistischer Gemeinwesen ähneln, vermag sich also niemals eine dauerhafte politische Ordnung zu konstituieren.

Darüber hinaus ist innerhalb der Freibeuterkongregationen nach Treinens Darlegung die Nivellierung von Herrschafts- und Gewaltverhältnissen nur ephemer. Die Kapitäne versuchen überwiegend mit Erfolg, ihre Führungspositionen zu stabilisieren, zu bewahren und auszubauen und ihre Macht zu perpetuieren. (Treinen führt als Beispiel Henry Morgan ins Feld und bleibt ansonsten Belege für diese These schuldig.) Vor allem an Bord der Schiffe bedarf die Erfüllung nicht weniger Funktionen einer arbeitsteiligen Spezifikation. Es gibt eine wachsende Zahl von Experten, die Extra- und Vorabvergütungen für ihren Einsatz erhalten; so wird laut Treinen das vielbeschworene Prinzip der Gleichteilung der Prisengüter zwangsläufig durchlöchert. Es kommt unter den Mannschaften (und damit unter den Küstenbruderschaften insgesamt) automatisch zu Statusdifferenzierungen und zu Cliquenbildungen, was eine Atmosphäre der Mißgunst und des gegenseitigen Mißtrauens fördert. Ehe man sich versieht, ist so die schöne anarchische Grundordnung bis zur Unkenntlichkeit paralysiert.

Unter Verwendung legitimationstheoretischer und organisationssoziologischer Konstrukte ‚belegt' Treinen am historischen Exempel der karibischen Piraterie, daß egalitäre, radikaldemokratische Interaktionsmuster aufgrund ihrer strukturellen Eigentümlichkeiten als Folge einer inneren Entwicklungsdynamik „. . . aus sich selbst heraus . . ."[27] ständig gefährdet und ohne Überlebenschancen sind und sich daher in keinem Fall zu einer durchgängigen Lebensform oder gar zu einem auch nur halbwegs tragfähigen politischen System formieren können (Defoe läßt grüßen).

Wie immer man zu dieser These steht: Das Beispiel des westindischen Freibeuterwesens zumindest liefert bei gründlicherer Recherche, als Treinen sie unternimmt, eher Bestätigung für die Annahme, daß sich unter Ausschluß von Gewaltverhältnissen spontane Sozialbeziehungen aufgrund autonomer menschlicher Kompetenzen herstellen, Beziehungsmuster, die vor jeder staatlichen Ordnung stehen und durch imperiale politische und ökonomische Intervention erst deformiert und zerstört werden.

VI. Merkantilismus und Freibeuterökonomie

1. Beunruhigende Nachrichten aus Westindien

Schon lange bevor gegen Mitte des 17. Jahrhunderts führende nordwesteuropäische Kaufleute und Regierungsvertreter dem westindischen Raum und den Ausbeutungsmöglichkeiten seiner natürlichen Ressourcen intensivere Aufmerksamkeit zu widmen beginnen, haben sich Europäer auf kleineren und größeren Antilleninseln niedergelassen.

Im Juli 1626, so berichtet der Kaufmann Thomas Paris, sei er nach Barbados gelangt, wo sich ihm ein Kapitän John Powell als Gouverneur vorstellte „... having been chosen by the people 18 month previously."[1] Doch nicht genug dieser erstaunlichen Tatsache. Paris fährt fort: „... there was then no discourse of any power ... and land was taken up at pleasure without acknowledging any lord propietor."[2] Als man den Leuten vorschlägt, auf der Basis eines offiziellen Regierungspatents (d.h. in der Quintessenz: einer Steuer- und Abgabenordnung) eine Kolonie aus ihnen zu machen („... to make a colony of the people ...")[3], hat das bemerkenswerte Folgen: „... they refused and some disturbance ensued which drew them into arms."[4] Der Überbringer des Angebots und einige seiner Begleiter werden für sechs Wochen gefangengesetzt. Dann verhandelt man gegen sie auf Leben und Tod, sperrt sie noch ein weiteres Weilchen ein und läßt sie schließlich laufen. „Capt. Hen. Hawley some time after arrived, seized the Governor, Capt. John Powell, and one Kemp and they were forcibly taken to England; since which time the planters have been forced to obey ..."[5] Letzteres ist nichts als ein frommer Wunsch, wie aus späteren Dokumenten über Barbados hervorgeht.

Ein gewisser James Astry (ohne Berufsbezeichnung, wahrscheinlich Seemann) gibt zu Protokoll: „In January 1624 he, and about 23 English, planted in St. Christopher's without any authority but their own, and shortly after other Englishmen did the same."[6] Im Jahre 1627 oder 1628 tauchen einige Herren auf, die angebliche Eigentumsrechte des Earl of Carlisle an der Insel geltend machen. Auch in diesem Fall ist Unruhe und Aufruhr die Konsequenz; man erfährt nicht, mit welchem Ergebnis. Doch weiter heißt es: „... in 1629 it (St. Christopher, F.B.) was given up to the Spaniards by Commissioners from Lord Carlisle, against the consent of the planters, but about 40 Englisch planters refused to give up their possessions, and have remained there ever since."[7]

Interessant ist, daß beide Zeugnisse erst im August 1660 schriftlich niedergelegt werden. Vorher haben solche und ähnliche Vorgänge offenbar nieman-

den in Westindien und in Europa — außer die unmittelbar Betroffenen — ernsthaft bekümmert. Nun aber finden sie zunehmend eingehende Behandlung in Verwaltungsberichten und breite Beachtung. In willkürlicher Auswahl:
Die Siedler und Pflanzer von Jamaica wenden sich gegen das massive Fußfassen von Rechtsgelehrten, Kronanwälten und Handelsagenten (lawyers, attorneys, solicitors) im Sozialgefüge der Insel.[8]

Die Franzosen auf Hispaniola verjagen den amtlichen Gouverneur, der sich, wie sie sagen, mit der ‚Royal Company of France' verschworen hat, ihnen einige ‚ungewöhnliche Pflichten' (sprich: Abgaben) aufzuerlegen.[9]

In Port Royal (Jamaica) wird der königliche Steuerbeamte (Receiver of the King's dues) an der Ausübung seines Amtes gehindert und für ein Jahr unter Arrest aus dem Verkehr gezogen.[10]

Auf Bermuda läßt der lokale Sheriff in eigener Kompetenz Leute frei, die von königlichen Beamten nach englischem Recht ordnungsgemäß eingesperrt worden sind.[11]

Unbotmäßigkeiten der hier exemplarisch bezeichneten Art sind auf den Inseln der Karibischen See bis weit in die zweite Hälfte des 17. Jahrhunderts hinein an der Tagesordnung.

Die Aufgabe, der sich Agenten europäischer Handelsgesellschaften und Regierungen in Westindien gegenübersehen, hat Charlevoix (am Beispiel d'Ogerons und der Insel Tortuga) auf eine prägnante Formel gebracht: „. . . former une colonie reglée d'une troupe de Scelerats, qui n'étoient presque plus, ni Chrétiens, ni Sujets, & paroissoient incapables de la moindre subordination."[12]
Die ungehobelten ‚Hinterwäldler' an den entlegenen Ufern der Antillengewässer müssen dazu gebracht werden, den Staat und die Autorität seiner Gesetze und Repräsentanten zu respektieren.[13]

Kürzer noch als Charlevoix fassen es die Verantwortlichen in England. Ihre westindische Kolonialpolitik erscheint unter der Parole „. . . to reduce chaos to order".[14]

Es stellen sich zwei zentrale Fragen:

— Welche Vorstellungen sind im einzelnen in den Köpfen der Kolonisatoren mit dem projektierten Gebilde einer regulären/regulierten Kolonie verbunden?

— Welcher Art genau ist jenes ‚Chaos', das da in ‚Ordnung' verwandelt werden soll, d.h. wie sieht der Existenzmodus aus, auf den die transformativen Intentionen und Aktionen abzielen, in dessen Feld die Opposition gegen den imperial-merkantilen Zugriff wurzelt und sich formiert und aus dem heraus sie stattfindet?

Abb. 8 ‚Küstenbrüder', Überschüsse unproduktiv verausgabend

2. ‚Wilde' Kolonisten und ‚wilde' Reproduktion

Von der Welt, in die sich die Europäer versetzt sehen, die ab Mitte des 16. Jahrhunderts in zunehmender Zahl an den Inselküsten der Karibischen See (hauptsächlich denen Hispaniolas, Tortugas und Jamaicas) hängenbleiben, vermittelt Exquemelin einen anschaulichen Eindruck:

„Man findet hier allerlei Früchte . . . als Maginot, Patates, Igniamos, Wassermelonen, spanische Melonen, Goyaves, Bananen, Bacovens, Paquayes, Carosoles, Mamains, Ananas, Acajou-Äpfel und mancherlei Früchte in großer Menge, die ich aber alle zu nennen und den Leser damit aufzuhalten, unnötig erachte. Auch gibt es da eine sehr große Menge Palmenbäume, aus denen man Wein macht und mit deren Blätter man Häuser deckt . . . Das Land hat viele wilde Schweine . . . Zu einer gewissen Zeit des Jahres kommen wilde Tauben in solch großer Menge, daß die Einwohner reichlich davon leben können und gar kein anderes Fleisch brauchen . . .

Am Gestade findet man eine große Menge von See- und Landkrabben, die sehr groß und gut zu essen sind . . .

Man findet dort auch das Kraut, Aloe genannt und viele andere Arzneikräter und Holzgewächse mehr, wie auch überaus taugliches Holz, Schiffe . . . daraus zu bauen . . ."[15]

„Die Insel (Hispaniola, F.B.) ist . . . versehen mit sehr schönen Häfen vom Cabo de Lobos bis zum Cabo del Tiburon, welches das Westende der Insel ist. Es sind vier oder fünf sehr schöne Häfen . . . mit überaus schönen Landschaften, Tälern und Strömen voll von dem schönsten Wasser, das in der ganzen Welt gefunden werden mag. Auch ist da ein schöner Strand, wo die Schildkröten hinkommen, um ihre Eier zu legen. Vom Cabo del Tiburon bis zum Cabo Dona Maria sind zwei schöne Häfen, vom Cabo Dona Maria bis zum Cabo San Nicolas sind wohl zwölf schöne Häfen, vom Cabo San Nicolas bis zur Puntá de Espada sind wohl zwanzig schöne Häfen, und in jeden dieser Häfen gehen zwei oder drei schöne Ströme, darin Überfluß an Fischen ist."[16]

Vor Beginn der merkantilen Intervention und nach der spanischen Evasion zum mittel- und südamerikanischen Festland ist die Karibische See samt ihrer Inseln de facto exterritoriales Gebiet, ein Raum, außerhalb der Reichweite der durch sich auflösende aber immer noch wirksame feudale Machtstrukturen bestimmten Abhängigkeits- und Ausbeutungsordnung in Europa. In Westindien ist der ‚zentrale Parasit' in Form einer Herrschaft, die Abgaben aus der produktiven Arbeit einer spezifischen Klasse zieht, vor allem für die Menschen, die hier ‚antreiben' und ‚unautorisiert' Fuß fassen, nicht mehr spürbar gegenwärtig.[17] Es gibt keinen effizienten Zwang, Tribut zu entrichten. Unter den besonderen Bedingungen der Zeit und des Ortes sind die antagonistischen Gewaltverhältnisse suspendiert.

„Solche Punkte sind selten. Sie liegen weder im Zentrum der Kreisläufe noch an den ausgeprägten Nahtstellen, an denen die widersprüchlichen Kreisläufe Trennung, Störung, unmittelbare Krisen bewirken ... In solchen Nestern würden sich Menschen, selbst wenn sie sie kollektiv finden, zunächst zur Ruhe setzen."[18]

Auf den Inseln der Karibischen See tun sie genau das: Herrschaftsentzogen und ‚gesetzlos' gewahren sie die Möglichkeit, relativ frei über ihr Leben zu bestimmen und richten sich ein.

Nun sind keine unmittelbar authentischen Berichte über den Existenzmodus der ersten nicht-spanischen ‚Kolonisten' in Westindien überliefert. Exquemelin, Charlevoix, Labat und Lepers fixieren ihre Eindrücke, Beobachtungen und Erfahrungen zu einer Zeit, als der von den nordwesteuropäischen Einwanderern auf den Karibischen Inseln und Gewässern ursprünglich gepflegte Lebensstil durch die expandierenden merkantilen Strukturen bereits angegriffen und korrumpiert ist. Andererseits sind die Chronisten selbst Träger und Opfer merkantiler Ideologie, und ihre Berichte erscheinen entsprechend eingefärbt. Das heißt die Autoren sehen in Westindien primär den ‚kultivierbaren' Raum und verfolgen und beschreiben besonders interessiert die Organisation und Entwicklung der kolonialen Güterproduktion für die europäischen Märkte mit allen administrativen und institutionellen Implikationen und Konsequenzen.

Es gilt bei der Lektüre dieser Texte vor dem Hintergrund der Ausführungen in Kapitel III sorgfältig zwischen den Zeilen zu lesen und zu unterscheiden — soweit möglich — zwischen Mitteilungen, die ‚pure Information' darstellen und solchen, die eher als Ergebnis von Fehlinterpretationen oder ideologischen Deformationen angesehen werden müssen. Auf der Basis einer Differenzierung und Abwägung der sich oft ergänzenden, oft aber auch widersprechenden Aussagen bietet sich eine andere Interpretation der Zustände und Vorgänge in Westindien vor Beginn der merkantilen Intervention an, als Charlevoix, Exquemelin, Labat und Lepers sie liefern. Die (hypothetische) Rekonstruktion dessen, was mit dem Begriff ‚Freibeuterökonomie' bezeichnet ist, wird zeigen, daß es in der Karibischen See nicht nur um das Aufeinandertreffen von guten und bösen, faulen und fleißigen, nützlichen und unnützen, produktiven und parasitären, fortschrittlichen und rückständigen, zivilisierten und barbarischen Menschen und Strukturen geht — eine Sicht, wie sie die Primär- und Sekundärliteratur zum Thema überwiegend nahelegt — sondern vor allem um die Konfrontation zwischen entgegengesetzten und einander ausschließenden Mustern ökonomischer Handlungsprinzipien.[19]

Zur Lebens- und Wirtschaftsweise der europäischen Pioniere auf Tortuga vermerkt Exquemelin unter anderem:

> „Einige fuhren nach der großen Insel (Hispaniola, F.B.), um zu jagen und Häute zu bekommen; andere, die solches zu tun nicht Lust oder Neigung hatten, begaben sich auf den Raub und fuhren nach den Küsten der Spanier zum Kapern aus, wie sie noch heutigen Tages tun; die übrigen, so Weiber hatten, blieben auf der Insel; einige legten Pflanzungen an und pflanzten Tabak, andere taten anderes, also daß jedweder Gelegenheit zu seinem Unterhalt fand."[20]

Lepers schreibt über die Franzosen, die sich etwa ab 1625 an den Küsten Hispaniolas niederlassen: „Ils s'y arrêtèrent d'autant plus volontiers qu'ils y trouvèrent de quoi subsister à leur aise..."[21] Damit ist eine der wesentlichen Handlungsmaximen der ersten nicht-spanischen ‚Kolonisten' in Westindien auf den Punkt gebracht: Sicherung der Subsistenz mit geringstmöglichem Aufwand an Energie. Dem Druck enthoben, für den Unterhalt bzw. Profit anderer zu arbeiten, leistet jeder nicht mehr als das zur eigenen Reproduktion Notwendige.[22] Dabei wird vorrangig das genutzt, was die Erde naturwüchsig liefert. Die Bearbeitung des Bodens, die gezielte Kultivation von Nutzpflanzen hält sich in engen Grenzen und dient ebenfalls primär der Selbstversorgung. Von den Indianern lernen die Europäer unter anderem, Maniok anzubauen, ein Strauchgewächs, aus dessen Wurzelknollen das sogenannte Cassava-Brot hergestellt wird.

> „Der Maniok dient zu Brot, welches sie Casave ... nennen, es wird auf folgende Manier gemacht: sie haben kupferne oder blecherne Reibeisen, darauf sie die Wurzel des Maniok reiben, wie man es mit Meerrettichwurzeln in Holland tut, und wenn sie soviel gerieben haben als sie brauchen, tun sie es in Säcke aus grobem Tuch und pressen das Wasser aus, bis es trocken ist. Dann wird es durch ein großes Sieb von Pergament getrieben; so gesiebt gleicht es fast den Sägespänen vom Holz. Jetzt legen sie es auf ein heißes, eisernes Blech, und da bäckt es zusammen und wird wie ein Kuchen, den sie hernach auf den Häusern in der Sonne trocknen. Mir scheint, das Sprichwort: er kommt daher, wo die Häuser mit Pfannkuchen gedeckt sind, mag hiervon seinen Ursprung haben. Und um ja nichts zu verlieren, backen sie von dem Groben, das im Sieb zurückbleibt, Küchlein von fünf bis sechs Daumen Dicke und diese legen sie übereinander und lassen sie gären und machen daraus einen Trank, den sie Wycou nennen. Er ist wie Bier, von sehr gutem Geschmack und sehr nahrhaft."[23]

Bartholomé de Las Casas schreibt, daß zwanzig Leute, die einen Monat lang sechs Stunden am Tag arbeiten, eine Maniok-Pflanzung anlegen können, ertragreich genug, dreihundert Menschen für zwei Jahre ausreichend mit Brot zu versorgen.[24]

Bohnen, Mais und Pataten sind weitere kultivierte Hauptnahrungsmittel.[25] Jagd und Fischfang ergänzen den Speisezettel (und den Proteinhaushalt). Ein kurzer Blick ins ‚Kochbuch' der ‚Küstenbrüder' vermag verdeutlichen, daß ‚subsistieren' auf dieser Basis keinesfalls ein mehr oder weniger kärgliches Dahinvegetieren am Rande des Existenzminimums bedeutet:

> *„Bohnen kochen sie mit Fleisch und machen mit Eiern eine Suppe daraus: Die Pataten essen sie frühmorgens zum Frühstück, die kochen sie in einem großen Kessel mit wenig Wasser und dicht mit einem Tuch zugedeckt; in der Zeit von einer halben Stunde sind sie gar und so trocken als Kastanien, aber sie essen sie mit Butter, machen eine Sauce dazu mit Limonensaft, Schweineschmeer und spanischem Pfeffer. Auch nehmen sie von den gekochten Patatas und machen daraus einen Trank auf diese Manier: die Patatas schneiden sie in einen Trog, gießen Wasser darüber, seihen es dann durch ein Tuch in spanische Töpfe, lassen es also zwei oder drei Tage stehen, dann beginnt es zu gären und bekommt einen säuerlichen Geschmack, der ist nicht unangenehm, sondern sehr gut und nahrhaft. Diesen Trank nennen sie Maby, den haben sie von den Indianern gelernt."*[26]

Es gibt keinen Anbau von reinen Handelsprodukten. Tabak spielt neben den Subsistenzmitteln eine untergeordnete Rolle. Auch er dient zum Teil dem unmittelbaren Gebrauch. Darüber hinaus erhält er die Funktion eines allgemeinen Warenäquivalents in den Austauschbeziehungen zwischen den Inseln/Gruppen untereinander und mit den europäischen Kauffahrern.[27]

Die Küstenbruderschaften sind unter den gegebenen und beschriebenen Bedingungen weitgehend autark. Grundsätzlich bedarf keine Gruppe einer anderen, um sich zu erhalten. So ist der Tausch, ebenso wie der Seeraub, weniger ein Mittel der Lebenssicherung, sondern ein potentielles Mittel des ‚Luxuserwerbs', d.h. in diesem Fall der Beschaffung von Werkzeugen, Gerätschaften, Materialien, die das Jagen, Pflanzen und Kapern komfortabler machen. Den Umgang, den man innerhalb der Gemeinschaften mit solchen Gegenständen pflegt, beschreibt Charlevoix:

> *„... c'eût été un crime, que de rien tenir sous la clef & l'on auroit été irrémissiblement chassé du Corps pour le moindre larcin: mais la tentation n'en veroit point, & tout étoit commun ...; ce qu'on ne trouvoit pas dans son cofre, on l'alloit chercher dans celui de son voisin, il falloit seulement lui en demander la permission, & il eût été deshonoré, s'il eût refusée, ainsi il n'y avoit point dans cette République de mien & de tien ..."*[28]

Nicht das Haben und Anhäufen von Gütern bringt Prestige, sondern ihr großzügiges Hergeben, ihr Zur-Verfügung-Stellen. Der einzelne ‚besitzt' nur wenige Dinge. Die aber werden — da sie ständig zirkulieren — häufig und intensiv genutzt.[29]

Der Austausch von Waren und mobilen Gütern erfolgt direkt, ohne Vermittlung durch Zwischenhändler oder ausgesprochene Handelszentren. Die Subjekte sind Herren über ihre Tätigkeit und über die Zirkulation der Produkte bzw. der Erträge dieser Tätigkeit.[30] Es ist kein zentrales, institutionalisiertes Schiedssystem wirksam, das eine die Modalitäten des Warentausches allgemein verbindlich regulierende Wertskala schaffen und durchsetzen könnte. Die jeweiligen Partner vollziehen die einzelnen Tauschakte in autonomer Kompetenz gemäß ihren je eigenen Wünschen und Bedürfnissen und ohne Rücksicht auf den Tauschhandel,[31] der zwischen anderen stattfindet. (Regierungen und Handelskompanien sind solche ‚Geschäfte' natürlich ein Ärgernis, da man sie nicht zu kontrollieren und zu lenken vermag und folglich auch keinen Profit bzw. keine Steuern und Abgaben aus ihnen ziehen kann.)

Abb. 9 Piratenlager

Exquemelin, Lepers und Charlevoix zeichnen den Habitus und die Attitüden der ‚Küstenbrüder' als unkultiviert und wild und vermitteln insgesamt den Eindruck eines wenig attraktiven Lebensstils. Schon das äußere Erscheinungsbild der Leute mutet barbarisch an. Sie stecken in Hemden und Hosen aus groben Leinen, durchtränkt und steif vom Blut geschlachteter Schweine und Rinder.[32] Halbe Raubtiere, saugen sie dem getöteten Viehzeug das noch warme Mark aus den Knochen und schlingen Fleisch gelegentlich auch roh hinunter.'

Sie haben keinerlei Möbel, lagern auf der nackten Erde und benutzen Baumstümpfe oder herumliegende Steine als Tische, wie es sich gerade findet.

Sie hausen in Hütten, deren Konstruktion sie den Indianern abgeschaut haben und die ‚ajoupas' genannt werden; es handelt sich um an den Seiten offene Unterstände, die — so erfährt man — bestenfalls notdürftig vor Sonneneinstrah-

Abb. 10 Hütten der ‚Küstenbrüder'

lung und Regen zu schützen vermögen. Diese Bauten, schreibt Lepers, sind so recht nach dem Geschmack der ‚Küstenbrüder', da man sie schnell und ohne Mühe errichten kann.[33] Nur vage klingt an, daß solches Wohnen den klimatischen Bedingungen Westindiens optimal angepaßt ist (ebenso wie wahrscheinlich die geschmähte ‚grobe' Kleidung). Den ‚ajoupas' fehlen Wände, damit der Wind hereinkann, ,,qui en tout temps fait autant de plaisir ici qu'il est souvent fâcheux et incommode dans les pays septentrionaux."[34]

Unterm Strich bleibt der gezielt provozierte Eindruck: Das Leben der frühen Engländer, Holländer und Franzosen auf den Karibischen Inseln ist in mehr als einer Beziehung primitiv und rückständig.

Allerdings — daran besteht für Exquemelin, Lepers und Charlevoix kein Zweifel — entspricht es dem Wesen des erwachsenen, geistig und körperlich gesunden mitteleuropäischen Menschen ihrer Zeit nicht, auf Dauer wie die Wilden unter weitgehendem Verzicht auf Feldbau und andere seßhafte Arbeit mehr oder weniger kärglich von dem zu leben, was die Natur an Früchten, Wild und Fisch freiwillig bietet. Selbstversorgung, Sicherung der Subsistenz sind nicht Ziel, sondern lediglich Mittel zu einem höheren Zweck. Hinter allen Aktivitäten auch der nordwesteuropäischen Pioniere in Westindien steht von Anfang an der Wunsch, um nicht zu sagen die Gier, nach möglichst schnellem und möglichst hohem materiellen Gewinn.[35] Der vernünftige und aufgeklärteste Weg, solchen sicher zu erlangen, ist — aus der Perspektive der Chronisten — die Erschließung und Ausbeutung der organischen Ressourcen des karibischen Raumes (Tabak, Zucker, Indigo, Kakao usw.), d.h. die Anlage zunächst kleiner Pflanzungen, die man dann nach und nach zu großen Plantagen ausbauen kann, wenn sie den eigenen Unterhalt erst einmal gewährleisten. Die Tatsache, daß nun bei weitem nicht alle Europäer in Westindien diesen Weg ‚fleißiger und ehrbarer Betätigung' beschreiten, wird widrigen äußeren Umständen zugeschrieben. Manchmal ist der Boden für die Anlage ausgedehnter Monokulturen eben ungeeignet oder es fehlt das für solche Unternehmen notwendige Startkapital.[36] Darüber hinaus setzt sich nicht bei allen Kolonisten die Einsicht gleichschnell durch, daß solider wirtschaftlicher Wohlstand eine seßhafte Pflanzerpopulation zur unabdingbaren Voraussetzung hat.

Im berechtigten Bestreben, ihr Glück und ein Vermögen zu machen, verfallen die englischen, holländischen und französischen Pioniere in der Karibischen See auf die Jagd und den Seeraub also lediglich, so das Fazit, das Exquemelin, Lepers und Charlevoix nahelegen, weil ihnen die natürlichen Gegebenheiten des Landes stellenweise keine andere Möglichkeit lassen oder eben aus Mangel an Zivilisation/zivilisierter Infrastruktur, Kapital und ökonomischem Wissen. Für die Autoren scheint aber zumindest tendenziell ein endogenes Bemühen der Küstenbruderschaften eindeutig manifest, diese Defizite aufzuheben bzw.

auszugleichen, z.B. durch Konstitution einer gesitteten politischen, sozialen und wirtschaftlichen Ordnung, die staatliche Züge trägt:

> „Il leur manquait un chef et ils comprirent que c'était une nécessité de s'en donner un afin de se conduire sous son autorité, avec plus d'ordre et de discipline."[37]

Doch offenbaren die Darstellungen bei näherem Hinsehen bzw. bei Wechsel der Scharfeinstellung eine ganz andere Tendenz innerhalb der Freibeuterkongregationen: Einmal in Westindien heimisch geworden, beharren die Subjekte gezielt und bewußt auf ihrer ‚Primitivität', und sie haben alles andere im Sinn, als Reichtümer zu akkumulieren und Staat zu machen.

Exquemelin z.B. schreibt über die Bukaniere:

> „Sie bleiben ein ganzes Jahr, öfters wohl auch zwei, ohne aus dem Busch zu kommen; danach gehen sie nach der Insel Tortuga, um sich da ihren Vorrat an Pulver, Blei, Schießrohren, Leinwand und dergleichen zu holen. Wenn sie dahin gekommen, verzehren sie in einem Monat, was sie in einem oder anderthalb Jahren gewonnen haben. Sie trinken den Branntwein wie Wasser, kaufen ein ganzes Faß Wein, dem sie den Zapfen ausschlagen, und trinken, solange bis nichts mehr drinnen ist. Sie laufen tags und nachts durch das Dorf und feiern des Bacchus Fest, solange sie um Geld zu trinken kriegen. Inzwischen wird auch der Venus Dienst nicht vergessen, so daß die Wirte und Huren allzeit sich freuen und bereit machen auf die Ankunft der Bukaniere und Kaper . . . Nachdem dann alles aufgezehrt und auch ein Teil dazu geborgt ist, gehen sie wieder in den Busch und bleiben darinnen wieder ein Jahr oder anderthalb."[38]

Und über die Flibustier erfährt man:

> „. . . es ist die Manier dieser Räuber, daß wenn sie etwas aufgebracht haben, sie dessen nicht lange Meister bleiben, sondern sie spielen, huren und saufen, solange sie was haben. Einige von ihnen haben in einem Tag wohl zwei- bis dreitausend Stück von Achten[39] durchgebracht, daß sie am nächsten Morgen kein Hemd am Leibe behalten. Ich habe einen auf Jamaika gekannt, der einer Hure fünfhundert Stück von Achten gegeben, allein um ihre Heimlichkeit zu sehen."[40]

Das hier beschriebene Verhalten läßt deutlich Spuren einer Ökonomie erkennen, die der ‚Verzehrung der Reichtümer' Vorrang einräumt vor ihrem Erwerb und ihrer Anhäufung/Vermehrung.[41] Aus den Erträgen des Jagens und Kaperns bestreitet der Flibustier/Bukanier den Minimalverbrauch zur Erhaltung des Lebens und zur Fortsetzung seiner Profession. Etwaige Überschüsse werden nicht gespart und nicht investiert, d.h. nicht zur Ausweitung der Unternehmen und der Ausrüstung verwendet, sondern unproduktiv verausgabt, in exzessiven Orgien systematisch verschwendet.

Das Vorhandensein von Überschüssen ist nicht das Resultat geleisteter ‚Mehrarbeit'. Exquemelin berichtet z.b., daß die Bukaniere nur wenig Zeit auf Beschäftigungen verwenden, die man als ‚produktive Tätigkeit' bezeichnen könnte. Mit Jagen, Häuten, Gerben, Räuchern usw. befassen sie sich lediglich vormittags. Die Nachmittage bleiben dem ‚Pläsier' vorbehalten, dem Spiel, der Muße.[42] (Darüber hinaus stellt sich auch die ‚Arbeit' der Flibustier und Bukaniere nach Quellenlage eher als Lust denn als Last dar.)

Wie bereits erwähnt, muß die Differenzierung und Spezialisierung der Tätigkeitsfelder in Westindien, von der die Chronisten ausgehen, als Resultat der merkantilen Intervention gesehen werden. Ursprünglich bilden Jagen, Rauben und Pflanzen eine eng verwobene und nicht auseinanderzudividierende Trias und folgen homologen Mustern. Die am Primat der Selbstversorgung orientierten Mischkulturen sind keineswegs eine Art Entwicklungsstufe auf dem Weg zu überschuß- und profitorientierten Monokulturen. Die Plantagenwirtschaft in Westindien entsteht nicht von selbst sondern aufgrund massiver ‚externer' Initiativen europäischer Handelsmagnaten. Sie erwächst nicht aus den kleinen, autarken Pflanzungen, sondern parallel und in Opposition und Konkurrenz zu diesen. Die Plantagen zerstören natürlichen Reproduktionsraum, die ausgreifenden Rodungen fressen fruchttragende Bäume und Sträucher, die besten Böden werden okkupiert und ausgelaugt. Der Anbau für die Selbstversorgung findet immer schlechtere Möglichkeiten vor und degeneriert in der Folge zwangsläufig. Doch bleibt das Pflanzen für den eigenen Konsum und Tauschbedarf bis gegen Ende des 17. Jahrhunderts — und partiell auch darüber hinaus — (neben Jagd und Seeraub) im karibischen Raum eine gangbare Alternative für all diejenigen, die den Belangen und Erfordernissen der merkantilen kolonialen Wirtschaftsorganisation nicht zu entsprechen gedenken.

Diese Alternative ist um so attraktiver, als sich die potentiellen Verlockungen der Plantagenwirtschaft als trügerisch erweisen. So sinkt um 1689 etwa in Europa der Marktpreis für Tabak rapide und viele westindische Plantagenbesitzer bzw. -betreiber stehen vor dem Ruin. Mit Besorgnis konstatiert z.B. Charlevoix, daß dieser Umstand die ‚Küstenbrüder' nun erst recht davon abhalten wird, das Prinzip der Selbstversorgung aufzugeben und Handelswaren zu produzieren, indem sie selbst Plantagen gründen oder auf solchen arbeiten.[43]

Flibustier, Bukaniere und sich selbst versorgende Pflanzer sind offensichtlich von anderen Motiven und Intentionen geleitet als dem Streben nach Surplus und Profit, und der Existenzmodus der Küstenbruderschaften formiert sich zu einer neuen ‚höheren' und ‚zivilisierteren' — sprich staatlich-merkantilen —

Ordnung weniger aufgrund einer eigenartigen inneren Entwicklungsdynamik als aufgrund der massiven Einwirkung eines externen, außerökonomischen Zwangs.[44]

Nun könnte man die ‚Küstenbrüder' Westindiens als versprengte ‚feudale' Existenzen fassen, die in einem relativ entlegenen Winkel des Planeten der Wandlung ihrer vertrauten zur bürgerlichen Welt trotzen, die an ihrem tradierten Sinngebungsmodus festhalten und deren Handeln eine dem Aufbau der feudalen Gesellschaft mit ihren Subsistenzbestimmungen entsprechende Trieb- und Affektstruktur erkennen läßt.[45] Doch greift eine solche Verortung der karibischen Freibeuter zu kurz.

Drei wesentliche Merkmale charakterisieren das traditionale (feudale) System:

> „1. *Reales Handeln unterstellt sich der natürlichen Zeit, den Jahreszeiten, der Tageszeit, der Sonne, dem Pflanzenwachstum und dem Rhythmus der Reproduktion des Viehs — die lebendigen Körper der Pflanzen, Tiere, Sonne und Sterne, mit den ihnen inhärenten Zeitmaßen, sind Maßstäbe, unkorrigierbar, immer präsent.*
>
> 2. *Der Persönlichkeitsbegriff orientiert sich an dem System der Stände, ein Rahmen, aus dem man, einmal hineingeboren, nicht herauskommt. Die Theorie der Stände gibt die Möglichkeiten des Selbstempfindens vor. Zugleich als eine Konzeption angemessener Bedürfnisse arbeitend, bindet sie die Personen mit Körper und Geist in die vorgegebene Ordnung, ohne Platz für individuelle Impulse.*
>
> 3. *Abgesehen von einigen Ausnahmen richtet sich das Wirtschaftssystem auf Subsistenz, ein Wirtschaften, um zu leben und um zu überleben. Stellt man chronische Hungersnöte und Pestzüge, sich wiederholende Invasionen in Rechnung ... so ist die Rolle des Körpers als Ausgang aller Handlung, als hartnäckig und ständig drängender Kontrolleur der Bedürfnisbefriedigung verständlich, zugleich eine natürliche Begrenzung jeglicher Bedürfnisexpansion auf der Grundlage von Speicherung und Vorratshaltung. Der Körper selbst ist wichtigster Vorrats- und Speicherraum, oft leer, mit begrenzter Lagerkapazität. In der Literatur häufig angeführte Freß- und Saufgelage sind Ausdruck eines Lebens im hic et nunc und der Notwendigkeit des prompten Nutzens günstiger Möglichkeiten.*"[46]

Dieses Merkmalssyndrom umreißt einen Idealtypus, dem die Lebens- und Wirtschaftsweise der westindischen Küstenbruderschaften weitgehend nicht entspricht. Die (über-) lebensnotwendige Anpassung an die unvertrauten natürlichen Rhythmen und Zyklen, an die fremde Flora und Fauna des karibischen

Raumes bringt die englischen, holländischen und französischen Pioniere – anders als die spanischen Hidalgos, die überwiegend auf schnelle Gold- und Silberbeute in Mittel- und Südamerika und auf eine baldige Rückkehr nach Europa spekulieren – in zum Teil intensiven Kontakt und Austausch mit der eingeborenen indianischen Bevölkerung (soweit diese die Conquista und die Mikrobenschocks überlebt hat).[47] So werden die europäischen Jäger, Pflanzer und Piraten auf den Antilleninseln zumindest partiell mit ‚archaischen' Vorstellungen, Wahrnehmungen und Praktiken vertraut, die sich mit ‚importierten' feudalen Traditionen vermischen.

Als professionelle Seefahrer gehören die nordwesteuropäischen Pioniere in der Karibischen See einer sozialen Gruppe an, die durch ständige, oft weite Reisen auf dem Meer, jenseits aller nationalen Landesgrenzen, dem Zugriff, den Prägungen und Zwängen der ständischen Ordnung weitgehend entzogen ist. Der Seefahrer „... kommt nicht vom festen Lande mit seinen festen Städten, sondern aus der unablässigen Ruhelosigkeit des Meeres, von jenen unbekannten Wegen, die soviel fremdes Wissen verbergen ... Die ungewisse Bewegung der Schiffe, das alleinige Vertrauen zu den Sternen, die überlieferten Geheimnisse, die Entfernung von den Frauen und schließlich das Bild dieser großen, aufgewühlten Weite lassen den Menschen den Glauben an Gott und alle festen Bindungen an die Heimat verlieren."[48]

Die Europäer, die während des 16. und 17. Jahrhunderts in den karibischen Raum nachstoßen und ihren Weg zu den Küstenbruderschaften finden, stammen aus den unterschiedlichsten sozialen Verbänden der sich auflösenden und in Umbildung begriffenen feudalen Gesellschaftsformation. Neukirchen spricht von „Deklassierten aller Schichten",[49] deren Selbst- und Wirklichkeitserfahrung zwangsläufig das von der traditionellen Ordovorstellung markierte Feld transzendiert.

Die Subsistenzwirtschaft der Pionierkongregationen in der Karibischen See ist – wie gezeigt wurde – nicht der Art, daß die Gemeinschaften unter erheblichen Strapazen ständig die Gesamtheit ihrer Produktivkräfte aufbieten, um ihren Mitgliedern das zum Überleben notwendige Minimum zu sichern. Im Gegenteil, erstens unterliegt die Zeit, die auf ‚produktive' Tätigkeiten verwendet wird, einer willentlichen Begrenzung. Zweitens sind die Quantität der wild wachsenden oder kultivierten Naturpflanzen/Früchte und der Ertrag aus Jagd- und Kaperunternehmungen auch ohne unablässige ‚Arbeit' für die Reproduktion der Gruppe weit mehr als ausreichend. Es geht hier also nicht um die Bewirtschaftung von Mangel, sondern um die Bewirtschaftung von Überfluß.

Die bei den Küstenbruderschaften üblichen zyklischen, fast rituellen Verschwendungsexzesse sind demnach kaum Ausdruck eines durch mehr oder weniger chronische Unterversorgung provozierten spontanen, undisziplinierten Ausnutzens sporadisch und unkalkulierbar auftretender ‚günstiger Möglichkeiten', sondern eher eine Art gezielter „Vernichtung überschüssiger Möglichkeiten im verfügbaren Raum."[50]

Es erscheint mithin gerechtfertigt, von einer relativ eigenständigen Freibeuterökonomie zu sprechen, die weder eine Art ‚Feudalismus ohne Feudalherr' noch eine Art embryonaler Vorstufe der ‚entwickelten' merkantilen Ökonomie in Westindien ist. (Als ‚Vorläufer' kann hier die ‚Freibeuterökonomie' lediglich in rein chronologischem Sinn gelten.)

Flibustier, Bukaniere und sich selbst versorgende Pflanzer verweigern aktiv die Produktion unnötiger Überschüsse (Muße). Doch liefern die verfügbaren Ressourcen Westindiens (einschließlich der gekaperten Schiffe) auch bei geringer Investition menschlicher und sonstiger Energie mehr, als für die Fortsetzung der freibeuterischen Lebensweise erforderlich ist. Dieses ‚Mehr' wird unproduktiv, d.h. ohne materiellen Gewinn, verzehrt. Die so bestimmte spezifische Pragmatik des Umgangs mit Ressourcen und Überschüssen läuft in unbehelligter Form darauf hinaus, daß eine Akkumulation von Reichtümern, ein ‚Wachstum der Produktivkräfte' und eine Expansion der Unternehmungen nicht stattfinden und der ‚Bestand' – d.h. das System, das den Küstenbruderschaften ein relativ unkompliziertes Leben und Überleben ermöglicht – erhalten bleibt. Es spricht einiges dafür, daß genau diese Bestandserhaltung von den Freibeuterkongregationen bewußt intendiert ist.

Allerdings sind zu der Zeit, als Exquemelin, Charlevoix, Lepers et al. ihre Beobachtungen machen und niederschreiben, sowohl ‚produktive' Tätigkeit als auch Verausgabungspraktiken der ‚Küstenbrüder' nur noch bedingt autonom und von der merkantilen Maschine bereits mehr oder weniger okkupiert, manipuliert und korrumpiert. Bukaniere z.B. versorgen als professionelle Jäger das „Volk auf den Plantagen"[51] mit Frischfleisch und helfen so, im merkantilen Sinn die Effizienz der Anlagen zu steigern, während sie subjektiv wohl schlicht das Verlangen treibt, durch eine Maximierung des Beuteumsatzes die Möglichkeiten für ihren privaten Exzess zu erweitern; die Ausgaben der ‚Küstenbrüder', vor allem die in Kneipen, Bordellen und Spielhöllen kanalisierten Verschwendungsorgien, begünstigen die Kapitalakkumulation auf Seiten lokaler Geschäftsleute.

„Port Royal ... prospered ... on the wealth that the buccaneers brought in but were too ignorant and spendthrift to keep."[52]

So tragen die Freibeuter partiell und mittelbar zur Veränderung, Vereinnahmung und Vernichtung der Nische bei, in der und aus der heraus sie operieren und gegen deren offensichtliche und planmäßige Zerstörung durch äußere und direkte Eingriffe sie sich zu wehren versuchen, wann immer sie ihnen bewußt wird.

101

3. Die merkantile Intervention – Voraussetzungen, Ziele, Methoden

Am 1. Dezember 1660 konstituiert sich in London der ‚Council for Foreign Plantations' als ständige Einrichtung. Das Sitzungsprotokoll verzeichnet die Aufgaben der neuen Institution:[53]

— Erheben, Sammeln, Zusammenfassen, Speichern und Auswerten von Informationen über die transatlantischen kolonialen Territorien;

— Vereinheitlichen der Verwaltung und Rechtsprechung für die englischen Kolonien in Amerika einschließlich Westindien;

— Organisieren eines regulären Transports von Vagabunden und anderen ‚schädlichen' und ‚unprofitablen' Menschen aus dem Mutterland in die Kolonien.[54]

— Erarbeiten, Erlassen und Durchsetzen von Instruktionen, die geeignet erscheinen, auf Unbotmäßigkeiten und Ausschweifungen der Kolonisten steuernd und verändernd einzuwirken.

So sollen Voraussetzungen und Rahmenbedingungen geschaffen werden, die es auf längere Sicht ermöglichen, die natürlichen Ressourcen der Kolonien zu ‚entwickeln' und die transatlantischen Niederlassungen in Produzenten und Lieferanten reicher Waren und damit in profitable Unternehmungen zu verwandeln,[55] oder anders gesagt, eine „... Ökonomie der Verausgabung und des Exzesses durch eine Ökonomie der Kontinuität und der Dauer zu ersetzen."[56]

Die Gründung des ‚Council for Foreign Plantations' und ähnlicher Einrichtungen mit ähnlichen Programmen in Holland und Frankreich erfolgt auf Initiative von Großhandelskaufleuten im Verein mit Teilen des Adels und gestützt auf die Staatsmacht[57] und gehört in den Kontext von „... Überlegungen und Praktiken, die sich auf das gesamte 17. Jahrhundert ... verteilen und die man unter dem ziemlich approximativen Begriff ‚Merkantilismus' zusammenfaßt."[58]

Die Entdeckungs- und Eroberungszüge der Spanier im mittel- und südamerikanischen Raum gelten primär der Suche nach Gold und Silber. Die spanische Kolonialpolitik bleibt weitgehend mit der Lösung des Problems befaßt, Ausbeutung, Vermünzung und Verschiffung der mexikanischen und peruanischen Edelmetallvorkommen möglichst effizient zu organisieren.[59] Im ökonomischen Denken des 16. Jahrhunderts ist das ‚schöne Metall' in sich Merkmal und Ausdruck des Reichtums:

„Sein ihm eigener Glanz zeigte zur Genüge an, daß es gleichzeitig verborgene Präsenz und sichtbare Signatur aller Reichtümer der Welt war. Aus diesem Grund hatte es seinen Preis. Aus diesem Grund maß es auch alle Preise. Aus

diesem Grund konnte man es auch gegen alles, was einen Preis hatte, austauschen. Es war das Kostbare par excellence."[60]

Im Laufe des 17. Jahrhunderts gewinnen Spekulation und Reflexion über die Natur der Reichtümer eine andere Qualität. Zwar werden im Rahmen der sich entwickelnden merkantilen Konfiguration dem Gold/Silber die genannten drei Eigenschaften immer noch zugewiesen, man „. . . läßt sie aber nicht mehr auf der ersten Eigenheit (einen Preis zu haben) sondern auf der letzten (an die Stelle dessen zu treten, was einen Preis hat) beruhen."[61] Das heißt die Tauschfunktion wird Grundlage für die beiden Fähigkeiten, zu messen und einen Preis zu haben. Die Geld- und Reichtum-Charakteristika erscheinen nicht mehr durch den immanenten Wert des (gemünzten) Edelmetalls determiniert, sondern durch Handel und Austausch. Der Merkantilismus läßt sich als überlegte Gliederung begreifen, „. . . die aus dem Geld das Instrument der Repräsentation und der Analyse der Reichtümer und umgekehrt aus den Reichtümern den vom Geld repräsentierten Inhalt macht."[62] Die Korrespondenzen zwischen Geld und Reichtum liegen in der Sphäre des Zirkulationsprozesses und ergeben sich nicht länger aufgrund der Kostbarkeit des Metalls.

„Wenn die Güter zirkulieren können (und zwar dank dem Gelde), vervielfachen sie sich und der Reichtum nimmt zu."[63] Das ökonomische Denken des 17. Jahrhunderts setzt den Warentausch, den Handel als ausschlaggebendes, Werte und Reichtümer schaffendes Moment.[64] Selbstverständlich bemüht man sich auch weiterhin um den Zufluß von Edelmetallen, doch dient er nun als Mittel zum Zweck: „. . . das akkumulierte Metall (ist, F.B.) nicht zum Einschlämmen oder zum Schlafen bestimmt, man zieht es nur in einen Staat, damit es dort im Warentausch verbraucht wird."[65] Damit Handel möglich wird, muß an einem Ort ein Überfluß vorhanden sein, der an einem anderen Ort Bedürfnisse befriedigen kann.[66]

„Die Frucht, nach der mich hungert, die ich pflücke und die ich esse, ist ein Gut, das mir die Natur bietet. Es wird keinen Reichtum geben, wenn die Früchte auf meinem Baum nicht zahlreich genug sind, um meinen Appetit zu übersteigen. Dabei muß außer mir noch jemand Hunger haben und nach ihnen verlangen."[67]

Es gilt nun, durch manipulierende Eingriffe dem Austausch solcher Überschüsse möglichst günstige, d.h. gewinnträchtige Bedingungen zu schaffen und Profitprivilegierungen zu erreichen und zu behaupten.

Regierungen und Handelskonsortien reklamieren nationale Exklusiv- und Monopolrechte auf bestimmte Güter, bestimmte Märkte, bestimmte Transportwege und -mittel und versuchen, bestimmte Preisspannen zwischen Kauf und Verkauf zu diktieren und festzuschreiben. (Das impliziert auch die Suche nach

Möglichkeiten, auf die Länder, mit denen man Handel treibt, unmittelbaren Druck auszuüben.) Ohne gezielte und planmäßige Beobachtung, Kontrolle und Regulierung der Waren- und Geldströme werfen nach merkantilistischer Auffassung — wie sie in den theoretischen ökonomischen Schriften des 17. Jahrhunderts Ausdruck findet — die Tauschprozesse lediglich sporadische, zufällige und letztlich unkalkulierbare Gewinne ab und wären so keine dauerhafte Einkommensquelle, auf die sich solider und wachsender Wohlstand und tragfähige (Handels-) Imperien gründen ließen.[68]

Die Entwicklung des Welthandels und des Handelskapitals wird erst möglich mit einer zunehmenden Reduktion der Unwägbarkeiten der Zirkulationssphäre, „... die damit den Charakter des ‚Überraschungsfeldes' allmählich verliert."[69]

Als wichtigstes Element des neuen Verkehrskontextes, den der (frühkapitalistische) Fernhandel herstellt, erscheint neben dem Waren- und Geldverkehr der Nachrichtenverkehr. „Die am Markt orientierte kaufmännische Kalkulation bedurfte, mit der Ausdehnung des Handels, häufiger und genauer der Information über räumlich entfernte Vorgänge."[70]

Der steuernde Zugriff bleibt nicht auf das Feld des Warentauschs und der Zirkulation beschränkt: Die Natur bringt Güter von handelbarem Zuschnitt und in handelbarem Umfang nur bedingt spontan hervor. Ihr muß entsprechend nachgeholfen werden. (Die merkantile Tendenz, eine an spezifische, besonders ‚begünstigte' Orte konzentrierte Monoproduktion massiv zu fördern, ist deutlicher Ausdruck dieser Überzeugung.)[71]

Die Merkantilisten konstatieren eine Notwendigkeit, zur Förderung der Naturproduktion Geld und Arbeit in den Boden zu investieren. (Dabei ist Arbeit nicht als wertschöpfend und Geld nicht als allgemeines Äquivalent geronnener Arbeit erkannt. Doch obwohl im Merkantilismus die Arbeit als ökonomische Kategorie faktisch nicht existiert, impliziert die Einschätzung des Tausches als Reichtumsspender eine Steigerung ihrer Wertschätzung.)[72]

Es sind politische Garantien gefordert, die ein ausreichendes Angebot von Arbeitskräften zu sichern vermögen und die gewährleisten, daß Vorschüsse und Rückzahlungen im Verhältnis zum Boden kalkulierbar stattfinden können und daß die Einsätze lohnen. Damit sich die Investitionen der Kaufleute amortisieren und die anvisierten Zirkulationsgewinne realisieren, bedarf es abgesicherter und verläßlicher Handlungsketten über zum Teil erhebliche zeitliche und räumliche Distanzen.

Die erfolgversprechende Planung, Installierung und Aufrechterhaltung solcher Handlungsketten ist abhängig von der Herausbildung zentralisierter Autoritäten, von der Schaffung einer stabilen Herrschaftsorganisation, d.h. hierarchisierter

Koordinations- und Regulationsorgane, und auf subjektiver Ebene von einer ‚Anpassung des inneren Überbaus' an die den neuen ökonomischen Tendenzen entsprechenden gesamtgesellschaftlichen Erfordernisse, kurz: Sie korreliert mit dem Fortschritt im Sinn des ‚zivilisatorischen Prozesses':

„Das Verhalten von immer mehr Menschen muß aufeinander abgestimmt, das Gewebe der Aktionen immer genauer und straffer durchorganisiert sein, damit die einzelne Handlung darin ihre gesellschaftliche Funktion erfüllt. Der einzelne wird gezwungen, sein Verhalten immer differenzierter, immer gleichmäßiger und stabiler zu regulieren."[73]

Verlangt ist eine fortwährende „. . . Rück- und Voraussicht auf die Aktionen und Intentionen anderer über viele Glieder hinweg."[74]

Die Anforderungen, die reibungsloser Fluß und Kontinuität des Handels stellen, führen allmählich zur Ausprägung relativ beständiger zentraler Monopolinstitute der Macht- und Gewaltausübung und zu einer Veränderung des Standards des gesellschaftlich Geforderten und Verbotenen. Der hauptsächlich durch den Zweck der Subsistenzsicherung determinierte feudale Standard, der unter anderem den Zwang einer allzulangen Berechnung für die Zukunft und der Regelung der individuellen Affekte über das Maß der zur eigenen unmittelbaren Reproduktion erforderlichen körperlichen Arbeit hinaus kaum kennt, ist für die Ambitionen und Intentionen der merkantilen Ökonomie hinderlich und wird bekämpft.

Vor allem die kaufmännische Funktion in den Zentren der ausgreifenden Fernhandelsverflechtungen „. . . gewöhnt an eine Unterordnung der augenblicklichen Neigungen unter die Notwendigkeiten der weitreichenden Interdependenz; sie trainiert zu einer Ausschaltung aller Schwankungen im Verhalten und zu einem beständigen Selbstzwang."[75] Dabei ist die Ausprägung der Selbstkontrollen der Art, daß sie mit der Zeit blind, d.h. unbewußt, zu arbeiten beginnen und „. . . durch einen Zaun von schweren Ängsten Verstöße gegen das gesellschaftliche Verhalten zu verhindern . . ."[76] suchen.

Der ‚Zwang zum Selbstzwang' erscheint als Ausdruck einer spezifischen wirtschaftlichen und politischen Entwicklung, wobei dieser jene und jene diesen fördert und vorantreibt. Er ist zunächst an bestimmte Ober- und Mittelschichtsfunktionen gebunden.

Doch forciert das Handelsbürgertum von Anfang an mit zunehmend repressiven Mitteln eine Verallgemeinerung der merkantilistischen Normen und Maximen entsprechenden Fremd- und Selbstzwänge für alle Schichten und Territorien.

Im Verlauf der weiteren Entwicklung der europäischen Gesellschaften und ihrer kolonialen Dependanzen „. . . werden an den Menschen immer stärker und unmittelbarer diejenigen Verhaltensweisen und diejenige Affektgestaltung entwickelt, die zur Bewältigung von Erwerbsfunktionen, zur Durchführung einer mehr oder weniger genau geregelten Arbeit notwendig sind."[77]

Zur vollen Entfaltung gelangt der Merkantilismus mit der Errichtung und Ausbeutung eines abhängigen Kolonialsystems. Entsprechend dem Postulat merkantiler Handelstheorien, daß der Wert der Exporte eines Landes den seiner Importe übersteigen muß, damit sich nationaler Reichtum akkumulieren kann,[78] erhalten die Kolonien eine doppelte Funktion zugewiesen. Sie sollen das Mutterland mit Rohstoffen beliefern und heimische Manufakturerzeugnisse abnehmen.[79] Dabei versuchen die europäischen Mächte, in den von ihnen beanspruchten und besetzten auswärtigen Territorien speziell autorisierte Kaufleute und Handelsgesellschaften als Monopolkäufer und -verkäufer zu etablieren und die Austauschbedingungen exklusiv zu bestimmen. (Das geht z.B. soweit, daß in den Kolonien die Ausübung bestimmter Berufe und die Einrichtung bestimmter Produktionsstätten und -zweige verboten wird, um den Ausfuhrgütern des Mutterlandes keine Konkurrenz erwachsen zu lassen.)[80] Die kolonialen Außenhandelsmärkte werden so mit der Zeit zu einer Art ‚institutionalisierter Produkte'; „sie resultieren aus politischen Anstrengungen und militärischer Gewalt."[81]

Im westindischen Raum stellt sich der merkantilen Maschine in diesem Zusammenhang unmittelbar die Aufgabe, die gebrauchswertorientierte Wirtschaftsweise der Küstenbruderschaften durch eine tauschwertorientierte zu ersetzen oder zumindest zu überlagern. Die europäischen Pioniere auf den Karibischen Inseln müssen dazu gebracht bzw. angehalten werden, nicht nur das anzubauen, was sie zum Leben brauchen, sondern Güter gezielt für den Export in die ‚Alte Welt' zu erzeugen. In der Freibeuterökonomie sind die natürlichen Ressourcen Westindiens primär Mittel zur Selbstversorgung. Sollen sie sich im Sinne der merkantilen Ökonomie zu sprudelnden Quellen kommerziellen Profits entwickeln, bedarf es einer größeren Arbeitsintensität und -disziplin zum Zwecke einer erhöhten Güterproduktion bei gleichzeitiger Spezialisierung der Produktpalette und der Tätigkeiten.[82] Zum einen sind die Kolonisten gefordert, aus der Perspektive des reinen Gebrauchswerts ‚überflüssige Arbeit' zu leisten, d.h. nicht mehr nur für sich selbst, sondern für andere zu produzieren.[83] Zum anderen werden die vorgefundenen Mischkulturen und die wildwachsenden Früchte und Nährpflanzen — deren Existenz unabdingbare Voraussetzung für die Aufrechterhaltung des Primats der Selbstversorgung ist — durch ausgreifende Monokulturen allmählich verdrängt und die besten Böden für den intensiven Anbau der relativ wenigen Naturprodukte requiriert, die auf den europäischen Märkten guten Absatz finden. Die Subsistenz der Kolonisten erscheint im Zuge dieser Entwicklung zunehmend vom Verkauf, immer weniger vom direkten Verbrauch ihrer Erzeugnisse abhängig.

Die Konzeption und Realisierung der merkantil ausgerichteten kolonialen ‚Soll-Werte' wird begleitet von einer systematischen Bestandsaufnahme der je gegebenen ‚Ist-Werte'.[84] (Um die notwendige Kommunikation zwischen Europa und Westindien sicher und möglichst effektiv zu machen, werden z.B. in den englischen Niederlassungen auf den Antilleninseln zentrale amtliche Sammel- und Verteilerstellen für ein- und ausgehende schriftliche Nachrichten eingerichtet.)[85]

Besonderes Interesse gilt Informationen demographischer Natur. Es geht um die Erfassung des ‚menschlichen Inventars' der Kolonien, um die Registratur der potentiellen Arbeitskräfte und Steuerzahler. Man muß Verwaltungsinstanzen schaffen, denen die Aufgabe obliegt, Verzeichnisse über Zu- und Abwanderungen, über Eheschließungen, Geburts- und Sterbefälle zu führen und stets auf aktuellem Stand zu halten.[86] Des weiteren kreist die Wißbegierde um alle Vorgänge, die Grund und Boden betreffen. Im Oktober 1671 beklagt der Gouverneur von Jamaica, Thomas Lynch, in einem Bericht an einen seiner Vorgesetzten in London die gänzlich anarchische Weise, in der auf der Insel ein jeder nach Lust und Laune Land nimmt und bebaut (oder auch nicht).[87] Die Beschwerde ist für die Situation in den transatlantischen Kolonien jener Jahre symptomatisch. Entsprechend zielt eine Reihe staats- und kaufmännischer Initiativen darauf ab, offiziellen Agenturen die Oberaufsicht über die Böden zu verschaffen und Besitztitel und Eigentumsrechte nach amtlichem Reglement zu fixieren. Feste Grenzen sind eine wesentliche Voraussetzung für eine ordnungsgemäße Taxierung und Besteuerung der Pflanzungen.[88]

Auch der Schiffsverkehr in den westindischen Häfen erfährt immer eingehendere Überwachung. Die Durchsetzung und Aufrechterhaltung merkantiler Monopolansprüche verlangt möglichst exakte Kenntnisse darüber, wer was wann wo mit welchem Schiff anliefert bzw. abtransportiert. Kaufleute und Administratoren in den europäischen Handelsmetropolen erwarten von ihren Statthaltern auf den Karibischen Inseln regelmäßige Berichte mit möglichst exakten Angaben zu Art, Umfang und Provenienz der auf den kolonialen Märkten umgeschlagenen Waren und über die jeweiligen Modalitäten des Austausches. (Das bedeutet auch, daß versucht werden muß, an möglichst vielen Orten, an denen Schiffe landen können und/oder zu landen pflegen, Kommandanturen oder zumindest feste Beobachtungsposten einzurichten.)[89]

Eines der Hauptprobleme der expandierenden westindischen Plantagenwirtschaft ist der chronische Mangel an Arbeitskräften.[90] Es bleiben im karibischen Raum noch lange zu viele Möglichkeiten der Selbstbeschäftigung und

Selbstversorgung, als daß Siedler in großer Zahl bereit oder genötigt wären, abhängige Arbeit zu leisten. Der Ausgleich dieses Defizits erfolgt zum einen über die administrative Reduktion ‚freier' Reproduktionsräume, durch Lizensierung der Jagd, des Fischfangs und der Piraterie, druch Verbot ‚wilder' Landnahme usw.; zum anderen wird von Europa aus eine „demographische Verlagerung"[91] in die Wege geleitet. Hier nämlich gibt es einen Überschuß an „exploitablem Menschenmaterial".[92]

„Die durch Auflösung der feudalen Gefolgschaften und durch stoßweise, gewaltsame Expropriation von Grund und Boden Verjagten, dies vogelfreie Proletariat konnte unmöglich ebenso rasch von der aufkommenden Manufaktur absorbiert werden, als es in die Welt gesetzt ward. Andererseits konnten die plötzlich aus ihrer gewohnten Lebensbahn herausgeschleuderten sich nicht ebenso plötzlich in die Disziplin des neuen Zustandes finden. Sie verwandelten sich massenhaft in Bettler, Räuber, Vagabunden, zum Teil aus Neigung, in den meisten Fällen durch den Zwang der Umstände."[93]

Ab 1660 etwa landen in zunehmender Zahl ‚gefährliche', ‚liederliche' und ‚unnütze' Leute, Menschen „... who have no way of livelihood, and refuse to work ..."[94] freiwillig und unfreiwillig auf den Antilleninseln. Zum Teil werden Arbeitskräfte für die Kolonien in Armenhäusern und Gefängnissen oder per Richterspruch direkt von der Anklagebank zwangsrekrutiert. (Parallel gedeiht vor allem in den englischen, holländischen und französischen Hafenstädten auch regelrechter Menschenraub zu einem einträglichen Geschäft.)[95] Zum Teil werden sie von Kaufleuten und Kapitänen angeworben. Der ‚gedungene Knecht'[96] zeichnet einen Kontrakt, der ihn verpflichtet, für einen festgesetzten Zeitraum (meist drei Jahre) auf einer westindischen Plantage gegen Kost und Logis zu arbeiten, erhält dafür freie Überfahrt und die Garantie, nach Ablauf der vereinbarten Dienstjahre tun und lassen zu können, was ihm beliebt. Es ist Brauch, solche Kontrakte (und damit die Vertragssubjekte) in den karibischen Häfen meistbietend an Plantagenbetreiber oder -aufseher zu versteigern.[97] So machen die Werber ihren Schnitt. (Die soziale Position der ‚gedungenen Knechte' liegt also zwischen der eines Sklaven und der eines Lohnarbeiters.)

Viele Berichte aus der Karibischen See monieren den Umstand, daß die Kontrolle und Disziplinierung des Handels und der Arbeitskräfte in den westindischen Kolonien durch einheitliche und unsystematische Verfügung und Exekution von Gesetzen und Erlassen und eine mangelhafte Koordination der Verwaltungsfunktionen massiv behindert ist.[98]

Tatsächlich sind die einzelnen Niederlassungen zu Beginn der zweiten Hälfte des 17. Jahrhunderts relativ kleine, voneinander relativ unabhängige und relativ schwach miteinander kommunizierende Einheiten, die sich auf der Basis zum

Teil erheblich divergierender Schiedssysteme und Verfahrensregeln selbst regieren. Die Merkantilisten insistieren auf Einrichtung vom Mutterland aus gesteuerter Zentralinstitute der Gewaltausübung, die — ausgestattet mit militärischen Druckmitteln[99] — den merkantilen Reglements im westindischen Raum allgemeine Geltung und uniforme Befolgung verschaffen sollen.[100] Ohne die Möglichkeit, Sanktionen mit Gewalt durchzusetzen — so ein Beobachter — „... all the Acts of Parliament and letters to Governors will signify no more than an old Gazette."[101]

Zusammengefaßt: Die merkantile Maschine arbeitet (auch) im karibischen Raum systematisch darauf hin „... die Gesellschaftskräfte zu steigern, die Produktion zu erhöhen, die Wirtschaft zu entwickeln ... zu Wachstum und Mehrung beizutragen."[102] Händler und Kaufleute fungieren dabei als „... überall sinnlich-gegenwärtige Agenten und Lehrmeister des Tauschprinzips."[103]

Die Protagonisten einer merkantilen Ausbeutungsordnung sehen in den Savannen, Bergen, Wäldern und Wassern Westindiens eine Arena zügelloser Leidenschaften, exzessiver und irrationaler Veräusgabung, an deren Stelle ‚friedliche‘ und ‚ehrbare‘ Tätigkeiten, die geregelte und kalkulierbare Erzeugung von Gütern für den Markt, disziplinierter Handel und Verkehr treten müssen. Die vorgefundene Existenzweise der Küstenbruderschaften, geprägt durch Sorglosigkeit, Muße, Verschwendung, Ganz-in-der-Gegenwart-Leben, ist unvereinbar mit den rationalen Prinzipien des für die Zukunft planenden Kaufmannsgeistes, mit merkantilistischen Ordnungsvorstellungen und Sinngebungsmodi.

Es geht, allgemein gesagt, darum, bestimmte Subjekte/Gruppen an bestimmten Orten auf bestimmte Dienste/Arbeiten/Tätigkeiten und auf bestimmte Regeln festzulegen und so verfügbar zu machen und parallel alltägliche Verhaltensweisen und Gewohnheiten sowie Fähigkeiten, Fertigkeiten und Kenntnisse, die die Grenzen des Beherrschbaren transzendieren und den Bedürfnissen und Anforderungen der merkantilen Ökonomie nicht entsprechen, zu entwerten, zu enteignen, zum Verschwinden zu zwingen.

Richard Pares hat, ganz im Stil merkantilistischer Diktion, das schließliche Ergebnis des ökonomischen Transformationsprozesses in den westindischen Kolonien auf den Punkt gebracht:

„*The scale and the style of production were changed. A barbarous equalitarian society of backwoods-men was succeeded by a socially stratified society of large planters, each with many employees.*"[104]

Diese Entwicklung allerdings vollzieht sich in den einzelnen westindischen Kolonien (auch in denen ein und desselben Landes) höchst ungleichzeitig und die ‚barbarische, egalitäre Gesellschaft von Hinterwäldlern‘, die die Inseln,

Küsten und Gewässer der Karibischen See bevölkert, begegnet zu großen Teilen der merkantil-imperialen Machtorganisation mit souveräner Mißachtung und eigensinnigem Protest.[105]

VII. Eingrenzung und Ausschluß — Widerstand und Dissidenz

Ab 1660 erscheint das Problem der Bestimmung und Reduzierung von Abweichungen als Punkt, dem im Rahmen des kolonialpolitischen Diskurses und kolonialpolitischer Praxis in bezug auf den westindischen Raum wachsende Bedeutung zukommt.

Lebensäußerungen und Handlungsweisen, die nicht auf der Linie der ‚neuen Ordnung' liegen bzw. nicht ohne weiteres auf diese zu bringen sind, werden immer nachdrücklicher markiert und stigmatisiert. Steine des Anstoßes gibt es viele.

Sorgen bereiten den Kolonisatoren der blühende, weitverzweigte ‚wilde Handel', der alle durch merkantilistische Exklusivansprüche und damit verbundene Restriktionen des Güter-, Waren- und Geldverkehrs gesetzten Grenzen durchbricht. Die Kolonisten bestehen nahezu in ihrer Gesamtheit darauf, ihre Austauschbeziehungen untereinander und mit Kauffahrern aus Europa in autonomer Kompetenz nach eigenem Gutdünken zu organisieren und zu gestalten. Sie treiben mit allem und mit jedem Handel, gerade wie es sich ergibt und wie es ihnen beliebt." „. . . les Avanturiers . . . avoient nettement déclaré, qu'ils ne suffiroient pas qu'on leur interdit le commerce avec les Etrangers."[1]

Zollbestimmungen werden unterlaufen, Ein- und Ausfuhrbeschränkungen ignoriert, Schiffe der Monopolgesellschaften überfallen und ausgeplündert. Geschmuggeltes und Geraubtes, von den Administrationen Nicht-Vorgesehenes und Nicht-Erwünschtes landet auf den Inseln und verschwindet von ihnen, nimmt seinen Weg in ‚dunkle', unergründbare Kanäle. Das behindert die effiziente Beobachtung, Kontrolle und Regulierung der Märkte und Preise, der Geld- und Warenströme, die geordnete Bewegung der Reichtümer, bringt die merkantilen Kalkulationen durcheinander, schmälert und gefährdet die Profite der nationalen Handelskonsortien und der europäischen Regierungen.[2]

„These pernicious practices will make all trading in the sea insecure and by the resentment of princes and states will tend more and more to the prejudice of your trading subjects."[3]

Auch die von den Merkantilisten angesteuerte Entwicklung der westindischen Agrikultur — der Auf- und Ausbau einer exportorientierten Plantagenwirtschaft mit einer seßhaften, spezialisierten, abhängigen, Steuern und Abgaben entrichtenden Pflanzerpopulation, der ‚gedungene Knecht' und Zwangsarbeiter als Hilfskräfte zur Verfügung stehen — stößt auf Schwierigkeiten. In der Karibischen See bieten noch bis ins 18. Jahrhundert hinein die spezifischen Umstände des Ortes und der Zeit — wenn auch mit deutlich abnehmender Tendenz —

offene Chancen für eine freie, autonome Reproduktion in kleinen, weitgehend unabhängig voneinander eigenbedarfsdeckenden Einheiten. Zudem sind die Siedler „. . . in ihrer Mehrzahl Menschen, die aus Unzufriedenheit mit den Zuständen zu Hause das Meer überquert hatten. Ihre Freiheit und Unabhängigkeit basierte auf freier Arbeit und sie waren daher erbitterte Gegner der großen Plantagenbesitzer, die von der Zwangsarbeit lebten."[4]

Gefährdet erscheint den Chronisten die Arbeitsmoral ferner durch zahlreiche Einrichtungen, die die Menschen in den Kolonien zu alkoholischen und sexuellen Exzessen und zum Glücksspiel animieren. Viele Leute — so heißt es — vertun ihre Zeit und ihr Vermögen in solchen Lasterhöhlen „. . . whereby they are disabled from making any settlement . . ."[5]

‚Gedungene Knechte' und Deportierte entziehen sich scharenweise dem ihnen zugedachten Los eines jahrelangen, von ‚harter Disziplin' und ‚unablässiger Arbeit'[6] geprägten semi-feudalen Frondienstes durch Flucht.[7] Viele von ihnen finden ihren Weg zu den Flibustiern und Bukaniern.[8] Als im Februar 1684 auf Jamaica wieder einmal die Nachricht von einem gelungenen Freibeuterunternehmen die Runde macht, meldet der Gouverneur Thomas Lynch nach London: „All servants that can run away and turn pirates encouraged by the late success . . ."[9]

Die Küstenbruderschaften mit ihrer unfügsamen, selbstbestimmten Lebensweise — als deutliche Konkretionen einer nicht-feudalen und nicht-merkantilen (resp. nicht-kapitalistischen) Alternative der Existenz in den westindischen Kolonien zugleich Ausdruck und Ferment der „. . . Erinnerungsspuren rarer Momente befriedeten und geglückten Lebens aus vorkapitalistischen Lebenszusammenhängen . . ."[10] — sind eine ständige Verlockung „. . . tempting all bad servants, debtors and dissolute persons to join them."[11]

Auch viele Matrosen der regulären Handels- und Kriegsmarine ziehen ein Leben als Flibustier und Bukanier dem Drill an Bord vor und desertieren. Nicht selten reduzieren solche ‚Ausstiege' die Besatzungen in einem Maß, daß die Schiffe manovrierunfähig werden.[12]

Vor allem der ärmere Teil der europäischen Bevölkerung in den westindischen Kolonien, der die dringend benötigten Arbeitskräfte auf den Plantagen (und Schiffen) stellen könnte, verschwindet in schwer beherrschbare Räume und widmet sich dort weitgehend unkontrollierbaren und mithin kaum ausbeutbaren Tätigkeiten.[13]

Der französische Gouverneur von St. Domingo, de Cussy, sieht im Jahre 1685 seine Kolonie durch das Flibustier- und Bukanierwesen regelrecht ‚entvölkert' und geht soweit, den Hafenkommandanten nahezulegen, in Zukunft grundsätzlich jedes private Seefahrzeug mit mehr als acht Mann Besatzung am Auslaufen zu hindern.[14]

Offensichtlich hat de Cussys Initiative wenig Erfolg: Im Jahre 1692 ist sein Nachfolger Ducasse immer noch mit der „indolcilité des Flibustiers" befaßt und konstatiert:

> „. . . que leur example devenoit contagieuse, & que la plupart des jeunes gens vouloient par libertinage embrasser cette profession, d'où il s'ensuivoit que des habitations déja toutes formées demeuroient en friche, & que la Colonie se trouvoit tout à la fois dégarnie d'Hommes, d'armes, et de munitions."[15]

Tatsächlich ist die Annahme berechtigt, daß während des gesamten 17. Jahrhunderts die Möglichkeit massiver Siedlerabwanderungen in exterritoriale Sphären den Bestand aller ‚regulären' Niederlassungen Englands, Hollands und Frankreichs in Westindien gefährdet.[16]

Als im Mai 1670 Agenten der ‚Compagnie des Indes occidentales' versuchen, den Siedlern auf St. Domingo das Handeln mit zwei holländischen Kauffahrern zu verbieten, bricht ein bewaffneter Aufstand los, der in Windeseile alle französischen Niederlassungen der Insel erfaßt und auch nach Tortuga überzuspringen droht.[17] Seite an Seite zeigen ‚habitants' und ‚boucaniers' — unterstützt durch englische ‚Küstenbrüder' von Jamaica und holländische von Curaçao — dem französischen Gouverneur und seinen Offizieren und Soldaten die Zähne. D'Ogeron, der sofort eine Inspektionstour unternimmt, um vor Ort den Stand der Dinge auszuloten und die überschäumenden Gemüter nach Möglichkeit zu beschwichtigen, wird beschossen und beinahe gefangengenommen und bricht die Mission resigniert ab. Weder dem Gouverneur und seinen Truppen noch den Siedlern und Bukanieren scheint viel an offenen Waffengängen gelegen. Man läßt sich in der Folge gegenseitig in Ruhe. Im April 1671 sieht Charlevoix die Rebellion totgelaufen und die Ausübung regulärer Kolonialverwaltungsfunktionen nicht länger ernsthaft behindert. Dagegen berichtet noch im August 1671 der Gouverneur von Jamaica (Thomas Lynch) nach England, daß der Aufstand der „French Bouccaneers" andauert und daß sie weder mit Regierungsvertretern noch mit solchen der ‚Royal Company' (gemeint ist die o.e. ‚Compagnie des Indes occidentales') zu verhandeln bereit sind. In diesem Zusammenhang mahnt Lynch: Sollte es nicht gelingen, die ‚Küstenbrüder' zu bändigen, wird ihnen in wenigen Jahren weder Hispaniola noch irgendeine andere Antilleninsel widerstehen können.[18] (In der folgenden Zeit haben auch die englischen Kolonialadministrationen wiederholt mit Aufständen zu kämpfen.)[19]

Eine französische Notiz vom 25. November 1670 zu den Vorgängen auf St. Domingo liefert interessante demographische Details:[20] Ein Viertel der aufständischen Bevölkerung — so heißt es — ist hinreichend an Ort und Stelle gebunden durch fruchtbare Besitzungen, die nicht ohne weiteres verlegt werden können, und durch die Gegenwart von Frauen und Kindern. Diese Leute müssen fürchten, im Zuge staatlicher Vergeltungsmaßnahmen als Folge der Unruhen alles zu verlieren.

Zu einem weiteren Viertel haben die Rebellen — diese Gruppe wird als die besonnenste und kompetenteste bezeichnet — ihre Familien in Dieppe, Honfleur, Le Havre oder an anderen Küstenflecken der Normandie und der Bretagne zurückgelassen und schicken ihren Verwandten jedes Jahr Felle, Tabak und gemünztes Gold und Silber über den Atlantik. Die Daheimgebliebenen nutzen die Sendungen aus den Kolonien, Häuser und Liegenschaften in Frankreich zu erwerben. Mehr als alles andere würde es die Siedler beunruhigen, wenn man ihnen damit droht, ihre Immobilien in der Heimat zu beschlagnahmen. Hier liegt — davon gibt sich der Verfasser überzeugt — ein Instrument, mit dem man die Rebellen spalten kann. So wäre ein vielversprechender Anfang gemacht, die Aufrührer insgesamt zu bändigen.

Die Hälfte aller Franzosen auf St. Domingo jedoch führt ein unstetes Leben und ist — unter Druck gesetzt — jederzeit bereit und fähig, alles stehen und liegenzulassen und von der Insel zu verschwinden. Viele ziehen sich auch in den Busch zurück, wenn ihnen etwas nicht paßt und warten dort Umstände ab, die eine Rückkehr opportun erscheinen lassen. Die Menge wilder Rinder und schmackhafter Früchte, die man in den Wäldern St. Domingos findet, machen den Aufenthalt fern der ‚zivilisierten' Zentren ausgesprochen erträglich.

Der Versuch, seßhafte Siedler aus den französischen Niederlassungen gegen die Meuterer einzusetzen, ist sinnlos und zwar nicht deshalb, weil die ‚habitants' zu schwach wären, sondern weil beide Gruppen sich in ihrer Gesinnung nicht voneinander unterscheiden. Allzuviele Leute — schreibt der Berichterstatter — sehnen sich nach dem zügellosen Leben, das man auf St. Domingo führen kann.

Exemplarisch und komprimiert umreißt dieses Memorandum eine Konstellation, wie sie für die westindischen Kolonien bis Ende des 17. Jahrhunderts typisch ist. So beklagen auch englische Beobachter die enge Affinität zwischen den eher ‚zivilisierten', seßhaften Personen und Personengruppen, die fleißig den Boden bestellen, ihre Gewinne investieren und — zumindest im Ansatz — der Prosperität der merkantilen Ökonomie förderlich sind, und den eher ‚barbarischen' vagabundierenden ‚Abenteurern', die — der Disziplin geregelter Arbeit gänzlich abhold — zu Land und zu Wasser mal hier mal dort ihre Beute schlagen und sich hemmungslos den wildesten Ausschweifungen hingeben.[21]

Ferner sehen sich die Kolonialadministrationen überall in Westindien mit der aus staatlicher Sicht fatalen Neigung auch der besser situierten und fest etablierten Kolonisten konfrontiert, auf die Anmaßungen und Eingriffe der expandierenden merkantilen Ausbeutungsordnung mit ostentativer Verweigerung der Kooperation und/oder Flucht in (noch) exterritoriale karibische Regionen zu reagieren. Bei dem erneuten Versuch einer Handelsgesellschaft, auf St. Domingo weitgehende Monopolansprüche durchzusetzen, drohen die französischen Kolonisten im Jahre 1680 sogar, vor dem kollektiven Aufbruch in die Wälder ihre Häuser niederzubrennen;[22] ein Glied im Reigen der Ereignisse, die Charlevoix später zu der Bemerkung führen: „. . . le seul nom de Compagnie révolta les Habitans . . ."[23] Exquemelin resümiert, die Pflanzer „. . . wurden unwillig, daß man sie in einem Lande, das weder dem König noch der Kompagnie zugehört, in Untertänigkeit bringen wollte, so daß sie resolvierten, lieber zu arbeiten, als unter der Botmäßigkeit der Kompagnie zu stehen."[24]

Die Siedler denken überwiegend nicht daran, freiwillig für den Profit jener zu arbeiten, die zwischen Westindien und Europa hin- und herpendeln und kommandieren. Die Pflanzer auf Barbados konstatieren 1676, daß ihr Fleiß keinen anderen Effekt hat, als den Appetit der Kaufleute zu befriedigen,[25] und 1680 heißt es in einer anderen Beschwerde gleicher Provenienz: „. . . they esteemed themselves very unkindly used by those gentlemen, who anually drew from the industry of the inhabitants between fourty and fifty thousand pounds sterling . . ."[26]

Nicht nur Kaufleute kassieren, sondern auch die europäischen Potentaten. Einem Dokument aus dem Jahre 1685 zufolge betragen z.B. die Steuern und Abgaben, die jährlich aus den englischen Niederlassungen gezogen werden, mehr als die Hälfte der kolonialen Nettoproduktion.[27] Die Wertschätzung, die die Kolonisten ‚ihrem' jeweiligen Souverän bzw. dessen Repräsentanten in Westindien entgegenbringen, gestaltet sich entsprechend. Auf Bermuda z.B. wird 1684 die Residenz des Gouverneurs dem Erdboden gleichgemacht.[28]

Der Rückgang des Tabakanbaus zugunsten der technisch weit aufwendigeren und sehr kapitalintensiven Zuckerproduktion[29] bringt den westindischen Kolonien in der zweiten Hälfte des 17. Jahrhunderts einen einschneidenden ‚sozialen Wandel' und den Küstenbruderschaften weiteren Zulauf.

„Where there had been a multitude of tiny holdings cultivated by small planters with but a few white labourers apiece, now the more astute and energetic owners had bought out their neighbours either with their own or borrowed capital, and had turned their indentured servants adrift, to replace them with wild, untamed negroes from the heart of darkest Africa. The suffering of the displaced white men must have been terrible ... The land passed into the hands of a comparatively small group of magnates and the small planting class of the earlier period was mostly dispossessed. The landless men wandered away to join the boucaneers or surch for new homes in unoccupied islands."[30]

In dem Gesamtbild, das amtliche und private Beobachtungsberichte gegen Ende des 17. Jahrhunderts über Zustände und Vorgänge im karibischen Raum vermitteln, erscheinen die europäischen Pioniere als Existenzen von überwiegend aufmüpfiger, ungestümer und pflichtvergessener Mentalität mit einem ausgeprägten Hang zu absoluter Unabhängigkeit und einer dementsprechenden Aversion gegen jegliche Form imperialer Autorität. Die Leute sind faul, verschwenderisch, maßlos, wenig devot und schwer zu regieren.[31] Vor allem aber die Flibustier und Bukaniere, jene ‚Extremisten der Insurrektion'[32], sorgen durch ihre starrköpfige, radikale und kompromißlose Opposition gegen die Segnungen der merkantilen Transformation des westindischen Raumes für einen Grad der Unordnung, der das ohnehin labile Gedeihen der Kolonien arg bedroht, das Florieren des profitträchtigen Transatlantikhandels hemmt und ‚ehrenwerte' Personen, die geregelten Geschäften und disziplinierter Arbeit nachgehen, um die Früchte ihres Fleißes und ihrer Umsicht bringt. Die lockeren Assoziationen, die ‚Küstenbrüder' und ‚habitants' miteinander eingehen, repräsentieren ein explosives Gemisch spontaner, diskontinuierlicher Energien und Kräfte, die der merkantile Apparat abwehren oder absorbieren und ‚gleichschalten' muß.

Dieser Assimilations- und Ausgrenzungsprozeß hat eine doppelte Tendenz und vollzieht sich gleichzeitig in direkter, repressiver Form und in indirekter, vermittelter Form auf ideologischer Ebene:

— Einerseits werden die in Westindien präsenten Potentiale an Arbeitskraft, Initiative, Kenntnissen usw. solange modelliert und modifiziert, bis sie mit den Erfordernissen und Ansprüchen der merkantilen Ökonomie kompatibel sind. Es geht um die „Dressur der nutzbaren Kräfte"[33], um die Steigerung der Fügsamkeit und Brauchbarkeit aller Elemente des kolonialen Systems.

— Andererseits werden Aktivitäten und Praktiken, die nicht auf das Muster des imperialen merkantilen Codes zu reduzieren sind, marginalisiert, diskreditiert und kriminalisiert. Ziel ist, die ‚Gegenmacht' zu neutralisieren, die der herrschenden bzw. der zur Herrschaft drängenden Macht eigensinnig Widerstand leistet und sich u.a. in kollektivem Ungehorsam, Unruhen, Aufständen, spontanen Zusammenschlüssen usw. manifestiert.[34]

Alles, was innerhalb der gezogenen Grenzen bleibt, findet sich positiv besetzt und ist treffend unter die kurze Formel zu subsumieren: Das Land urbar machen und bebauen und die Ressourcen der Kolonien erschließen und in private Gewinne verwandeln. Als hauptsächlicher Träger dieses Programms erscheinen die Kaufleute, die ‚fair traders', die auf ‚friedliche' und ‚vorschriftmäßige' Weise mit ihren zahlreichen und nützlichen Gütern und Waren kommen und gehen zum Wohle aller Menschen in den westindischen Kolonien und in Europa.[35]

Außerhalb der Grenzen landet — mit negativen Attributionen belegt — alles, was die merkantile Handels- und Arbeitsdisziplin paralysiert, was Reiche und Arme gleichermaßen davon abhält, einer geregelten Beschäftigung und redlichen Unternehmungen nachzugehen,[36] alles, was es ‚arbeitsscheuen' und ‚liederlichen' Personen erlaubt, ihre ‚unzüchtige' und ‚ehrlose' Lebensweise fortzusetzen.[37]

Der autonome, selbstgenügsame Existenzmodus der westindischen Küstenbruderschaften wird als Ausdruck maßloser Faulheit eingestuft, die bekanntlich der Vater sündhafter Laster und die unumstrittene Mutter von Armut und Schande ist.[38] Als Exponent und Kulmination des Übels erscheint die Figur des (unlizensierten) Piraten, der in offener, kriegerischer, feindseliger und raubgieriger Manier die Schiffe der ehrbaren und friedvollen Kaufleute bedroht, angreift, bekämpft, erobert, ausplündert, verwüstet, verbrennt.[39]

Nach und nach avanciert der Terminus ‚Piraterie' zum Sammelbegriff, der in den Berichten aus der Karibischen See alle Lebensäußerungen und Handlungsweisen bezeichnet, die der merkantilen Ordnungs- und Ausbeutungskonzeption nicht entsprechen. ‚Piraten' sind all diejenigen, die sich dem Zugriff und den Vorschriften der merkantilen Machtorganisation widersetzen und entziehen, die fliehen, desertieren, schmuggeln, die dem Monopolhandel der Kompanies Schwierigkeiten und Unsicherheiten bescheren, die jede profitmotivierte Tätigkeit ablehnen, die keine Steuern und Abgaben entrichten, die Verächter der Prinzipien der Sparsamkeit, des Eigentums, des Arbeitsgehorsams, der Seßhaftigkeit, all diejenigen, die ihre Protestenergien gegen die merkantile Intervention öffentlich zu machen suchen.

Die praktische Durchsetzung der Grenzziehung geht mit der Schaffung kontrollierter bzw. kontrollierbarer Zonen einher. Entsprechend zielt die Siedlungspolitik in den transatlantischen Kolonien darauf ab, die zum Teil weit verstreuten und ‚wild' umherschweifenden Pioniere an relativ wenigen, festen und überschaubaren Orten zu konzentrieren und militärischer Oberaufsicht und ‚ordentlicher' Amtsgewalt zu unterstellen. Ein nicht ganz leichtes Unterfangen: „People in these parts have been so used to live separately that it is very difficult to bring them to cohabit, especially by restraint."[40]

Im Jahre 1697 tauchen in den englischen westindischen Kolonien von London entsandte ‚engineers' auf, Verwaltungsprofis und Berufsstrategen mit der Order, die waffentechnische Ausstattung und den Zustand der Befestigungsanlagen zu inspizieren und den Offizieren und Beamten bei der Erfüllung der Verwaltungs- und Kontrollfunktionen mit Rat und Tat zur Seite zu stehen.[41]

Nur wenig später beginnt man auch auf den französischen Antillen mit einer Reorganisation der Kolonialadministration: „à bout d'y introduire l'ordre et la discipline et d'y faire goûter la douceur d'un Gouvernement établi sur la Religion et la Justice."[42]

Die englischen und französischen Gouverneure erhalten Weisung, Leuten den Aufenthalt an Plätzen, die ohne festes Kommando sind, durch regelmäßige Vertreibungsaktionen zu erschweren, wenn nicht zu verwehren.

Die im Zuge der administrativen ‚Rationalisierungsprozesse' eingeleiteten Maßnahmen dienen der Beschränkung der horizontalen Mobilität im karibischen Raum und dem Ausbau und der Perfektionierung der Apparate, die das ‚alltägliche' Verhalten, die Identität, die Tätigkeit der Kolonisten erfassen und überwachen.

Natürlich gelingt es zunächst nicht, die Rückzugsräume sämtlich abzuschotten. Doch sie schrumpfen und werden immer eindeutiger lokalisiert. Charlevoix z.B. identifiziert eine solche Fluchtnische im Westen St. Domingos:

> „. . . le petit Goave en particulier étant, à cause de la commodité de son Port, la retraite ordinaire de tout ce qu'il y avoit dans ces Mers de Flibustiers & de Pirates, ils s'y respectoient l'autorité, qu'autant qu'elle les menageoit, ou plutot, qu'elle les laissoit vivre à leur mode & y menoient une vie afreuse."[43]

Ein englischer Beobachtungsbericht beschreibt ein ähnliches Refugium an der Nordseite Jamaicas, wo sich ‚Meuterer' und ‚Deserteure' einfinden und zu ‚parties' zusammenschließen (d.h. zu kleinen Gruppen, die wilde Schweine und Rinder jagen oder auf Seeraub ausfahren).[44]

Andere ‚outcasts' weichen vor dem wachsenden politischen Druck auf kleinere Inseln oder an die Peripherie der Karibischen See zurück. Thomas Lynch schreibt 1682, daß die Bahamas von Leuten wimmeln, die ganz und gar nicht daran denken, ordentliche Plantagen anzulegen und den Boden zu bestellen und sich statt dessen viel lieber damit befassen, nach gesunkenen spanischen Schatzschiffen zu tauchen und die Ladungen zu heben.[45] Diese Art der Subsistenzsicherung, in einer anderen Notiz auf die Kurzformel „fishing for wrecks" gebracht,[46] ist Kolonialkaufleuten und -beamten ein besonderer Dorn im Auge. Sie bringt aus ihrer Sicht Menschen der schlimmsten Sorte in den Besitz zum Teil beträchtlicher Reichtümer, die dann ohne Sinn und Verstand verschleudert werden, was wiederum alle möglichen Formen der Unordnung und Zügellosigkeit begünstigt. Zudem haben zahllose Seeräuber auf Bahama-Inseln ihre Nester: „. . . great exorbitances have been committed in those Islands by the harbouring of pirates and violation of the Acts of Trade . . ."[47]

Abb. 11 Wald auf Jamaica

Als ein wahres Mekka für Schurken und Herumstreuner aller Art (,,a very Alsatia of rascaldom'')[48] erscheinen auch die Bermudas. Dort, so heißt es, verharren die Kolonisten in einem Zustand der Anarchie. Sie halten sich an keines der staatlich verordneten Reglements, gehorchen keinen Befehlen, erkennen keine Obrigkeit an, ,,... smuggling and wrecking went forward unchecked''[49]; und Ende 1682 erreicht die ‚Lords of Trade and Plantations' in London eine Beschwerde über die nominell unter dänischer Verwaltung stehende Insel St. Thomas (Virgin Islands), sicherer Hafen für zweifelhaftes Gesindel und Seestreicher vieler Nationen, entflohene Knechte, desertierte Matrosen, verschuldete Pflanzer, die zum Nachteil des englischen Handels und der Steuereinnahmen des Königs von dort nicht ausgeliefert werden.[50]

Abb. 12 Hafen von Nassau, Bahamas

„The Indies, in fact, are full desperate rogues",[51] notiert Thomas Lynch im gleichen Jahr und bringt seinen Eindruck von der Lage auf den Punkt. Doch stellen die Widersacher der merkantilen Ordnung immer weniger eine unübersichtliche, diffuse Menge dar und die Orte, die sie aufzusuchen pflegen bzw. an denen sie sich relativ unbehelligt aufhalten können, verlieren allmählich den Charakter unbestimmten Raumes. Mit zunehmender Akribie und stetig sich verfeinernden Methoden der Beobachtung und Registrierung ermitteln und fixieren die personell und materiell kontinuierlich besser ausgestatteten Kolonialadministrationen die Lücken, Nischen und Spalten im geographischen und gesellschaftlichen Gefüge der westindischen Territorien. Die Maschen des Informations- und Kontrollnetzes, das staatliche, merkantile Institutionen über die Karibischen Inseln auswerfen, werden laufend dichter.[52] Entsprechend sinken die Chancen, erfolgreich hindurchzuschlüpfen. Parallel vollzieht sich den westindischen Kolonien eine schrittweise Revision der Legislative und Jurisdiktion. Dabei geht es darum, die Schieds- und Strafsysteme der einzelnen Niederlassungen zu homogenisieren und zu zentralisieren und die Kataloge der als gesetzwidrig einzustufenden Praktiken aufeinander abzustimmen und den Maßgaben und Anforderungen forcierter merkantiler Ausbeutung der kolonialen Ressourcen anzugleichen. Ziel ist längerfristig eine Neukodifizierung des Rechts der Art, daß auf nationaler wie internationaler Ebene eine für den gesamten Kolonisationsraum Westindien einheitliche und verbindliche Klassifizierung und Sanktionierung aller Ausprägungen von Dissidenz und Insubordination möglich und garantiert wird.[53]

Die fortschreitende ‚Verdrahtung' der Westindischen Inseln durch sich konsolidierende und expandierende Instanzen der Beherrschung/Unterwerfung treibt diejenigen, die an einer ‚freibeuterischen' Lebensweise festzuhalten suchen, zunehmend hinaus auf die Karibische See. Die offenen und weiten Wasser des ‚Amerikanischen Mittelmeeres' — in denen kleinen, wendigen, unabhängig voneinander operierenden Schiffseinheiten mit erfahrenen und eingeweihten Mannschaften kaum ein Manöver unmöglich und ein Fluchtweg verschlossen ist — bleiben dem disziplinierenden, regulierenden Zugriff der merkantilen Repressionsapparate — deren Agenten die Leistungsfähigkeit maritimer Kontingente allein nach Masse, Tonnage, Segelfläche und Zahl der Kanonen zu bestimmen pflegen — weit länger entzogen als das feste Land.[54] Auf die Frage nach den Grenzen seiner Verwaltungshoheit antwortet 1671 der Gouverneur von Jamaica, Thomas Modyford: „The boundaries are the sea."[55] Alles jenseits der Brandung liegt noch zu Zeiten weitgehend außerhalb von Macht und Einfluß der Kolonialadministrationen, als sie die Inseln bereits relativ fest und sicher im Griff haben.[56]

Doch nicht nur verwaltungs- und militärtechnische Initiativen und Maßnahmen erschweren den Antagonisten der merkantilen Ordnung das Leben und Überleben an Land. Die Plantagenwirtschaft und die Implikationen und Folgen der merkantilen Besiedlungspolitik haben zum Teil erhebliche ökologische Umwälzungen zur Folge. Die tropische Vegetation, darunter viele der wild wachsenden Nährpflanzen, wird planmäßig und großflächig vernichtet. Die auf Monokulturen (hauptsächlich Zucker und Tabak) getrimmte landwirtschaftliche Produktion laugt die Böden schnell und nachhaltig aus. (Schon die Spanier haben im 16. Jahrhundert auf diese Weise einzelne Antilleninseln nahezu in Wüsten verwandelt.)[57] Zudem müssen die Arbeiter, Handwerker, Kaufleute, Plantagenbetreiber/-besitzer, die in wachsender Zahl die westindischen Niederlassungen bevölkern, ausreichend mit Lebensmitteln versorgt werden. Das führt u.a. zu einer tendenziellen Überfrequentierung der Fisch- und Jagdgründe und forciert die staatlich verordnete und überwachte schrittweise Einschränkung ihrer freien Nutzung durch jedermann.[58] (Teilweise sind die Kolonialverwaltungen sogar gezwungen, Nahrungsmittel aus Europa zu importieren, um die entstehenden Versorgungslücken auszugleichen.)

Immer mehr Lebensmittel kann man sich nicht länger frei verschaffen, man muß sie kaufen. Auf den Inseln sehen sich ‚Nicht-Angepaßte' jeglicher Couleur Existenzbedingungen gegenüber, die immer unsicherer und dürftiger werden.

Seeraub, im westindischen Raum vor Beginn der merkantilen Intervention primär eine mögliche Orientierung in gewachsenen, flexiblen Ordnungen eines vielschichtigen, weitgehend anarchischen Lebens- und Reproduktionszusammenhangs, wird unter beschriebenen Einflüssen mit der Zeit zur beinahe einzigen Chance, einer Vereinnahmung durch die merkantile Maschine zu entgehen, zur schließlich letzten Möglichkeit, sich außerhalb der zur Dominanz drängenden Ordnung und der von ihr definierten Pflichten und Gesetze Kleidung, Nahrung, Ausrüstung usw. zu verschaffen. (Protokolle von Gerichtsverhandlungen gegen karibische Piraten zu Beginn des 18. Jahrhunderts nennen Proviant — einschließlich Wein und Brandy — sowie Hemden, Hosen, Tauwerk, Kanonen, Lafetten, Kugeln, Pulver als bevorzugte Beute.)[59]

Das merkantile System, das sich in Westindien im Verlauf eines Prozesses fortschreitender Militarisierung und Zentralisierung mehr und mehr zu einem Unternehmen institutionaliserter und legalisierter Ausplünderung der kolonialen Ressourcen entwickelt, destrukturiert und entfunktionalisiert die ‚freibeuterischen' Lebenszusammenhänge. Die robusten, beharrlichen und renitenten Reste der Küstenbruderschaften ziehen sich aufs offene Meer zurück, wo ihnen zur Sicherung ihrer Subsistenz nicht viel mehr bleibt als die Kaperei. Anders gewendet: Flibustier und Bukaniere und die am Prinzip der Selbstversorgung orientierten Pflanzer modifizieren zu einem Teil ihr Verhalten so, daß es ihnen möglich wird, ihre — auf der Basis autonomer und von fremdbestimmter Arbeit weitgehend freier Reproduktion organisierte — Existenzweise unabhängig bzw. jenseits der Reichweite von merkantilen Kontrollen und Verstärkern fortzusetzen.

Bis 1680 etwa ist die Politik der Kolonialverwaltungen in bezug auf die westindischen Freibeuterkongregationen eher moderat. Mit sanftem Druck und ohne Hast versucht man, die Gruppen der ‚Avanturiers' in den ausgreifenden merkantilen Wirtschaftskreislauf einzubeziehen, „... hoping to gain them more safely by fair means ..."[60] Die Kolonisatoren begreifen die Orientierungen der Freibeuterökonomie zunächst nicht als grundsätzlich unvereinbar mit merkantilistischen Prinzipien und Vorstellungen; oder anders: Es dauert einige Zeit, bevor im Rahmen des sich ausprägenden Gefüges merkantilistischer Normen und Werte Klarheit über Unvereinbarkeiten gewonnen werden kann.

Die Praktiken der Flibustier und Bukaniere sind zunächst keineswegs verfemt und schließen nicht vom ‚gesellschaftlichen Verkehr' in den westindischen Kolonien aus. Jagd, Seeraub, Fischfang, Ackerbau, Viehzucht stehen als Reproduktionsmodi nicht nur gleichermaßen anerkannt nebeneinander, sondern sind teils unentflechtbar miteinander verwoben.

Vor allem die maritimen Operationskapazitäten der ‚Küstenbrüder' werden — wie gezeigt — anfänglich als kommerziell und strategisch potentiell nutzbar eingestuft, geeignet, den Prozeß der Konstituierung kolonialer Territorialität zu fördern, und erfahren von staatlicher und kaufmännischer Seite lange eine Toleranz, die an Ermutigung grenzt. Zwar ist man bestrebt, die Piraterie rechtlich zu kodifizieren und nach erlaubten und unerlaubten Formen sortierbar zu machen, doch werden Übertretungen der ohnehin vagen Grenzen im allgemeinen als ‚notwendiges Übel' hingenommen und kaum schwer geahndet.[61]

Gegen Ende des 17. Jahrhunderts schlägt diese Haltung deutlich um und parallel zur Erhöhung des Export- und Importvolumens der transatlantischen Kolonien, zur Vermehrung der Güter und Reichtümer im westindischen Raum, zum Anwachsen der seßhaften Bevölkerung auf den Antilleninseln, zum Vordringen ‚zivilisierter' Standards in karibische ‚Wildnisse' steigt die systematische und bewaffnete Unduldsamkeit gegenüber sozialen Deviationen. Vor allem Vertreter des Handelsbürgertums insistieren mit der Zeit immer nachdrücklicher darauf, daß Akte der Piraterie — einschließlich Schmuggel, Meuterei, Desertion, Arbeitsverweigerung — sowie Handlungsweisen, die geeignet sind, solche Akte zu ermutigen, zu ermöglichen und zu decken, staatlicherseits zu Kapitalverbrechen erklärt und mit der Todesstrafe belegt werden.[62]

Der Pirat, der durch imperialen merkantilen Druck auf reinen Seeraub reduzierte Freibeuter, erscheint nun als Feind der gesamten (kolonialen) Gesellschaft, den zu verfolgen und zu vernichten im Interesse aller liegt; „. . . er fällt aus dem Vertrag heraus, disqualifiziert sich als Bürger und wird zu einem, der ein wildes Stück Natur in sich trägt."[63] Die Merkantilisten deklarieren den Angriff auf ihre Positionen, den der karibische Pirat par excellence verkörpert, zu einer ernsten Bedrohung des Allgemeinwohls.

„To a trading Nation nothing can be so Destructive as Piracy . . . It cuts off the Returns of Industry, & those plentiful Importations that alone can make an Island flourishing."[64]

Vaissière schreibt zum Wandel der merkantilen Freibeuterpolitik, mit dem auslaufenden 17. Jahrhundert hätten die Gouverneure erkannt, daß das mögliche getan worden sei und daß man die assimilierbaren Elemente der „population conquérante" fixiert habe;⁶⁵ daß die Unbelehrbaren und Unbekehrbaren nunmehr eine schärfere Gangart gewärtigen müssen, versteht sich so gesehen von selbst.

Ähnlich der Kommentar von Charlevoix: Auf Seiten der Kolonialverwaltungen habe sich schließlich die Überzeugung durchgesetzt, daß das Freibeuterwesen nicht länger toleriert werden dürfe, da der zu befürchtende Schaden, den die Piraterie auf lange Sicht anrichten werde, ihren potentiellen Nutzen weit überträfe.⁶⁶

Dabei sind es in der letzten Phase der merkantilen Okkupation des westindischen Raumes weniger die vom Seeraub ausgehenden unmittelbaren materiellen Störungen, die die Kolonisatoren beunruhigen. Gemessen am gesamten kolonialen Handelsvolumen ist der pekuniäre Verlust, den die Wirtschaft durch die Beutezüge der westindischen Piraten erleidet, nur gering.⁶⁷

Schwerer wiegt, daß der Pirat als Relikt und Repräsentant einer ‚anderen', nicht-merkantilen Wirklichkeit die Gültigkeit der Maximen bürgerlich-merkantiler Sittlichkeit und Rationalität grundsätzlich in Frage stellt. Piraterie birgt ein ‚Stück Utopie'⁶⁸: die autonome Reproduktion auf der Basis nicht-paternalistischer, nicht-zentralisierter Organisationsstrukturen sozialen Seins außerhalb der von Merkantilisten favorisierten Modi der in eine hierarchische Ausbeutungsordnung eingebetteten seßhaften agrikolen Arbeit und der Transportarbeit. Darüber hinaus verweist Piraterie als ehemals integrales Moment der Freibeuterökonomie auf die Möglichkeit eines alternativen Umgangs mit den westindischen Ressourcen, der sich wesentlich auf die Befriedigung energetischer Bedürfnisse, d.h. auf die Wiederherstellung verausgabter Energie beschränkt, den natürlichen ‚lifesupporting systems' Zeit und Raum zur Regeneration läßt und den entscheidenden Sinn von ‚Reichtum' in seiner ‚unproduktiven Verausgabung' sieht; Piraterie erhält die Erinnerung an diese andere Möglichkeit der Wirklichkeit wach, während die merkantile Ordnung zwecks Optimierung ihrer Funktionsfähigkeit, der Akkumulations- und Investitionsbedingungen der Reichtümer, alle Reminiszenzen an die Orientierungen der Freibeuterökonomie zu unterdrücken und vergessen zu machen trachtet.

Der am Ende erbittert geführte Kampf der Merkantilisten, genauer des im westindischen Kolonialgeschäft engagierten Handels- und Finanzbürgertums, gegen Flibustier und Bukaniere ist Teil einer umfassenden Strategie, die über „ständige Zensur" dafür sorgen muß, „. . . daß das Andere die schöne Ordnung der Realität, des Diskurses, der Rationalität nicht durcheinanderbringt."⁶⁹

Schluß

Im Vorwort der Herausgeber zum ‚Calendar of State Papers, Colonial Series 15', findet sich zu den Vorgängen in Westindien während des 16./17. Jahrhunderts ein zusammenfassender Kommentar, der die traditionelle Einschätzung des Verhältnisses Handel/Piraterie besonders prägnant zum Ausdruck bringt:

> „Where the merchants embarked their capital, the population on the seaboard cheerfully embarked its labour; and piracy, thriving on the commerce of all nations, developed a commerce of its own, which bade fair to extinguish all other."[1]

Mit anderen Worten: Auf der einen Seite vereinigt kaufmännische Initiative Kapital und Arbeit in fruchtbarer Symbiose, spornt zu produktiven Leistungen an und mehrt das Wohl der Menschen; auf der anderen Seite degeneriert der Seeraub von einem politisch und ökonomisch durchaus sinnvollen und nützlichen Niveau zu rein parasitären, destruktiven Formen.

Eine solche Sichtweise markiert exemplarisch den Endpunkt einer Entwicklung, in deren Verlauf die Kluft zwischen dem Diskurs über das westindische Freibeuterwesen und der ‚historischen Realität', die er interpretiert, immer größer wird.

Das einheitliche, ‚konsistente' Freibeuterbild, wie es sich erst Ende des 17., Anfang des 18. Jahrhunderts ausprägt und wie es z.B. Exquemelin, Charlevoix und Johnson alias Defoe in ihren für die bürgerliche Öffentlichkeit bestimmten Darstellungen zeichnen, gilt nachfolgenden Historikern als allein und absolut zutreffend und leitet — in seinem ideologischen Gehalt weitgehend unreflektiert — die Erschließung, Wichtung und Wertung des dokumentarischen Materials. Eine Fülle der in den Primärquellen geborgenen Informationen geht so sang- und klanglos unter.

Die Debatte um die politische Bedeutung und ‚Handhabung' des karibischen Freibeuterwesens, die in der seinerzeit nicht-öffentlichen Korrespondenz zwischen Europa und Westindien geführt wird, ist von willkürlichen propagandistischen Verneblungen und Deformationen weitgehend frei; anders als in den späteren Auslegungen und Publikationen erscheinen hier die verschiedenen Interessen relativ klar und unverblümt artikuliert.

Das expandierende merkantile Regime sieht sich in Westindien nicht durch den Seeraub als solchen provoziert, sondern durch den spezifischen Existenzmodus der Küstenbruderschaften in seiner Gesamtheit. Dieser Existenzmodus ist wesentlich geprägt durch Abwesenheit einer hierarchischen, zentral verwalteten bzw. verwaltbaren Ordnung, durch nicht-profitorientierten, selbstgenügsamen, autonomen Erwerb und durch unproduktive, tendenziell herrschaftswiderstreitende Verausgabung. Der Kampf gegen das westindische Freibeuterwesen erscheint als Kampf gegen Formen der Reproduktion und (ökonomische) Handlungsweisen, die sich einer Operationalisierung, Funktionalisierung und Ausbeutung durch die merkantile Maschine entziehen.

Die ‚pure Faktizität' der bürgerlichen Wirklichkeit verdeckt und/oder denunziert das, was die merkantile Ökonomie im westindischen Raum in ihrem Streben nach einem Maximum an Profit an optimalen Lebensmöglichkeiten unterdrückt bzw. zerstört hat.

Folgender Zusammenhang bleibt festzuhalten:

— Die merkantile Repressionspolitik in Westindien vernichtet das Freibeuterwesen (zunächst) nicht, sondern zwingt es in die Form reiner Piraterie. Der ‚gemeine' Seeräuber ist das ‚Produktionsergebnis' der imperial-merkantilen Unterdrückungsprozeduren.

— Die theoretische und praktische Auseinandersetzung mit dem westindischen Freibeuterwesen liefert auf quasi experimentellem Weg Erkenntnisse und Einsichten, die die bürgerlich-merkantile Ordnung formen helfen.

— Der propagandistische Diskurs, der Seeraub mit dem Freibeuterwesen schlechthin identifiziert und als Ausdruck von Barbarei und Parasitentum faßt, ergänzt das Instrumentarium zur Verortung und Stigmatisierung aller Anzeichen von Intransigenz gegenüber der imperial-merkantilen Ordnung.

— Der Diskurs über das westindische Freibeuterwesen ist Teil einer umfassenden Rede über ‚Zivilisation' und ‚Zivilisierungsprozesse', die einen durch permanenten Kampf und Raub gekennzeichneten ‚Naturzustand' postuliert, dem eine auf staatlich gesteuerten sozialen Konsens, auf Gesetz und Respekt des Eigentums gegründete gesellschaftliche Ordnung entgegenwirken muß.

— Barbarei und Parasitentum existieren nicht auf mehr oder weniger toten Nebengleisen der Zivilisation. Die Dispositive eines zivilisatorischen Diskurses sowie die Konsequenzen und Implikationen ‚zivilisierter' und ‚zivilisierender' Praxis erst ‚erschaffen' Barbarei und Parasitentum, als deren Bekämpfer und Überwinder Zivilisation dann auftritt.[2]

— Die ideologische und faktische Marginalisation des karibischen Freibeuterwesens/Freibeuters ist ein konstitutives Moment für die Durchsetzung und Aufrechterhaltung der merkantilistischen Wirtschaftsweise samt ihrer Herrschafts- und Zwangsapparaturen im westindischen Raum und damit auch bedeutsam für den Prozeß der Kolonisierung der beiden Amerika.

„ Il n'y a pas de liberté sans la mer."

Pierre Joseph Proudhon

Anmerkungen zur Einleitung

1 CLASTRES, Pierre: Staatsfeinde. Frankfurt am Main 1976. S. 76.
2 Vgl. FEYERABEND. Paul K.: Der wissenschaftstheoretische Realismus und die Autorität der Wissenschaften. Ausgewählte Schriften. Band 1. Braunschweig und Wiesbaden 1978.
3 Vgl. NEGT, Oskar und Alexander KLUGE: Geschichte und Eigensinn. 7. Auflage. Frankfurt am Main 1983. S. 46.
4 BREDLOW, Lutz: Die Wurzeln der Empörung. Betrachtungen zum „Verwirklichungssozialismus Gustav Landauers. In: Stefan Blankertz (Hrsg.): Auf dem Misthaufen der Geschichte Nr. 1. Münster und Wetzlar 1978. S. 26. Vgl. auch KAMPER, Dietmar: Das Ende der bürgerlichen Revolution. Grundlinien einer Logik der Geschichte. In: Ders. (Hrsg.): Abstraktion und Geschichte. Rekonstruktionen des Zivilisationsprozesses. München und Wien 1975. S. 184.
5 FOUCAULT, Michel: Archäologie des Wissens. Frankfurt am Main 1981. S. 15.
6 Vgl. HABERMAS, Jürgen: Theorie des kommunikativen Handelns. Band 1. Frankfurt am Main 1981. S. 18 f. und S. 21; WEHLER, Hans-Ulrich: Soziologie und Geschichte aus der Sicht des Sozialhistorikers. In: Kölner Zeitschrift für Soziologie und Sozialpsychologie. Sonderheft 16: Soziologie und Sozialgeschichte. Opladen 1972. S. 61.
7 Vgl. ELIAS, Norbert: Soziologie und Geschichtswissenschaft. Einleitung zu ders.: Die höfische Gesellschaft. 3. Auflage. Darmstadt und Neuwied 1977. S. 20.
8 Vgl. LUHMANN, Niklas: Weltzeit und Systemgeschichte. In: Kölner Zeitschrift für Soziologie und Sozialpsychologie. Sonderheft 16: Soziologie und Sozialgeschichte. Opladen 1972. S. 81 – 115; WEHLER a.a.O., S. 59 – 80; RITTNER, Volker: Horkheimer/Adorno: Die Dialektik der Aufklärung. Die unterirdische Geschichte des Abendlands und das Verhältnis von Körper, Herrschaft und Zivilisation. In: Dietmar Kamper (Hrsg.): Abstraktion und Geschichte. Rekonstruktionen des Zivilisationsprozesses. München und Wien 1975. S. 126 – 160.
9 MARX, Karl: Grundrisse der Kritik der Politischen Ökonomie. Berlin 1974. S. 26; vgl. auch LANDAUER, Gustav: Revolution. Nachdruck der Ausgabe Frankfurt am Main 1907. Berlin 1974. S. 26.
10 „Es ist sehr leicht, auf die Vorstellung zu verfallen, wenn das Neue lebensfähig ist, müsse mit dem Alten etwas nicht gestimmt haben. Diese Auffassung, zu der solche Organismen unausweichlich neigen, die bereits unter den Pathologien einer raschen und ungezügelten gesellschaftlichen Veränderung leiden, ist natürlich meistens unsinnig. Entscheidend ist immer die Sicherheit, daß das Neue nicht **schlechter** ist als das Alte. Es ist noch gar nicht so sicher, daß eine Gesellschaft, die den Verbrennungsmotor besitzt, lebensfähig sein kann, oder daß elektronische Kommunikationsmittel wie das Fernsehen mit der aggressiven Konkurrenz innerhalb der Spezies, die durch die Industrielle Revolution hervorgebracht wurde, vereinbar sind. Wenn alles andere gleich bleibt (was nicht oft der Fall ist), dann ist das Alte, das ein wenig geprüft worden ist, wahrscheinlich lebensfähiger als das Neue, das überhaupt nicht geprüft wird." BATESON, Gregory: Geist und Natur. Eine notwendige Einheit. Frankfurt am Main 1983. S. 222.
11 SALIS, J.R. von: Geschichte als Prozeß. In: Günter Schulz (Hrsg.): Transparente Welt. Festschrift zum 50. Geburtstag von Jean Gebser. Bern und Stuttgart 1965. S. 61.
12 In diesem Sinne auch: POPPER, Karl: Zur Geschichte unseres Weltbildes. In: Rüdiger Lutz (Hrsg.): Bewußtseins(R)evolution. Öko-Log-Buch 2. Weinheim und Basel 1983. S. 17 – 26.
13 SALIS, a.a.O., S. 63.
14 TIMM, Dennis: Die Wirklichkeit und der Wissende — Eine Studie zu Carlos Castaneda. Münster 1977. S. 33.

15 Zur naturwissenschaftlichen Dimension der skizzierten Auffassungen von Grund und Gang der (historischen) Evolution und zur natur- und geisteswissenschaftlichen Kritik am evolutionistischen Paradigma Darwinscher Prägung vgl. u.a.: BALLMER, Thomas T. und Ernst von WEIZSÄCKER: Biogenese und Selbstorganisation. Beitrag zum Problem der Evolution von Zwecken. In: Ernst von Weizsäcker (Hrsg.): Offene Systeme I. Stuttgart 1974. S. 229 – 264, besonders S. 231 f.; VARELA, Francisco: Das Gehen ist der Weg. In: Rainer Kakuska (Hrsg.): Andere Wirklichkeiten. München 1984. S. 155 – 167; DELEUZE, Gilles und Félix GUATTARI: Rhizom. Berlin 1977.

16 Vgl. STEINEN, Wolfram von den: Kitsch und Wahrheit in der Geschichte. Schloß Laupheim 1953. S. 22; DOBB, Maurice: Entwicklung des Kapitalismus. Vom Spätfeudalismus bis zur Gegenwart. Köln und Berlin 1970. S. 23 f.

17 STEINEN, a.a.O., S. 13; vgl. auch MÜLLER, Werner: Vom Irrationalen in der Geschichte. In: Unter dem Pflaster liegt der Strand. Band 5. Berlin 1978. S. 7 – 31.

18 BORKENAU, Franz: Zur Soziologie des mechanistischen Weltbildes. In: Zeitschrift für Sozialforschung, 1. Jg., 1932, Heft 3. S. 329; vgl. auch FROMM, Erich: Über den Ungehorsam. Und andere Essays. Stuttgart 1982. S. 76; MUMFORD, Lewis: Mythos der Maschine. Frankfurt am Main 1977. S. 132 und S. 584; KAMPER, Dietmar (Hrsg.): Abstraktion und Geschichte. Rekonstruktionen des Ziyilisationsprozesses. München und Wien 1975.

19 Bei dem seit Beginn der siebziger Jahre vielbeschworenen Paradigmenwechsel in der Historik, der angeblich mit der Umorientierung der Geschichtswissenschaft in Richtung auf eine ‚historische Sozialwissenschaft' einhergeht, handelt es sich m.E. um die Neugewichtung und Neubewertung von Variablen, die bislang gar nicht oder nur peripher berücksichtigt wurden. Zwar hat man so partiell tatsächlich die traditionelle Fixierung auf politisches Geschehen, auf Staat und Nation usw. überwinden können; die ‚Grundgleichung' der Historiographie hat sich jedoch kaum geändert und ist immer noch wesentlich bestimmt durch Evolutionismus, Teleologisierung/Finalisierung des Geschichtsverlaufs, durch Anthropologisierung der bürgerlichen Selbst- und Wirklichkeitserfahrung und -auffassung und die Konstruktion vom gegenwärtig ‚erreichten' Stand der abendländischen Kulturentwicklung abgezogener allgemeiner, ‚überhistorischer Wahrheiten'. Diese Gleichung transportiert bei all den vielfältigen und auch kontradiktorischen Ergebnissen, die sie zu liefern vermag, fast ausnahmslos — oft unausgesprochen — das Axiom, daß die Selbstdomestizierung des Menschen zu einem Ausbeuter der Welt den schöpferischen Höhepunkt der Leistungen der Spezies darstellt. Dieses Leitparadigma haben alle kultur-, sozial- und universalgeschichtlichen Theorien, Modelle und Konzepte — zumindest soweit sie den respektablen ‚Überströmungen' der historischen Wissenschaft unterliegen oder verpflichtet sind — bislang weitgehend unangetastet gelassen. Ein erster möglicher Schritt auf dem Weg zu einen tatsächlichen Paradigmenwechsel in der Geschichtswissenschaft könnte z.B. die Lösung der Chronologien und historischen Abfolgen von jeder Fortschrittsperspektive sein. Vgl. FOUCAULT, Michel: Mikrophysik der Macht. Über Strafjustiz, Psychiatrie und Medizin. Berlin 1976.

20 BRINKMANN, Heinrich (Hrsg.): Sinnlichkeit und Abstraktion. Wiesbaden 1973. S. 27.

21 Vgl. LORENZEN, Paul und Rüdiger INHETVEEN: Die Einheit der Wissenschaften. In: Heinz Hülsmann und Mitarbeiter (Hrsg.): Gesellschaftskritische Wissenschaftstheorie. Band 4. Kronberg 1974. S. 17.

22 ELIAS, Norbert: Über den Prozeß der Zivilisation. Soziogenetische und psychogenetische Untersuchungen. Band 2: Wandlungen der Gesellschaft. Entwurf zu einer Theorie der Zivilisation. Frankfurt am Main 1979. S. 219.

23 RITTNER, Volker: Norbert Elias: Das Konzept des Zivilisationsprozesses als Entsatz des epischen Moments durch das konstrutive. In KAMPER (Hrsg.), a.a.O., S. 100.

24 Vgl. BERGFLETH, Gerd: Theorie der Verschwendung. In: Georges Bateille: Das theoretische Werk. Band. 1: Die Aufhebung der Ökonomie. München 1975. S. 308.

25 „Wir befinden uns in einem Universum unmittelbarer Bedürfnisbefriedigung und regulärer Arbeit, in der das Interesse an Kontinuität zu einer Reduzierung aller Unfälle und Überraschungen führt. Wir gehen in Richtung auf eine Welt, in der alles reibungslos funktionieren soll . . . Es darf keine Exzesse, nichts Unvorhergesehenes geben." ELLUL, J.: Von der Revolution zur Revolte. Hamburg 1974. S. 253; zitiert nach: DUERR, Hans Peter: Traumzeit. Über die Grenze zwischen Wildnis und Zivilisation. Frankfurt am Main 1979. S. 302 (Anm. 17).

26 Zum Begriff ‚homologe Geschichtsauffassung' vgl. auch KARPENSTEIN-ESSBACH, Christa: Ökonomie und Ästhetik bei Georges Bataille. In: Konkursbuch. Zeitschrift für Vernunftkritik Nr. 5: „Abschied von der Politik". Tübingen 1980. S. 85 – 107. – Die Menschheitsgeschichte in ihrer Gesamtheit stellt sich — allgemein gesagt — nach der so bezeichneten Auffassung als Abfolge dar, in der Zufallskomponenten mit selektiven Prozessen derart verbunden sind, daß sich in der Entwicklung aller sozio-kulturellen Systeme — die natürlich mit unterschiedlichen Geschwindigkeiten verläuft — nur bestimmte Resultate des Zufälligen durchhalten können. Aufgrund der Erfahrungswerte, die die Welt in ihrem gegenwärtigen Zustand liefert, sind diese Resultate angebbar: Ackerbau und Viehzucht versus Jagen und Sammeln, Seßhaftigkeit versus nomadische Lebensweise, Staat versus Stamm, Handel und Akkumulation versus Potlatsch und unproduktive Verausgabung, Herrschaft versus Anarchie usw. Es resultiert ein ‚Noch-Schon-Kontinuum', in dessen Rahmen alle sozio-kulturellen Systeme zueinander in Beziehung zu setzen sind.
Darüber hinaus wird postuliert, daß alle sozio-kulturellen Systeme — egal auf welcher Stufe ihrer Entwicklung sie sich gerade befinden — in den internen Relationen zwischen ihren konstitutiven ‚Teilen' funktionale und strukturale Ähnlichkeiten aufweisen, die sich nach Maßgabe der gegenwärtig ‚dominanten' Form sozio-kultureller Wirklichkeit miteinander vergleichbar machen. (Um etwaigen Mißverständnissen vorzubeugen: Ich will nicht behaupten, daß keine funktionalen und strukturalen Äquivalenzen zwischen sozio-kulturellen Systemem existieren; m.E. aber ist das Modell der abendländischen Kulturentwicklung kein adäquates Mittel, solche aufzufinden.)
„Unsere Sozialwissenschaft behandelt die Kultur und Kenntnis anderer Völker . . ." und unserer eigenen Vergangenheit ". . . als Formen und Strukturen, die für das menschliche Leben eine Notwendigkeit darstellen und die jene Leute entwickelt und einer Realität aufgezwungen haben, die wir — oder zumindest unsere Wissenschaftler — besser kennen als sie selbst. Wir können diese Formen deshalb im Verhältnis zur ‚Realität' studieren und abwägen, wie gut oder schlecht sie dieser Realität angepaßt sind." NOEL, Daniel (Hrsg.): Seeing Castaneda. o.O. 1976. S. 53; zitiert nach: BERMAN, Morris: Wiederverzauberung der Welt. München 1984. S. 83.

27 HANNAY, David: The Pirate. In: Blackwoods Magazine, Band 186, 1909. S. 51.

28 GOETHE, Johann Wolfgang: Faust. Der Tragödie zweiter Teil. Paderborn 1960. S. 148.

29 SCHREIBER, Hermann: Kurze Geschichte der Seeräuberei. Einleitung zu A.O. Exquemelin: Das Piratenbuch von 1678. Die amerikanischen Seeräuber. Tübingen und Basel 1968. S. 51.

30 Ebenda, S. 53.

31 MÜLLER, a.a.O., S. 19.

32 Ebenda, S. 19.

33 NEGT/KLUGE, a.a.O., S. 87.

Anmerkungen zum I. Kapitel

1 Mémoire sur l'ile de la Tortue envoyé a Colbert par d'Ogeron, le 20. juillet 1665, „de la coste Saint-Domingue". Zitiert bei Pierre de VAISSIERE: Saint-Domingue. La societé et la vie créoles sous l'ancien régime (1629 — 1789). Paris 1909. S. 18 f. (Text des französischen Originals s. Anhang 1).

2 Engl.: ‚buccaneer', dtsch.: Bukanier. Abgeleitet wahrscheinlich von dem indianischen Ausdruck ‚moceam', der auf spezielle Art zerteiltes, gesalzenes und geräuchertes Fleisch bezeichnet. Die europäischen Jäger in Westindien übernahmen die Konservierungsmethode von den Indianern. Man findet den Ausdruck ‚Bukanier'/buccaneer'/boucanier' in der Primär- wie Sekundärliteratur häufig synonym für ‚Pirat' verwendet.

3 Ein englischer Kaufmann namens Kendall hat sich bereits 1664 ähnliche Gedanken wie d'Ogeron gemacht. Er empfiehlt, Freibeuter und ihre Prisen jederzeit wohlwollend in Port Royal, Jamaica, zu empfangen, um sie so nach und nach auf der Insel ansässig zu machen und dem Dienst der britischen Krone zu verpflichten. Konkret schlägt Kendall einen Einsatz ‚domestizierter' Freibeuter zur Eroberung von Tortuga und der unter holländischer Verwaltung stehenden Insel Curaçao vor.
Vgl. Calendar of State Papers. Colonial Series 5. America and West Indies 1661 — 1668. Nachdruck der Ausgabe London 1880. Vaduz 1964. S. 253 (Dok. 843). Künftig zitiert als ‚Cal. St. P. 5'. Siehe auch Pierre MARGRY: Mémoires et documents pour servir à l'histoire des origines françaises des pays d'outre mer. Découvertes et établissements des Français dans l'Ouest et dans le Sud de l'Amérique septentrionale (1614 — 1698). Band 3. Paris 1880. S. 3 f.

4 Vgl. CHARLEVOIX, Père Pierre-François-Xavier de: Histoire de l'isle Espagnol ou de S. Domingue. Band 3. Paris 1733. S. 48.

5 Die wichtigsten europäischen ‚Besitztümer' in der Karibischen See um 1600; Frankreich: Goudeloupe, Martinique, Tortuga; England: St. Christopher, Barbados, Nevis, Tobago, Jamaica; Holland: Curaçao, Bonaire, Saba, St. Eustatius.

6 Vgl. HABERMAS, Jürgen: Strukturwandel der Öffentlichkeit. 10. Auflage. Darmstadt 1979. S. 28 ff.

7 Calendar of State Papers. Colonial Series 10. America and West Indies 1677 — 1680. Nachdruck der Ausgabe London 1896. a.a.O. S. 468 (Lords of Trade and Plantations to Governor and Council of Jamaica). Künftig zitiert als ‚Cal. St. P. 10'.

8 Dazu gehört z.B. der ‚Council of Foreign Plantations' (auch ‚General Council of Trade'), der am 1. Dezember 1660 in London etabliert wird und am 7. Januar 1661 zu seiner konstituierenden Sitzung zusammentritt. Vgl. Calendar of State Papers. Colonial Series 1. America and West Indies 1574 — 1660. Nachdruck der Ausgabe London 1860. a.a.O. S. 492 f. Künftig zitiert als ‚Cal. St. P. 1'; Cal. St. P. 5, S. VIII; vgl. auch unten S. 102.

9 SAINT-YVES, G.: La Flibuste et les Flibustiers. Documents inédits sur Saint-Dominque et la Tortue au XVIIe siècle. In: Comité des Traveaux Historiques et Scientifiques. Bulletin de la Section de Géographie. Band 38. Paris 1924. S. 64 f.

10 Cal. St. P. 10. S. 605 (Lord Carlisle to Lords of Trade and Plantations).

11 Vgl. u.a. Calendar of State Papers. Colonial Series 7. America and West Indies 1669 — 1674. Nachdruck der Ausgabe London 1889, a.a.O. S. 46, S. 303 und S. 425. Künftig zitiert als ‚Cal. St. P. 7'; Calendar of State Papers. Colonial Series 11. America and West Indies 1681 — 1685. Nachdruck der Ausgabe London 1898. a.a.O. S. 320. Künftig zitiert als ‚Cal. St. P. 11'; siehe auch unten S. 33 und 90 ff.

12 Vgl. VIGNOLS, Léon: Flibuste et Boucane (XVIe — XVIIIe siècles). Un Produit Social de Guerre. In: Revue d'Histoire Economique et Sociale No. 2, 1928, S. 156: VAISSIERE a.a.O., S. 18.

13 CHARLEVOIX a.a.O., Band 3. S. 83.
14 Cal. St. P. 5 S. 253; siehe auch ebenda S. 362 (Dok. 1144).

Anmerkungen zum II. Kapitel

1 „We know that French corsairs . . . were upon the coast of Brasil as early as 1504, and it is probable that some of them on their homeward voyages sailed through the Carribean and touched of certain of the Islands. But we have no precise information upon these voyages." NEWTON, Arthur Percival: The Eurpean Nations in the West Indies 1493 – 1688. Nachdruck der Ausgabe von 1933. Londin 1966. S. 47 f.; siehe auch ebenda S. 49.
  Einzelheiten über die Aktionen französischer Seefahrer in Westindien bei MARCEL, Gabriel: Les corsaires français aux XVIe siècle dans les Antilles d'après des documents espagnols. In: Compte Rendu du XIIe Congrès international des Américanistes. Paris 1900. S. 63 – 89, besomders S. 65 ff.

2 Vgl. hierzu u.a.: ANDREWS, Kenneth R.: Elizabethan Privateering. English Privateering during the Spanish War 1585 – 1603. Cambridge 1964. S. 171 f.

3 Eine spanische Quelle vom Mai 1594 berichtet über 23 Korsaren und Schmuggler, die sich an den Küsten Hispaniolas herumtreiben (die Zahl bezieht sich wahrscheinlich auf Schiffe, nicht auf Personen). Siehe ANDREWS: Elizabethan Privateering . . . a.a.O., S. 170 f.

4 DIAWARA, Fode: Manifest des Primitiven Menschen. München 1979. S. 157.

5 Beschreibung der gesamten (genießbaren und ungenießbaren) Flora und Fauna des karibischen Raumes besonders eingehend bei: EXQUEMELIN, Alexandre Olivier: Die Amerikanischen Seeräuber. Erlangen 1926. S. 25 f., S. 33, S. 34 – 44, S. 47 und S. 50.
  Alexandre Olivier Exquemelins (auch Esquemeling oder Oexmelin) Buch ‚De Americaensche Zee-Rovers', das 1678 in Amsterdam erscheint, gilt als eine der wichtigsten Quellen zur westindischen Piraterie des 17. Jahrhunderts. Exquemelin ist vermutlich 1645 in Honfleur an der französischen Kanalküste geboren. Er läßt sich später in Holland nieder, möglicherweise weil er Hugenotte ist. Im Dienst der französichen ‚Compagnie des Indes Occidentales' gelangt er im Mai 1666 nach Tortuga, wo er drei Jahre lang seinen Kontrakt erfüllt. Von 1669 – 1674 lebt er mit den Bukaniern und nimmt an ihren Raubfahrten teil.
  Nähere Einzelheiten siehe: VRIJMAN, M.: L'Identité d'Exequemelin. In: Comité des Traveaux Historiques et Scientifiques. Bulletin de la Section de Géographie. Band 48, 1933. S. 43 – 55; vgl. auch unten S. 75.

6 Vgl. EXEQUEMELIN, a.a.O., S. 39 f.

7 Vgl. oben S. 27 und VIGNOLS, a.a.O., S. 167.

8 Siehe unten S. 90 ff.

9 Vgl. hierzu u.a. CHARLEVOIX, a.a.O., Band 3. S. 59; SAINT-YVES, a.a.O., S. 58.

10 CHARLEVOIX, a.a.O., Band 3. S. 69

11 Siehe oben S. 27.

12 Vgl. JAMESON, J. Franklin: Privateering and Piracy in the Colonial Period. Illustrative Documents. Neudruck der Ausgabe von 1923. New York 1970. S. 107 und S. 109; Cal. St. P. 7. S. 39 (Dok. 103); CHARLEVOIX, a.a.O., Band 3, S. 7 f. — Darüber hinaus wird Seeraub von den frühen Bukanieren sicher oft auch aus purem Spaß an

der Sache betrieben und hat in mancher Beziehung den Charakter eines rituellen Aktes; „... oftentimes Pirates take but things at pleasure and not of mind to spoyle." MALYNES, Gerard: Lex Marcatoria or the Ancient Law Merchant. London 1622. S. 152.
13 CHARLEVOIX (a.a.O., Band 3. S. 67 f.) berichtet, daß die Bukaniere sich selbst „frères de la coste" nennen.
14 JAMESON, a.a.O., S. 81, S. 91, S. 92 ff. und S. 122.
15 Vgl. EXQUEMELIN, a.a.O., S. 220 f.; vgl. auch Cal. St. P. 5, S. 387.
16 Siehe unten S. 107 f.
17 Vgl. MARX, Karl: Das Kapital. Band 1 (MEW 23). Berlin 1979. S. 761.
18 BORKENAU, a.a.O., S. 315.

Anmerkungen zum III. Kapitel

1 Das Wort ‚flibustier' ist die französische Verballhornung des niederländischen ‚vrijbuiter' = Pirat/Freibeuter. Eine andere Deutung sieht den Ursprung in dem englischen Begriff ‚flyboat', der eine spezielle Art in Westindien gebräuchlicher Schiffe bezeichnet. Siehe: DOUCET, Louis: Quand les Français cherchaient fortune aux Caraibes. Paris 1981. S. 265. Im modernen frz. Sprachgebrauch hat der Terminus ‚flibustier' die Bedeutung von ‚Gauner, Schwindler, Hochstapler' angenommen.
2 SAINT-YVES, a.a.O., S. 64 f. (s. Anhang 2).
3 Vgl. Cal. St. P. 7, S. 39, S. 46 und S. 50.
4 Vgl. z.B. Cal. St. P. 5, S. 239; Cal. St. P. 7, S. 46 f. und S. 303.
5 Vgl. Cal. St. P. 5, S. 292 (Dok. 979).
6 Vgl. ebenda, S. 330.
7 Vgl. ebenda, S. 363; siehe auch S. 253. CHARLEVOIX, a.a.O., Band 3, S. 109; SAINT-YVES, a.a.O., S. 71.
8 Siehe Cal. St. P. 5, S. 218; Calendar of State Papers. Colonial Series 13. America and West Indies 1689 – 1692. Nachdruck der Ausgabe London 1901. a.a.O., S. 204. Künftig zitiert als ‚Cal. St. P. 13'.
9 Vgl. Cal. St. P. 5, S. 358; Cal. St. P. 7, S. 303.
10 Vgl. Cal. St. P. 5, S. 292.
11 Vgl. ebenda, S. 358.
12 Vgl. ebenda.
13 Vgl. ebenda.
14 Vgl. ebenda, S. 239.
15 Ohne die geringste Resonanz teilt z.B. im April 1663 der englische König dem Vizegouverneur von Jamaica in einem persönlichen Schreiben mit, daß die Krone die Piraterie keineswegs als sichere Grundlage für das wirtschaftliche Florieren der Kolonie betrachtet. Was immer auch der Erfolg von Seeräuberaktionen sein möge, letztendlich würden sie die Niederlassungen schwächen und auf Dauer die Lust der Pflanzer an kontinuierlicher Bewirtschaftung der Insel dämpfen. Vgl. Cal. St. P. 5, S. 129.
16 Vgl. ebenda, S. LXXII.
17 Vgl. ebenda, S. 385.

18 Vgl. ebenda, S. 362.
19 Zur administrativen Organisation von Versuchen in dieser Richtung vgl. u.a. CRUMP, Helen J.: Colonial Admiralty Jurisdiction in the Seventeenth Century. London, New York und Toronto 1931.
20 Zu den folgenden Ausführungen über die Funktion von Kaperbriefen vgl. Cal. St. P. 5, S. 358, S. 362 und S. 407; JAMESON, a.a.O., S. 349 und S. 351 ff.; MARSDEN, R.G. (Hrsg.): Documents relating to the Law and Custom of the Sea. Band 1: A.D. 1205 – 1648. London (Navy Records Society) 1915. S. 176, S. 219, S. 236, S. 406 und S. 413.
21 Es wird in der Sekundärliteratur oft versucht, eine rechtliche Abgrenzung zwischen Privatiers, Piraten, Bukanieren und Flibustiern für das 15., 16. und 17. Jahrhundert als real existent und allgemein gültig zu konstruieren. Tatsache ist, daß all diese Termini in den zeitgenössischen Dokumenten des betreffenden Zeitraumes überwiegend synonyme Verwendung finden. Die Differenzierung hat mithin rein analytischen Charakter.
22 Im Jahre 1589 ergeht der erste dokumentierte formale. Richtspruch, der einen Piratenfang zur ‚legalen' Prise deklariert. Im Jahre 1627 werden in England erstmals ‚Prize Commissioners' ernannt. Ihre Aufgabe besteht darin, die Interesse des Königs und des Lord Admiral an den eingebrachten Prisen zu vertreten und zu wahren. Der erste Hinweis auf die Errichtung eines ‚Admiralty Prize Court' in Westindien datiert auf das Jahr 1630. Vgl. MARSDEN, a.a.O., Band 1. S. 254, S. 406 und S. 408; „It is reasonable to suppose that the sales of prizes were made at first without condemnation in a court of law . . ." CRUMP, a.a.O., S. 98.
23 Cal. St. P. 5, S. 359.
24 Zum ‚Königlichen Pardon' siehe u.a.: Cal. St. P. 7, S. 146 und S. 247; Calendar of State Papers. Colonial Series 12. America and West Indies 1685 – 1688. Nachdruck der Ausgabe London 1899. a.a.O., S. 76. Künftig zitiert als ‚Cal. St. P. 12'; Cal. St. P. 13, S. 203 f.
25 Cal. St. P. 13, S. 204.
26 Vgl. Cal. St. P. 5, S. 408.
27 Vgl. Cal. St. P. 7, S. 78.
28 Das schließt den Versuch ein, durch gezielte Unterwanderung der Freibeuterkongregationen ein Denunziantentum und ein zentral überwachbares ‚delinquentes Milieu' zu organisieren. Siehe u.a.: Calendar of State Papers. Colonial Series 9. America and West Indies 1675 – 1676. Addenda 1574 – 1674. Nachdruck der Ausgabe London 1893. a.a.O., S. 437. Künftig zitiert als ‚Cal. St. P. 9'; Cal. St. P. 11, S. 319; Calendar of State Papers. Colonial Series 15. America and West Indies 1696 – 1697. Nachdruck der Ausgabe London 1904. a.a.O., S. 471. Künftig zitiert als ‚Cal. St. P. 15'. — Vgl. hierzu auch FOUCAULT, Michel: Überwachen und Strafen. Die Geburt des Gefängnisses. Frankfurt am Main 1977. S. 330 ff.
29 Cal. St. P. 5, S. 292.
30 JAMESON, a.a.O., S. 84.
31 Cal. St. P. 11, S. 136.
32 Vgl. JAMESON, a.a.O., S. 24 und S. 321 ff.; MARSDEN, a.a.O., Band 1. S. 524.
33 Vgl. CRUMP, a.a.O., S. 70 f.
34 Siehe MARSDEN, a.a.O., Band 1. S. 281, S. 335 und S. 341.
35 CHARLEVOIX, a.a.O., Band 3. S. 187 ff.
36 Siehe ebenda, S. 189 f. sowie auch unten Anhang 3.
37 Das ‚Ausgesetztwerden' — allein in einem Boot mit Gewehr, Pulver, Kugeln und Verpflegung für einige Tage in der Nähe einer Insel — ist die Strafe für Vergehen gegen Bräuche und Gepflogenheiten der Küstenbruderschaften. Ein solches Vergehen ist z.B. der Versuch, Teile der gemeinen Beute vor Mannschaft und Kapitän zu unterschlagen.

38 Cal. St. P. 7, S. 50.
39 Grundsätzlich haben während des 16./17. Jahrhunderts so gut wie alle statistischen Angaben aus der Karibischen See den Charakter pseudoexakter Schätzungen: „,. . . there has never yet been any true account kept, all sent home only by guess", schreibt Gouverneur Vaughan, Jamaica, am 28. Januar 1676, siehe Cal. St. P. 9, S. 342; „No account of their coming and going could be kept in regard of their landing at several harbours, bay, and creeks . . .", Cal. St. P. 7, S. 304.
40 Vgl. Cal. St. P. 5, S. 239.
41 Vgl. Cal. St. P. 7, S. 247.
42 Cal. St. P. 12, S. 83.
43 Siehe z.B. Cal. St. P. 10, S. 443.
44 Cal. St. P. 5, S. 354.
45 Vgl. hierzu CRUMP, a.a.O., S. 94.
46 Vgl. ebenda, S. 141.
47 Siehe Cal. St. P. 5, S. 330. — Hier hat wahrscheinlich die Saga von vergrabenen Piratenschätzen ihren Ursprung und realen Kern.
48 Vgl. CRUMP, a.a.O., S. 141.
49 Vgl. ebenda, S. 155. Es handelt sich hier um den Ertrag, der tatsächlich an die britische Staatskasse überwiesen wurde. Die ‚inoffizielle' Summe wird sicher etwas höher liegen, da die königlichen Beamten vor der offiziellen Rechnungslegung ihre meist kärgliche Besoldung in eigener Kompetenz und oft in engem Einvernehmen mit den Kaperern mitunter großzügig aufzubessern pflegen.
50 Vgl. ANDREWS, K.R.: Appraisements of Elizabethan Privateersmen. In: The Mariner's Mirror. Band 37. London 1951. S. 77. Der von Andrews berichtete Fall ist keine Ausnahme.
51 Vgl. CRUMP, a.a.O., S. 70 f. und S. 108.
52 Vgl. hierzu u.a. Cal. St. P. 7, S. 418; Cal. St. P. 9, S. 519.
53 GERSTENBERGER, Heide: Der bürgerliche Staat in der Epoche des Konkurrenzkapitalismus. Projekt: Theorie und Praxis der Wirtschaftspolitik. Arbeitsvorhaben: Zur Entwicklung der ökonomischen Staatstätigkeit. Vervielfältigtes Manuskript. o.O. 1975. S. 16. — Die bloße Existenz von Gesetzen gegen das Freibeuterwesen/die unautorisierte Piraterie kann nicht ohne weiteres als Indiz dafür gewertet werden, daß ein Transformations- und Ausgrenzungsprozeß bereits stattgefunden hat.
54 Cal. St. P. 10, S. 95.
55 JAMESON, a.a.O., S. 231.
56 Cal. St. P. 11, S. 766.
57 Cal. St. P. 7, S. 316.
58 Vgl. MARSDEN, a.a.O., Band 1. S. 359.
59 Vgl. Cal. St. P. 15, S. XI.
60 Vgl. DUBNER, Barry H.: The Law of International Sea Piracy. London 1980. S. 93. In der Gerichtsverhandlung gegen den Piraten Stede Bonnet sieht der Richter sich genötigt, die Jury ausführlich über die unumgängliche Notwendigkeit einer Verurteilung zu belehren. Siehe unten Anhang 5.
61 Cal. St. P. 11, S. 598; vgl. auch JAMESON, a.a.O., S. 22.
62 Von 1664 — 1667 befindet sich England mit Holland im Krieg (2. holländisch-englischer Seekrieg). Vgl. KLUXEN, Kurt: Geschichte Englands. Stuttgart 1968. S. 350.
63 Vgl. Cal. St. P. 5, S. 292.
64 Vgl. ebenda, S. 387; CRUMP, a.a.O., S. 121.

65 Vgl. Cal. St. P. 5, S. 332.
66 Vgl. ebenda, S. 333.
67 Ebenda.
68 Vgl. Cal. St. P. 7, S. 78.
69 Cal. St. P. 15, S. 44. — Die wenigen Fälle, in denen machtgesteuerte Piraterie in der Karibischen See tatsächlich manifest ist, erhalten ihre Bedeutung wesentlich dadurch, daß sie sowohl in den Primärquellen als auch in späteren Darstellungen zu respektablem Umfang aufgeblasen werden.
70 Cal. St. P 7, S. 49.
71 Vgl. hierzu u.a. CRUMP, a.a.O., S. 20, S. 32 und S. 49; JAMESON, a.a.O., S. 318 (Anm. 3).
72 Vgl. CRUMP, a.a.O., S. 110 und S. 118.
73 Siehe z.B. Cal. St. P. 10, S. 95; Cal. St. P. 11, S. LII; MARSDEN, a.a.O., Band 1. S. 359.
74 Vgl. Cal. St. P. 5, S. 385; Cal. St. P. 10, S. 531; JAMESON, a.a.O., S. 217 und S. 264.
75 Vgl. unten S. 120 und S. 122 f.
76 DELEUZE/GUATTARI, a.a.O., S. 28. Zur erstaunlichen Geschwindigkeit des Umlaufs von Nachrichten und Neuigkeiten in diesem Rahmen vgl.: CHARLEVOIX, a.a.O., Band 4. S. 101.
77 DELEUZE/GUATTARI, a.a.O., S. 35.
78 Vgl. NEGT/KLUGE, a.a.O., S. 578.
79 DELEUZE/GUATTARI, a.a.O., S. 45 (Anm. 15).
80 LEPERS, Père Jean-Baptiste: La tragique histoire des Flibustiers. Geschrieben um 1715. Herausgegeben von Pierre-Bernard Berthelot. Paris 1925. S. 51; vgl. auch Cal. St. P. 9, S. 518; und CHARLEVOIX, a.a.O., Band 3. S. 204.
81 Vgl. LEPERS, a.a.O., Kapitel IV und V; CHARLEVOIX, a.a.O., Band 3. S. 67 ff.; EXQUEMELIN, a.a.O., besonders Kapitel 5, 6 und 7.
82 CHARLEVOIX, a.a.O., Band 3. S. 56. Wenn Charlevoix in diesem Zusammenhang an anderer Stelle über die Freibeuter schreibt: „. . . ils avoient établi une sorte de Gouvernement Democratique" (a.a.O., Band 3. S. 11), so ist das keineswegs als anerkennendes Lob zu begreifen. Man kann mit Sicherheit davon ausgehen, daß in der Vorstellungswelt des Jesuitenpaters zivilisierte Völker sich gerade dadurch ausweisen, daß sie einen König haben und respektieren. Demokratie ist ein Kriterium für Barbarei.
83 Vgl. u.a. EXQUEMELIN, a.a.O., S. 69 f.; interessant hierzu auch: MAINWARING, Sir Henry: Of the Beginnings, Practices and Suppression of Pirates. London 1617. In: G.E. Mainwaring und W.G. Perrin (Hrsg.): The Life and Works of Sir Henry Mainwaring. Band 2. London 1922. S. 3 — 49. „Here was the Form of Justice kept up, which is much as can be said of sev'ral other Courts, that have more lawful Commissions for what they do. Here was no seeing of Council, and bribing of Witnesses was a Custom not known among them; no packing of Juries, no torturing & wresting the Sense of Law, for bye Ends & Purposes, no puzzling or perplexing the Cause with unintelligible canting Terms, and useless Distinctions; nor was their Sessions burthened . . . with ill-boding Aspects, enough to fright Astrea from the Court." JOHNSON, Captain Charles (alias Daniel DEFOE): A General History of the Pirates. Band 2. Kensington 1927, S. 29.
84 VIGNOLS, a.a.O., S. 146.
85 Mémoire de Jacques Nepveu, sgr. de Pouancey de 4. mai 1677. Zit. n. VAISIIERE, a.a.O., S. 20.
86 LEPERS, a.a.O., S. 65.

87 „... ils obéissent très mal ... s'estimans tous chefs, mais très bien dans une entreprise et exécution contre l'ennemy". Mémoire de Jacques Nepveu, a.a.O.
88 Vgl. u.a. JAMESON, a.a.O., S. 97 f., S. 100 f., S. 109, S. 112, S. 165, S. 294 und S. 497.
89 Vgl. FRIEDMAN, Yona: Machbare Utopien. Frankfurt am Main 1978. Kapitel IX.
90 CHARLEVOIX, a.a.O., Band 3. S. 75.
91 Vgl. Cal. St. P. 10, S. 216 f.
92 Vgl. ebenda, S. 531 f.
93 Vgl. Cal. St. P. 11, S. 320.
94 Vgl. ebenda, S. 284.
95 Vgl. unten S. 122 f.
96 Vgl. die das Freibeuterwesen betreffenden Dokumente ab 1697 in: Cal. St. P. 15 und Calendar of State Papers. Colonial Series 16. America and West Indies 1697 – 1698. Nachdruck der Ausgabe London 1905. a.a.O. Künftig zitiert als ‚Cal. St. P. 16'.

Anmerkungen zum IV. Kapitel

1 Vgl. MITCHELL, David: Pirates. London 1976. Kapitel 1; LUCIE-SMITH, Edward: Outcasts of the Sea. Pirates and Piracy. London 1978. Kapitel 1.
2 Vgl. BÜHLER, Wolf-Eckart: Der Piratenfilm. In: Filmkritik. 1973. H. 10.
3 Vgl. auch HOBSBAWM, Eric J.: Die Banditen. Frankfurt am Main 1972. S. 48 ff.
4 Vgl. LUCIE-SMITH, a.a.O.; MITCHELL, a.a.O. — Ein Großteil ‚Piratengeschichte' ist nicht im Rahmen der akademisch organisierten und disziplinierten historischen Forschung geschrieben worden, d.h. ohne striktes Einhalten der Regeln und Postulate der Historikerzunft. Wissenschaftliche und populärwissenschaftliche Arbeiten zum karibischen Freibeuterwesen unterscheiden sich vor allem auf formaler und methodischer, weniger auf inhaltlicher Ebene voneinander.
Populärwissenschaftliche Darstellungen liefern fast ohne Ausnahme anekdotenhaft — mitunter beziehungslos — aneinandergereihte Nacherzählungen mehr oder weniger willkürlich ausgewählter besonders abenteuerlich, exotisch, originell, skurril oder pittoresk anmutender Passagen des zugänglichen dokumentarischen und literarischen Quellenmaterials, ohne auf die Frage der Zuverlässigkeit der jeweiligen Tradition näher einzugehen.
Geschichtswissenschaftliche Darstellungen des Freibeuterphänomens sind primär bestrebt, auf der Basis des methodischen Instrumentariums der Quellenkritik in zum Teil sehr genauen und detaillierten Studien die Akkumulation verifizierbarer Daten und Fakten voranzutreiben, die — wie sich bei vergleichender Lektüre rasch herausstellt — mit den meisten Inhalten populärwissenschaftlicher Arbeiten übereinstimmen.
Auch ‚ernsthafte' Historiker, die sich ‚lege artis' mit dem Thema ‚Freibeuter' auseinandersetzen, geraten schnell und gerne ins Fabulieren und Schwadronieren, erliegen der Faszination des Stoffes, lassen sich sozusagen auf seinen Wogen davontragen wie dereinst die Freibeuter auf den Wogen der Karibischen See.
Den vorliegenden wissenschaftlichen und populärwissenschaftlichen Arbeiten zum karibischen Freibeuterwesen ist vor allem gemeinsam, daß sie sich weitgehend auf die Ebene des ‚rein Faktischen' konzentrieren. Sie leisten eine begriffliche Erfassung der ‚historischen Wirklichkeit', die darauf beschränkt bleibt, ‚Tatsachen' in einem räumlichen und zeitlichen Koordinatensystem fest zu verorten. Zwar schaffen sie so eine

notwendige Voraussetzung für weitere Stufen des Forschungsprozesses, kommen selbst aber über den ersten Schritt in diesem Prozeß — eben die (Re-) Konstruktion von historischen ‚Fakten' — nicht oder nur sehr bedingt hinaus.

5 Vgl. HOBSBAWM: Die Banditen, a.a.O.

6 Zu interessanten, wenn auch in sozio-historischer Perspektive nicht in jedem Fall besonders vielsagenden Resultaten kommen Autoren fast immer dann, wenn sie das heuristische Potential der Freibeuterlegende(n) anzuzapfen bzw. auszuschöpfen versuchen. Vgl. z.B. BÜHLER, a.a.O.; HOFFMANN, Felix: Erinnerung an das Handwerk des Piratenlebens. In: Filmkritik. 1973. H. 10. S. 464 ff.; CONFURIUS, Gerrit: Klaus Störtebecker. In: Unter dem Pflaster liegt der Strand. Band 6. Berlin 1979. S. 23 – 65.

7 ,,Das, was vorgibt Realität zu sein, unter diesem Namen auftritt, ist fiktiv. Es ist unter Trennung von wesentlichen Anteilen der Geschichte erbaut. Es ist aber Geschichte darin versteckt." NEGT/KLUGE, a.a.O., S. 32.

Seit Geschichte als akademisch organisiertes Forschungsgebiet betrieben wird, sind zusammen mit einem systematischen Instrumentarium zur analytischen Identifikation, erklärenden Verknüpfung und plausiblen Darstellung von Elementen und Faktoren einer je gegebenen historischen Wirklichkeit auch Methoden der technischen Aufhebung und Neutralisierung, um nicht zu sagen Vernichtung von Geschichte kultiviert worden. Vgl. hierzu u.a.: LUHMANN, a.a.O., S. 81 – 115.

Die Frage wäre hier: Welcher Teil der Freibeutergeschichte ist der Aufhebung und Neutralisierung anheimgefallen — wovon wird warum geschwiegen? — um dann eine Deutung selbiger Geschichte aus der Perspektive dessen zu unternehmen, was bislang ausgeschlossen blieb.

8 EXQUEMELIN, a.a.O., S. 65 ff.

9 WHYMPER, F.: The Sea. Its Stirring Story of Adventure, Peril and Heroism. Band 2. London u.a. o.J. S. 7 ff.; ARCHENHOLZ, J.W. von: Geschichte der Flibustier (Historische Schriften, 2. Band). Tübingen 1803. S. 120 ff.; THORNBURY, George W.: The Monarchs of the Main or Adventures of the Bucaneers. Band 1. London 1855. S. 153 ff.; The Story of the Sea. Band 2. London, Paris, Melburne: (Canel Company Ltd.), 1896. S. 503 f.; CLARKE, Nell Ray: The Haunts of the Caribbean Corsairs. In: The National Geographic Magazine, Band 41, 1922. S. 156; ROGERS, Stanley: Ships and Sailors. Tales of the Sea. London, Bombay, Sydney 1928. S. 113 ff.; WENCKER-WILDBERG, Friedrich: Raubritter des Meeres. Hamburg 1935. S. 138 ff.; MERRIEN, Jean: Histoire Mondiale des Pirates, Flibustiers et Nègriers. Paris 1959. S. 153 ff.; PIEKALKIEWICZ, Janusz: Freibeuter in der Karibischen See. München 1973, S. 86 ff.; DE LA CROIX, Robert: Histoire de la Piraterie. Paris 1974, S. 30 ff.; SALENTINY, Fernand: Piraten. Wels/Austria 1978. S. 120 f.; DOUCET, a.a.O., S. 63 f.

10 BRADLEY, Willis W.: Peter the Great. A Pirate of Tortuga. In: United States Naval Institute Proceedings, Band 54, 1928. S. 483.

11 Diese menschlichen Eigenschaften sind auf subjektiver Ebene Voraussetzung für den Fortschritt im Sinne des zivilisatorischen Prozesses. Sie korreliert mit der politischen Voraussetzung: Konsolidierung von Territorial- und Nationalstaaten/Etablierung einer merkantilen ökonomischen Ordnung. Beides zusammen erst macht die Planung verlängerter Handlungsketten wie z.B. langfristiges Investieren erfolgversprechend. So begünstigen die Befriedung des Raumes und die Kultivierung der ungezügelten Affekte das Entstehen einer neuen Macht, des Handelskapitals. Vgl. ELIAS, Norbert: Über den Prozeß der Zivilisation. Band 2. Frankfurt am Main 1979; CONFURIUS, a.a.O.

12 Zur Biographie Henry Morgans vgl. u.a. BRENDON, J.A.: Sir Henry Morgan. In: Blue Peter, Band 6, 1931. S. 356 – 360; FORBES, Rosita: Sir Henry Morgan. Pirate & Pioneer. London 1948; HAMSHERE, C.E.: Henry Morgan and the Buccaneers. In: History Today, Band 16, 1966. S. 406 – 414; LINDSAY, Philip: The Great Buccaneer.

Being the life, death and extraordinary adventures of Sir Henry Morgan, buccaneer and Lieutnant Governor of Jamaica. London 1950; LONG, Charles Edward: Sir Henry Morgan. In: The Gentlemen's Magazine, Februar/März 1832; CRUIKSHANK, E.A.: The Life of Sir Henry Morgan. Toronto 1935.

13 Vgl. BLACK, Clinton V.: The Story of Jamaica. London 1972. S. 235.
14 WENCKER-WILDBERG, a.a.O., S. 195.
15 EXQUEMELIN, a.a.O., S. 199 f.
16 BLACK, a.a.O., S. 61.
17 Ebenda, S. 61. — „Hinrichtung und Nobilitierung — das sind die zwei, sich genau entsprechenden Methoden, den kollektiven Protest zu privatisieren, den Eigensinn zu enteignen." NEGT, Oskar: Blick zurück nach vorn. In: Freibeuter 5. Vierteljahreszeitschrift für Kultur und Politik. Berlin 1980. S. 122. Zit. n. NEGT/KLUGE, a.a.O., S. 123.
18 BLACK, a.a.O., S. 61.
19 HASENCLEVER, Adolf: Die Flibustier Westindiens im 17. Jahrhundert. In: Preußische Jahrbücher, Band 203, 1926. S. 26.
20 Siehe unten S. 70 und S. 102.
21 FUSFELD, Daniel R.: Geschichte und Aktualität ökonomischer Theorien. Vom Merkantilismus bis zur Gegenwart. Frankfurt am Main, New York 1975, S. 19.
22 HASENCLEVER, a.a.O., S. 13 (Anm. 1).
23 NEWTON, a.a.O., S. XI, siehe auch S. 224. „. . . since it ist a fact, that they played for a time a part of first-rate importance in the development of West-Indian policy, they must demand our attention." Ebenda, S. 257.
24 Vgl. u.a. ANDREWS: Elizabethan Privateering, a.a.O., S.V.; BARBOUR, Violet: Privateers and Pirates of the West Indies. In: The American Historical Review, Band 16, 1911. S. 529 und S. 543.
25 Vgl. oben Kapitel II.
26 Vgl. u.a. KINGSFORD, C.L.: The Beginnings of English Maritime Enterprise. In: History, 1928 (Juli). S. 97 — 106 und History, 1928 (Oktober), S. 193 — 203; ANDREWS: Elizabethan Privateering, a.a.O., S. 91; NEWTON, a.a.O., S. 68, S. 107 und S. 220; KAUDERS, Hans: Einleitung zur deutschen Ausgabe von Exquemelin, a.a.O., S. 13; HANNAY, a.a.O., S. 51.
27 Siehe oben S. 31.
28 Vgl. u.a. ANDREWS: Elizabethan Privateering, a.a.O., S. 159; BAILYN, Bernard: Communications and Trade: The Atlantic in the Seventeenth Century. In: The Journal of Economic History, Band 13, 1953, H. 4. S. 378; BARBOUR, a.a.O., S. 529 und S. 533; HASENCLEVER, a.a.O., S. 14 ff.; MEURER, A.: Von Freibeutern und Flibustiern. In: Marine Rundschau, Band 31, 1976. S. 450; VIGNOLS, a.a.O., S. 138.
29 KAUDERS, a.a.O., S. 15.
30 Vgl. NEWTON, a.a.O., S. 107. — Spanische Urkunden berichten, daß bereits Kolumbus bei der Rückkehr von seiner dritten Reise im Jahr 1497 von einem französischen Piraten bedrängt wird und auf Madeira Zuflucht sucht. Vgl. NEUKIRCHEN, Heinz: Piraten. Seeraub auf allen Meeren. Berlin 1976. S. 110.
31 Vgl. NEWTON, a.a.O., S. 48; LUCIE-SMITH, a.a.O., S. 121; NEUKIRCHEN, a.a.O., S. 111; ARCINIEGAS, Gérman: Karibische Rhapsodie. Biographie eines Meeres. München 1960. S. 145 ff.
32 Vgl. NEUKIRCHEN, a.a.O., S. 111.
33 Vgl. ANDREWS: Elizabethan Privateering, a.a.O., S. 161; DOUCET, a.a.O., S. 57 f.

34 Vgl. u.a. ANDREWS: Elizabethan Privateering, a.a.O., S. 161 und S. 191; VIGNOLS, a.a.O., S. 144; PARES, Richard: Merchants and Planters. Economic History Review Supplement 4. Cambridge 1960. S. 12.
35 Vgl. ENGL, C. und T.: Die Eroberung Perus in Augenzeugenberichten. München 1975. S. 21.
36 Vgl. VIGNOLS, a.a.O., S. 145.
37 LÖHNDORF, Ernst F.: Old Jamaica Rum. München 1975. S. 5.
38 Vgl. HASENCLEVER, a.a.O., S. 14; NEWTON (a.a.O., S. 230) z.B. schreibt über die englischen Freibeuter auf Jamaica: ,,The first governors of Jamaica after its conquest greatly favoured and assisted the buccaneers who had grown . . . from the primitive and scattered cow-killers of earlier years into a powerful and dangerous force of desperados, well armed and at times well led. They made Port Royal their home port . . . and upon the proceeds of their . . . depredations the town and colony largely depended.''
39 ARCINIEGAS, a.a.O., S. 8.
40 Vgl. z.B. NEWTON, a.a.O., S. 95 und S. 231.
41 Mit anderen Worten: Das Interpretationsmuster, das die Analyse der ‚gezähmten' Freibeuterei zu durchaus sinnvollen Ergebnissen führt, wird einfach auf die ‚wilde' Freibeuterei in der Karibischen See übertragen, läßt sich hier aber nur unter weitgehender Vergewaltigung der vorgefundenen Daten durchsetzen.
42 HASENCLEVER, a.a.O., S. 17.
43 Vgl. NEWTON, a.a.O., S. 184; PARES, a.a.O., S. 14; HASENCLEVER, a.a.O., S. 17; HANNAY, a.a.O., S. 51.
44 Vgl. VAISSIERE, a.a.O., S. 12.
45 NEWTON, a.a.O., S. 184.
46 PARES, a.a.O., S. 12.
47 VAISSIERE, a.a.O., S. 18.
48 NEWTON, a.a.O., S. 143.
49 NEWTON, a.a.O., S. 232.
50 BARBOUR, a.a.O., S. 548. ,,La Flibuste et la course servent à aguerrir les gens de la côte Saint-Domingue, à en occuper plusieurs que ne sont point propres aux habitations et avoir de gens de guerre prêts à exécuter des entreprises qu'il plaira à Sa Majesté de faire en Amérique.'' DE POUANCAY 1681, zit. n. SAINT-YVES, a.a.O., S. 72.
51 1618 — 1648: Dreißigjähriger Krieg,
   1652 — 1654: 1. englisch-holländischer Krieg,
   1665 — 1667: 2. englisch-holländischer Krieg,
   1667 — 1668: Eroberungskrieg Frankreichs gegen Spanien,
   1672 — 1674: 3. englisch-holländischer Krieg,
   1688 — 1697: Eroberungskrieg Frankreichs gegen die Pfalz
          (europäische Koalition gegen Frankreich — Frieden von Ryswijk).
52 Besonders deutlich bei VIGNOLS, a.a.O.
53 ANDREWS: Elizabethan Privateering . . . a.a.O., S. 237.
54 Vgl. VIGNOLS, a.a.O.
55 Vgl. HASENCLEVER, a.a.O., S. 30 und S. 35; BLACK, a.a.O., S. 61.
56 NEWTON, a.a.O., S. 329; vgl. auch S. 117 und S. 174; MORAN, Charles: The Buccaneers. In: United States Naval Institute Proceedings, Band 67, 1941. S. 1542.
57 Vgl. u.a. NEWTON, a.a.O., S. 330.

58 Meines Erachtens ist es Unsinn, zwischen Veränderungen von Präferenzen und Dispositionen der sog. „Hohen Politik", wie sie z.B. die in Ryswijk und Utrecht geschlossenen internationalen Verträge zum Ausdruck bringen, und dem nationalstaatlichen Vorgehen gegen das Freibeuterwesen eine Kausalbeziehung herzustellen. Die Inhalte der Verträge bzw. das diesen Inhalten zugrunde liegende politische Kalkül und die Ausgrenzung, Stigmatisierung und physische Liquidierung der Piraten sind parallele, akausal miteinander verbundene Manifestationen einer allgemeinen Entwicklungstendenz, des allmählichen Sichdurchsetzens einer merkantil-utilitaristischen Welt- und Wirklichkeitsauffassung, das sich in einem vielschichtigen und ungleichzeitigen Prozeß sowohl auf der Ebene politischer und ökonomischer Strukturen als auch auf der Ebene subjektiver Sinnsysteme vollzieht.
59 CONFURIUS, a.a.O., S. 50.
60 Zum Begriff der Gesellschaftsformation in diesem Zusammenhang vgl. u.a. ENGELBERG, Ernst und Wolfgang KÜTTLER (Hrsg.): Formationstheorie und Geschichte. Vaduz 1978.
61 Vgl. u.a. KEYNES, John Maynard: Vom Gelde. Berlin 1955. S. 418 ff.; MANDEL, Ernest: Marxistische Wirtschaftstheorie. Band 1. Frankfurt am Main 1968. S. 94, S. 96 und S. 119.
62 Vgl. u.a.: HAMILTON, Earl J.: American Treasure and the Rise of Capitalism (1500 — 1700). In: Economica. A Journal of the Social Sciences, (London) 1929, S. 338 — 358; ders.: Imports of American Gold and Silver into Spain 1503 — 1660. In: The Quarterly Journal of Economics, Band 43, (Cambridge, Mass.) 1929, S. 436 — 472; HOBSBAWM, Eric: Vom Feudalismus zum Kapitalismus. In: Paul Sweezy, Maurice Dobb et. al.: Der Übergang vom Feudalismus zum Kapitalismus. Frankfurt am Main 1978. S. 215 — 221; FRANK, Andre Gunder: World Accumulation 1492 — 1789. London 1978. Siehe besonders Kapitel I; MARX, Karl: Das Kapital. Band 3 (MEW 25). Berlin 1977. S. 345.
63 Vgl. u.a. ANDREWS: Elizabethan Privateering ... a.a.O., S. 15 und S. 229; HANNAY, a.a.O., S. 51 und S. 53; MANDEL, a.a.O., S. 119; KINGSFORD, a.a.O., S. 106; PARES, a.a.O., S. 6; CRUMP, a.a.O., S. 7.
64 Vgl. NEWTON, a.a.O., S. 70; ANDREWS, K.R. (Hrsg.): Englisch Privateering Voyages to the West Indies 1588 — 1595. Cambridge 1959; siehe auch Cal. St. P. 9, S. 15; zu den Kosten solcher Unternehmungen vgl. ANDREWS: Appraisements of Elizabethan Privateersmen ... a.a.O., S. 76 — 79.
65 ANDREWS: Elizabethan Privateering ... a.a.O., S. 233 f.
66 Vgl. u.a.: KULISCHER, Josef: Allgemeine Wirtschaftsgeschichte des Mittelalters und der Neuzeit. Band II. 3. Auflage. München und Wien 1965. S. 388 f.; BARBOUR, a.a.O., S. 529; HOBSBAWM: Vom Feudalismus zum Kapitalismus ... a.a.O., S. 104; PARES, a.a.O., S. 33.
67 Vgl. KEYNES, a.a.O., S. 422 f.; MANDEL, a.a.O., S. 125; DOBB, Maurice: Entwicklung des Kapitalismus vom Spätfeudalismus bis zur Gegenwart. Köln und Berlin 1970. S. 195.
68 Drake startet mit fünf Schiffen, von denen nur das Flaggschiff nach England zurückkehrt. Die Kosten für Anschaffung und militärische wie zivile Ausstattung der Schiffe können mit ca. 5.000 Pfund Sterling veranschlagt werden, von denen Drake selbst 1.000 Pfund Sterling trägt. Vgl. HAMPDEN, John (Hrsg.): Sir Francis Drake. Pirat im Dienst der Queen. Berichte, Dokumente und Zeugnisse 1567 — 1596. Tübingen und Basel 1977. S. 157, S. 160 und S. 183.
69 Vgl. KEYNES, a.a.O., S. 418 f.
70 Vgl. ebenda, S. 423.
71 Vgl. u.a. MARX: Das Kapital. Band 1. a.a.O., S. 781; FRANK, a.a.O., S. 244 f.

72 Vgl. u.a. SWEEZY, Paul, Maurice DOBB et al.: Der Übergang vom Feudalismus zum Kapitalismus. Frankfurt am Main 1978.

73 PARES, a.a.O., S. 12; vgl. auch ANDREWS: Elizabethan Privateering . . . a.a.O., S. 192.

74 Nach damals offizieller und heute noch gängiger Darstellung richtet sich die Verteidigungsbereitschaft gegen Angriffe ‚wilder Eingeborener' und der neidischen kolonialen Konkurrenz. Weit eher aber dienen die Garnisonen zur Durchsetzung und Absicherung merkantiler Verwertungsinteressen gegen Opposition ‚unbotmäßiger' Siedler und Kolonisten von innen. Siehe unten, Kapitel VI.

75 Vgl. PARES, a.a.O., S. 25 und S. 33.

76 Hier setzt eine Betrachtungs- und Deutungsweise des karibischen Freibeuterwesens an, die man etwas umständlich aber treffend als ‚Die Geister, die man rief, wird man nicht mehr los'-Perspektive bezeichnen kann. Sie ist seit Beginn des 18. Jahrhunderts explizit oder implizit nahezu durchgängiges Moment der wissenschaftlichen, populärwissenschaftlichen und außerwissenschaftlichen Piratenliteratur.
Die tumbe Masse des maritimen Pöbels, nach Ausstieg der Politiker und Kaufleute aus dem Freibeutergeschäft quasi führerlos geworden, bewegt sich einem inneren Trägheitsgesetz folgend weiter stur in einmal eingeschlagenen Bahnen, während der offizielle Kurs längst eine andere Richtung weist. Die Bukaniere und Flibustier der zweiten Hälfte des 17. Jahrhunderts sind Herausgefallene, Übriggebliebene, denen „. . . jenes Stigma der zeitlichen Verzettelung . . ." anhaftet, das ihnen einen Platz in der ‚seriösen' Geschichte verwehrt — was wiederum nur einen Sinn ergibt, wenn man Geschichte glaubt fassen zu können als eine Art „kontinuierlicher Chronologie der Vernunft" (vgl. FOUCAULT: Archäologie des Wissens . . . a.a.O., S. 17).

77 Siehe unten Kapitel VI.3.

78 Vgl. ANDREWS: Elizabethan Privateering . . . a.a.O., S. 186; NEWTON, a.a.O., S. 168 ff.

79 Vgl. auch HOBSBAWM: Die Banditen . . . a.a.O., S. 152 f.

80 KAUDERS: Einleitung zu Exquemelin . . . a.a.O., S. 15.

81 PIEKALKIEWICZ, a.a.O., S. 73. — In seinem Roman ‚Der Freibeuter' (Frankfurt am Main 1969, S. 11) läßt Josef CONRAD den ehemaligen Bukanier Peyrol sagen: „Und wir lebten nach republikanischen Grundsätzen, ehe noch jemand an die Republik dachte. Denn die Küstenbrüder waren gleichberechtigt und wählten ihre Führer selbst."

82 ANDREWS: Elizabethan Privateering . . . a.a.O., S. 234.

83 ARCHENHOLZ, a.a.O., S. 478 f.

84 Wahlweise kann man Freibeuter auch zu Exponenten des ‚demokratischen Kampfes der Volksmassen', zu Anarchisten, zu Sozialisten, Kommunisten oder zu Inkarnationen nationalsozialistischer Ideale erklären. Letzteres findet sich z.B. bei WENCKER-WILDBERG: „Ein Geist der Kameradschaft beseelte sie und schweißte sie zu einer felsenfesten Schicksalsgemeinschaft zusammen . . ., deren scheinbarer Kommunismus . . . in Leistungsprinzip und Führergedanken wurzelte" (a.a.O., S. 35). All diese Versionen sind gewiß nicht immer uninteressant zu lesen, führen aber meines Erachtens zu nichts.

85 ANDREWS: Elizabethan Privateering . . . a.a.O., S. 232; KINGSFORD, a.a.O., S. 104; NEWTON, a.a.O., S. 114.

86 Vgl. u.a. HART, Francis Russell: Admirals of the Caribbean. London 1923.

87 KLUXEN, a.a.O., S. 415.

88 Vgl. SPREE, Reinhard: Zur Kritik moderner bürgerlicher Krisengeschichtsschreibung. In: Das Argument Nr. 75 (Kritik der bürgerlichen Geschichtswissenschaft II). Berlin 1972. S. 77 (Anm. 1).

89 Vgl. BRINKMANN, a.a.O., S. 5f.
90 Vgl. unten, Kapitel VI.
91 RITTNER: Horkheimer/Adorno ... a.a.O., S. 133.

Anmerkungen zum V. Kapitel

1 National Maritime Museum: Catalogue of the Library. Band 4: Piracy and Privateering. London 1972. S. 51.
2 Vgl. National Maritime Museum: Catalogue of the Library ... a.a.O., S. 83 ff. — Außer einer allgemeinen Anmerkung im Vorwort enthält das Buch keinerlei Hinweise darüber, woher der Autor seine Informationen bezieht. Es konnte allerdings wiederholt gezeigt werden, daß er in Einzelfällen bis ins kleinste Detail exakt berichtet. Vgl. u.a. MITCHELL, a.a.O.; LUCIE-SMITH, a.a.O.
3 VIGNOLS, a.a.O., S. 173.
4 PARES (a.a.O., S. 17) kommentiert: „In the old world, freedom of movement must have been hampered, not only by a tissue of obligations, but even more by the love of security and the fear of the unknown. Once these bonds had been cut — once the man was psychologically free of his sourroundings — there was no reason why he should stop moving on for ever. It would take several generations of habituation to new sourroundings before the internal forces of inertia could be restored."
5 JOHNSON, a.a.O., Band 1. S. 52.
6 Vgl. JAMESON, a.a.O., S. 315 f.
7 FOUCAULT, Michel: Wahnsinn und Gesellschaft. Eine Geschichte des Wahns im Zeitalter der Vernunft. Frankfurt am Main 1978. S. 31.
8 JOHNSON, a.a.O., Band 1. S. 33.
9 Ebenda, S. 34.
10 Ebenda, S. 34.
11 Vgl. ebenda, S. 30.
12 Bereits CHARLEVOIX (a.a.O., Band 3. S. 27) nennt die Flibustier und Bukaniere „Ecumeurs de Mer" (‚Schmarotzer des Meeres').
13 Vgl. hierzu SCHWENDTER, Rolf: Theorie der Subkultur. Frankfurt am Main 1978. S. 19 ff.
14 JAMESON, a.a.O., S. 280; vgl. auch MAGRE, Maurice: Pirates, Flibustiers, Négriers. Paris 1934. S. 254.
15 Vgl. JOHNSON, a.a.O., Band 2. S. 29; LUCIE-SMITH, a.a.O., S. 25 f.
16 MITCHELL, a.a.O., S. 22.
17 In: Kölner Zeitschrift für Soziologie und Sozialpsychologie, 1981, H. 1 S. 73 – 93.
18 Interessant in diesem Zusammenhang sind auch die Leitartikel der Frankfurter Allgemeinen Zeitung vom 23.08.1981 (SURMINSKI, Arno: Von Ameisen und Grillen) und vom 07.10.1981 (EICK, Jürgen: Hin zur parasitären Gesellschaft) sowie die Auseinandersetzung um die ‚Sechs Thesen zur Identität der Sozialdemokratie' von Richard Löwenthal (vgl. die tageszeitung vom 07.12.1981, S. 4 und vom 10.12.1981, Magazin; sowie Westfälische Nachrichten vom 05.12.1981, S. 1 f. Und: WALLENSTEIN, Hugo: Faschisten der Feder. In: die tageszeitung vom 11.12.1981, S. 15).
19 TREINEN, a.a.O., S. 73.

20 Ebenda.
21 Ebenda, S. 85.
22 Ebenda, S. 74.
23 Vgl. ebenda, S. 76.
24 Treinen überläßt es der Phantasie des Lesers, was auf der Ebene der heutigen ‚alternativen Szene' dem Beutemachen' entsprechen könnte. (Wie wäre es z.b. mit der ‚Wahlkampfkostenerstattung' der Grünen?)
25 TREINEN, a.a.O., S. 88. — Nebenbei bemerkt halte ich die dem Argumentationsgang an dieser Stelle implizite Behauptung, daß sich mit der **Zusammensetzung** einer Gruppe — wie informell immer sie sei — automatisch ihre **Struktur** ändert, für blanken Unsinn. Vgl. u.a. BOURDIEU, Pierre: Die feinen Unterschiede. Kritik der gesellschaftlichen Urteilskraft. Frankfurt am Main 1982, S. 266 ff., S. 270.
26 TREINEN, a.a.O., S. 88.
27 Ebenda, S. 89.

Anmerkungen zum VI. Kapitel

1 Cal. St. P. 1, S. 487 (Dok. 31).
2 Ebenda.
3 Ebenda.
4 Ebenda.
5 Ebenda, S. 487 (Dok. 32).
6 Cal. St. P. 1, S. 487 (Dok. 32).
7 Ebenda.
8 Vgl. Cal. St. P. 7, S. 53.
9 Vgl. ebenda, S. 82.
10 Vgl. Cal. St. P. 10, S. XIII.
11 Vgl. Cal. St. P. 12, S. XXIV.
12 CHARLEVOIX, a.a.O., Band 3. S. 76.
13 Vgl. ebenda, S. 75. Hier ist zu berücksichtigen, daß sich das, was Charlevoix ‚Staat' nennt, in dieser Zeit selbst erst konstituiert. Vgl. NEWTON, a.a.O., S. 169 und S. 348.
14 Cal. St. P. 15, S. XXIX.
15 EXQUEMELIN, a.a.O., S. 26.
16 EXQUEMELIN, a.a.O., S. 33.
17 Vgl. NEGT/KLUGE, a.a.O., S. 265 (Anm. 42).
18 Ebenda, S. 274.
19 Für die folgenden Ausführungen wird als Beleg hauptsächlich EXQUEMELIN (a.a.O.) zitiert. Komplementäres Material findet sich bei LEPERS (a.a.O., besonders die Kapitel IV und V) und bei CHARLEVOIX (a.a.O., Band 3. S. 7 ff. und S. 50 ff.).
20 EXQUEMELIN, a.a.O., S. 28.
21 LEPERS, a.a.O., S. 6.

22 Vgl. auch VIGNOLS, a.a.O., S. 167.
23 EXQUEMELIN, a.a.O., S. 58.
24 Vgl. SAUER, Carl: The Early Spanish Main. Berkley 1966. S. 68. Sauer zitiert „Las Casas: Apologética Historia (Kapitel 20)", ein unvollendetes Werk, wahrscheinlich zwischen 1560 und 1570 verfaßt. Siehe auch JACOBS, Wilbur R.: Indians as Ecologists. In: Christopher Vecsey und Robert. W. Venables (Hrsg.): American Indian Environments. Ecological Issues in Native American History. Syracuse 1980. S. 46 – 64, besonders Anm. 8.
25 Vgl. EXQUEMELIN, a.a.O., S. 57.
26 Ebenda, S. 57.
27 Vgl. ebenda, S. 56; Brief d'Ogerons an Colbert, siehe oben S. 27 und unten Anhang 1; Cal. St. P. 11, S. 285 (Dok. 688).
28 CHARLEVOIX, a.a.O., Band 3. S. 55 f.; s. auch LEPERS, a.a.O., S. 51.
29 Vgl. auch FRIEDMAN, a.a.O., S. 197 ff.
30 Vgl. CLASTRES, a.a.O., S. 187.
31 Vgl. FRIEDMAN, a.a.O., S. 135.
32 Vgl. LEPERS, a.a.O., S. 49; CHARLEVOIX, a.a.O., Band 3. S. 57.
33 Vgl. LEPERS, a.a.O., S. 50.
34 Ebenda.
35 Vgl. LEPERS, a.a.O., S. 11.
36 Vgl. EXQUEMELIN, a.a.O., S. 56.
37 LEPERS, a.a.O., S. 13.
38 EXQUEMELIN, a.a.O., S. 51.
39 Nach heutiger Währung entspricht ein ‚Achterstück' etwa dem Wert von zweieinhalb bis drei englischen Pfund oder sechs bis sieben US-Dollar. Vgl. MICHELL, D.: Piraten. Wien und München 1977. S. 20.
40 EXQUEMELIN, a.a.O., S. 80 f.; vgl. auch S. 73 f.; zu Verschwendungsexzessen der ‚Küstenbrüder' vgl. auch VAISSIERE, a.a.O., S. 14.
41 Vgl. BATAILLE, a.a.O., S. 35. Verschwendung ist im Bataillschen Ansatz Ausdruck der Tendenz des Menschen, seine Unschuld, seine Intimität mit der Natur wiederzugewinnen, die er durch den utilitaristischen Gebrauch der ihn umgebenden Natur verloren hat. Utilitaristische Handlungen heben den Menschen als Subjekt aus der Natur hervor, das Ding (Ware) dagegen als Objekt. Die Verschwendung bzw. das Opfer hat nun den Sinn, durch eine rituell-religiöse Handlung symbolisch auf nutzbringende Handlungen zu verzichten. Opferndes, verschwendendes Handeln steht nützlichem Handeln diametral entgegen. Der Versuch, die Intimität mit der Natur wiederherzustellen (oder: die Entfremdung aufzuheben), gibt dem Individuum und damit dem sozialen Gefüge ein gewisses Maß an Stabilität.
42 Vgl. EXQUEMELIN, a.a.O., S. 52. VASSIERE, a.a.O., S. 13 f.
43 Vgl. CHARLEVOIX, a.a.O., Band 3. S. 278; vgl. auch Auszug des Reiseberichts von Jean-Baptiste Labat bei PIEKALKIEWICZ, a.a.O., S. 274; RUSCHE, Georg und Otto KIRCHHEIMER: Sozialstruktur und Strafvollzug. Frankfurt am Main und Köln 1974. S. 84 und S. 88.
MARX befaßt sich in den Grundrissen (a.a.O., S. 231 f.) mit einem analogen Phänomen: „In der Times vom November 1857 findet sich ein allerliebster Wutschrei von seiten eines westindischen Planters. Mit großer sittlicher Entrüstung setzt dieser Advokat — als Plädoyer für die Wiedereinführung der Negersklaverei — auseinander, wie die Quashees (die freien niggers von Jamaica) sich damit begnügen, das für ihren eigenen Konsum strikt Notwendige zu produzieren und als den eigentlichen Luxus-

artikel neben diesem ‚Gebrauchswert' die Faulenzerei selbst betrachten . . ., wie sie sich den Teufel um Zucker und das in den plantations ausgelegte capital fixe scheren, vielmehr mit ironischer Schadenfreude den zugrunde gehenden Planter anschmunzeln . . . Sie haben aufgehört Sklaven zu sein, aber nicht um Lohnarbeiter zu werden, sondern self-sustaining, für den eigenen notdürftigen Konsum arbeitende peasants. Das Kapital als Kapital existiert ihnen gegenüber nicht, weil der verselbständigte Reichtum überhaupt nur existiert entweder durch unmittelbare Zwangsarbeit, Sklaverei, oder vermittelte Zwangsarbeit, Lohnarbeit."

44 Vgl. MARX: Das Kapital. Band 1 . . . a.a.O., S. 337 f.; CLASTRES, a.a.O., S. 193.
45 Vgl. ELIAS: Der Prozeß der Zivilisation . . . a.a.O., Band 2. S. 94 f.; CONFURIUS (a.a.O.) z.B. verfährt so mit Störtebecker und Konsorten.
46 RITTNER, Volker: Handlung, Lebenswelt und Subjektivierung. In: Dietmar Kamper und Volker Rittner (Hrsg.): Zur Geschichte des Körpers. München und Wien 1976. S. 20.
47 Vgl. u.a. CROSBY, Alfred, W.: The Columbian Exchange, Biological and Cultural Consequences of 1492. Westport 1972. Besonders S. 35 ff. JENNINGS, Francis: The Invasion of America: Indians, Colonialism and the Cant of Conquest. Chapel Hill 1975; MONTBRUN, Christian: Les Petites Anteilles avant Christophe Colomb. Paris 1984.
48 FOUCAULT; Wahnsinn und Gesellschaft . . . a.a.O., S. 30.
49 NEUKIRCHEN, a.a.O., S. 11.
50 BATAILLE, a.a.O., S. 58.
51 EXQUEMELIN, a.a.O., S. 45.
52 BARBOUR, a.a.O., S. 551; — „Das Anwachsen des Wertes beim Verkauf, der sich der sterilen Klasse verdankt, ist die Wirkung der Ausgaben des Arbeiters und nicht die seiner Arbeit. Der müßige Mensch, der ausgibt, ohne zu arbeiten, ruft in dieser Hinsicht die gleiche Wirkung hervor." RIQUETI, Victor Marquis de Mirabeau: Philosophie rurale. Amsterdam 1763. S. 56. Zitiert nach FOUCAULT, Michel: Die Ordnung der Dinge. Frankfurt am Main 1978. S. 244.
53 Vgl. Cal. St. P. 1, S. 492 f.
54 Vgl. auch Cal. St. P. 1, S. 360, S. 419, S. 433 und S. 447.
55 Vgl. Calendar of State Papers. Colonial Series 14. America and West-Indies 1693 — 1696. Nachdruck der Ausgabe London 1903. a.a.O., S. XXXVIII. Künftig zitiert als ‚Cal. St. P. 14'; NEWTON, a.a.O., S. 141; KNORR, Klaus E.: British Colonial Theories 1570 — 1850. Toronto 1963. S. 50 und S. 56; NETTELS, Curtis P.: British Mercantilism and the Economic Development of the Thirteen Colonies. In: The Journal of Economic History, Band 11, 1952, Nr. 2. S. 105 — 114.
56 FOUCAULT: Überwachen und Strafen . . . a.a.O., S. 111.
57 Vgl. MARX:Das Kapital. Band 1 . . . a.a.O., S. 779. — „Bereits zu Beginn der Epoche des Konkurrenzkapitalismus erfüllt der Staat auch dort, wo er noch keine bürgerlich-parlamentarischen Formen erhalten hat, Funktionen für die Sicherung kapitalistischer Produktionsbedingungen." GERSTENBERGER, a.a.O., S. 4.
58 FOUCAULT: Die Ordnung der Dinge . . . a.a.O., S. 220.
59 Vgl. u.a. VILAR, Pierre. A History of Gold and Money 1450 — 1920. London 1976.
60 FOUCAULT: Die Ordnung der Dinge . . . a.a.O., S. 220.
61 Ebenda.
62 Ebenda. S. 221.
63 Ebenda. S. 226.
64 „. . . Traffick . . . is the sole . . . instrument to inrich kingdomes and commonweales." MALYNES, a.a.O., S. A 3 f. — „Behold . . . the true form and worth of

foreign Trade, which is, The great Revenue of the King, The honour of the Kingdom, The Noble profession of the Merchant, The School of our Arts, The supply of our wants, The employment of our poor, The improvement of our Lands, The Nurcery of our Mariners, The wales of the Kingdoms, The means of our Treasure, The Sinnius of our wars, The terror of our Enemies." MUN, Thomas: Englands Treasure by Forraign Trade. London 1664. Nachgedruckt in: ASHLEY, W.J. (Hrsg.): Economic Classics. New York und London 1895. S. 7 – 21, S. 27 – 30, S. 36 – 38 und S. 118 f. Zitiert nach: BRUCHEY, Stuart (Hrsg.): The Colonial Merchant. Sources and Readings. New York, Chicago und Burlingame 1966. S. 54.

65 FOUCAULT: Die Ordnung der Dinge ... a.a.O., S. 225.
66 „... God caused Nature to distribute her benefits, or his blessings to severall climates, of divers things found in some places, that are not in other places; to make an interchangeable course of the said commodities, by way of merchandising." MALYNES, a.a.O., S. 95.
67 FOUCAULT: Die Ordnung der Dinge ... a.a.O., S. 242.
68 Vgl. DOBB: Entwicklung des Kapitalismus ... a.a.O., S. 201 ff.; FOUCAULT: Überwachen und Strafen ... a.a.O., S. 190.
69 CONFURIUS, a.a.O., S. 30. – „In der merkantilen Ökonomie haben die Tauschprozesse Erwerbscharakter. Die Vermögen sind nicht mehr auf einem Spieltisch ausgebreitet und sie haben sich relativ stabilisiert." BATAILLE, a.a.O., S. 21.
70 HABERMAS: Strukturwandel der Öffentlichkeit ... a.a.O., S. 29.
71 Allgemein zu Rückwirkungen des Handels auf die Produktionssphäre siehe u.a.: MARX: Grundrisse ... a.a.O., S. 741 ff.; MARX: Das Kapital. Band 3 ... a.a.O., S. 339, S. 344 und S. 348 f.
72 Vgl. MARX: Das Kapital. Band 3 ... a.a.O., S. 349 und S. 793; FUSFELD, a.a.O., S. 29.
73 ELIAS: Der Prozeß der Zivilisation ... Band 2. a.a.O., S. 317.
74 Ebenda. S. 336.
75 Ebenda. S. 338.
76 ELIAS: Der Prozeß der Zivilisation ... Band 2. a.a.O., S. 317.
77 Ebenda. S. 417 f.
78 „The ordinary means ... to encrease our wealth and treasure is by Forraign Trade, wherein wee must ever observe this rule: to sell more to strangers yearly than wee consume of theirs in value." MUN, zitiert nach BRUCHEY, a.a.O., S. 46.
79 Vgl. MALYNES, a.a.O., S. 95.
80 Vgl. Cal. St. P. 12, S. XXXIII; Cal. St. P. 16, S. 17; DOBB: Entwicklung des Kapitalismus ... a.a.O., S. 208.
81 HABERMAS: Strukturwandel der Öffentlichkeit ... a.a.O., S. 31; vgl. auch DOBB: Entwicklung des Kapitalismus ... a.a.O., S. 210.
82 Vgl. VAISSIERE, a.a.O., S. 27 f.
83 Vgl. hierzu allgemein MARX: Grundrisse ... a.a.O., S. 231; speziell zu Westindien VAISSIERE, a.a.O., S. 27 ff.
84 Vgl. u.a. Cal. St. P. 10, S. XXXVI.
85 Vgl. Cal. St. P. 7, S. XXVIII.
86 Für die englischen Kolonien vgl. hierzu z.B. Cal. St. P. 7, S. 304 und S. 409; Cal. St. P. 9, S. 501.
87 Vgl. Cal. St. P. 7, S. 265.
88 Vgl. Cal. St. P. 7, S. 266 f.; Cal. St. P. 11, S. 41.

89 Vgl. u.a. Cal. St. P. 7, S. 146 und S. 303 f.;
   Cal. St. P. 10, S. XXVI;
   Cal. St. P. 15, S. 481.
90 Vgl. Cal. St. P. 7, S. 94; Cal. St. P. 14, S. XLVI; DOBB: Entwicklung des Kapitalismus ... a.a.O., S. 211 und S. 233; RUSCHE/KIRCHHEIMER, a.a.O., S. 46, S. 84 und S. 88; GERSTENBERGER, a.a.O., S. 105.
91 FOUCAULT: Wahnsinn und Gesellschaft ... a.a.O., S. 415; vgl. auch VIGNOLS, a.a.O., S. 156; Vignols zitiert ein Statement aus dem 17. Jahrhundert, in dem es sinngemäß heißt, eine Kolonie etabliert man dadurch, daß man einen Trupp ausgesuchter Soldaten sowie Arbeiter, Bauern und Frauen hinschafft.
92 MARX: Das Kapital. Band 1 ... a.a.O., S. 661.
93 Ebenda. S. 761.
94 Cal. St. P. 1, S. 447, vgl. auch S. 360, S. 419 und S. 433; vgl. auch VIGNOLS, a.a.O., S. 143; KNORR, a.a.O., S. 48.
95 Eine Version des Auftauchens von Henry Morgan in der Karibischen See besagt, er sei in Bristol für die Deportation nach Jamaica geshanghait worden.
96 In englischen Quellen „indentured servant", in französischen „engagé".
97 Zumeist handelt es sich bei den Plantagenbesitzern um Geschäftsleute und/oder Adelige, die selbst nicht ständig in Westindien leben. Vgl. hierzu VEBLEN, Thorstein: Absentee Ownership and Business Enterprise in Recent Times. The Case of America. New York 1923.
98 Vgl. oben Kapitel III.3.
99 Der französische Gouverneur von St. Domingo empfiehlt 1681 dringend die Errichtung zweier Garnisonen an strategisch wichtigen Punkten der Insel: „... elles serviront à affirmer l'autorité du Roi et à contenir dans l'obéissance les habitants qui sont la plupart peu soumis et d'un esprit fort inquiet". SAINT-YVES, a.a.O., S. 72; „In each case the home government had to send out an armed force to impose its will." PARES, a.a.O., S. 27.
100 Vgl. Cal. St. P. 1, S. 493; Cal. St. P. 10, S. 95; Cal. St. P. 11, S. 598; Cal. St. P. 15, S. 472, S. 421, S. 557 und S. 564 f.; Cal. St. P. 16, S. 181 ff. „... a machinery had to be set up which would be under control from home, and which would be really independent of colonial government and opinion." CRUMP, a.a.O., S. 145 f.
101 Cal. St. P. 16, S. 181.
102 FOUCAULT: Überwachen und Strafen ... a.a.O., S. 267.
103 NEGT/KLUGE, a.a.O., S. 455.
104 PARES, a.a.O., S. 19.
105 Vgl. Cal. St. P. 15, S. XIII.

Anmerkungen zum VII. Kapitel

1 CHARLEVOIX, a.a.O., Band 3. S. 112; vgl. auch SAINT-YVES, a.a.O., S. 69.
2 Vgl. Cal. St. P. 10, S. 443 f. und S. 605; Cal. St. P. 13, S. 108 (Dok. 298); Cal. St. P 15, S. XII; CHARLEVOIX, a.a.O., Band 3. S. 112 f.
3 Der ‚Council for Trade and Plantations' im Dezember 1697 an den englischen König. Cal. St. P. 16, S. 60 (Dok. 94).
4 RUSCHE/KIRCHHEIMER, a.a.O., S. 88.
5 Cal. St. P. 7, S. 269; vgl. ferner ebenda. S. XXIII, S. XXV und S. 635; bezeichnend die drastische Reduktion bei PARES, a.a.O., S. 15: „From all that drinking followed duels, kidnapping and rebellions."
6 Vgl. NEWTON, a.a.O., S. 174.
7 Bereits im Jahre 1660 ist dieses Problem Gegenstand eines Vertrages, den der Generalgouverneur der französischen Kolonien in Westindien mit dem der englischen schließt. Punkt VI der ausgehandelten Vereinbarungen sieht vor, daß Diener und (weiße) Sklaven, die sich von den Engländern zu den Franzosen oder von den Franzosen zu den Engländern absetzen, ausgeliefert werden sollen. Vgl. DU TERTRE, Père Jean-Baptiste: Histoire gènerale des Antilles. Band 3. Paris 1671. S. 278.

Im April 1697 heißt es in einer englischen Liste (Autor: William Penn) mit Vorschlägen zur Optimierung der merkantilen Ausbeutungsordnung in Westindien: Eine englische Niederlassung darf nicht den Weggelaufenen einer anderen Schutz gewähren; vgl. Cal. St. P. 15, S. 472.
8 Vgl. NEWTON, a.a.O., S. 174.
9 Cal. St. P. 11, S. 597 (Dok. 1563); vgl. auch Cal. St. P. 12, S. 63 (Dok. 269); JAMESON, a.a.O., S. 23.
10 KROVOZA, Alfred: Produktion und Sozialisation. Frankfurt am Main 1976. S. 60.
11 Cal. St. P. 10, S. 582 (Dok. 1462).
12 Vgl. Cal. St. P. 7, S. 269; Cal. St. P. 14, S. 519; Cal. St. P. 15, S. 420 und S. 537 f.; ferner MALYNES, a.a.O., S. 145 f. und S. 178.
13 Vgl. Cal. St. P. 11, S. L.
14 Vgl. SAINT-MERY, Moreau de: Lois et Constitutions des Colonies Françaises de l'Amérique sous le Vent de 1550 à 1785. Band 1. Paris 1784. S. 431.
15 CHARLEVOIX, a.a.O., Band 4. S. 16.
16 Vgl. auch Cal. St. P. 12, S. 15.
17 Vgl. CHARLEVOIX, a.a.O., Band 3. S. 112 ff.; SAINT-YVES, a.a.O., S. 65 ff.
18 Vgl. Cal. St. P. 7, S. 247; siehe auch Cal. St. P. 11, S. 323; JAMESON, a.a.O., S. 264.
19 Vgl. z.B. Cal. St. P. 10, S. 5 f. (Dok. 9); Cal. St. P. 11, S. XXXIV.
20 Vgl. SAINT-Yves, a.a.O., S. 68 f.; Wortlaut des französischen Originals siehe unten, Anhang 4.
21 Vgl. JAMESON, a.a.O., S. 240; Cal. St. P. 16, S. 434 (Dok. 774); CRUMP, a.a.O., S. 158; VIGNOLS, a.a.O., S. 163.
22 Vgl. CHARLEVOIX, a.a.O., Band 3. S. 167.
23 CHARLEVOIX, a.a.O., Band 4. S. 2.
24 EXQUEMELIN, a.a.O., S. 59 f.
25 Vgl. Cal. St. P. 9, S. 422.
26 Cal. St. P. 10, S. 7 (Dok. 11).
27 Vgl. Cal. St. P. 12, S. 84.
28 Vgl. Cal. St. P. 11, S. XXXIV; siehe auch Cal. St. P. 16, S. XIII.

29 Vgl. PARES, a.a.O.
30 NEWTON, a.a.O., S. 197 f.
31 Vgl. hierzu explizit Cal. St. P. 5, S. XXV und S. 21; Cal. St. P. 12, S. XXIII f.; SAINT-YVES, a.a.O., S. 72; VAISSIERE, a.a.O., S. 16.
32 Vgl. PARES, a.a.O., S. 16.
33 FOUCAULT: Überwachen und Strafen ... a.a.O., S. 278.
34 Vgl. ebenda, S. 282.
35 Vgl. JAMESON, a.a.O., S. 20 und S. 24.
36 Vgl. Cal. St. P. 10, S. XLIII.
37 Vgl. Cal. St. P. 7, S. 269.
38 Vgl. ebenda, S. 635.
39 Vgl. JAMESON, a.a.O., S. 271.
40 Cal. St. P. 15, S. 421; vgl. auch SAINT-YVES, a.a.O., S. 65.
41 Vgl. Cal. St. P. 15, S. 718 und S. 720.
42 CHARLEVOIX, a.a.O., Band 3. S. 184. — „La Colonie Françoise de Saint-Domingue étant nouvellement formée, les abus ordinaires aux nouveau établissements dans leur Administration s'y sont introduits, et c'est pour les faire cesser et pour y apporter les règles d'une bonne Police, et telle que chaque Officier se trouve obligé de remplir ses fonctions, et que les Habitants vivent dans la Discipline et dans l'Obéissance ..." (Extrait de l'Instruction que le Roi veut être remise au sieur Desiandes, premier Commissaire Ordonnateur, faisant fonctions d'Intendant à Saint Domingue, 26. Decembre 1703). SAINT-MERY, a.a.O., S. 711.
43 CHARLEVOIX, a.a.O., Band 3. S. 204.
44 Vgl. Cal. St. P. 7, S. 409 (Dok. 933).
45 Vgl. Cal. St. P. 11, S. 287 (Dok. 668 I). Das Seegebiet der Bahamas, das alle spanischen Schatztransporte auf ihrem Weg nach Europa gezwungen durch die spezifischen Wind- und Strömungsverhältnisse in der Karibischen See und im Golf von Mexiko passieren müssen, ist wegen seiner zahlreichen Riffs und Untiefen ein gefürchteter Schiffsfriedhof. Zur Praktik des Schatztauchens vgl. auch Cal. St. P. 11, S. 284.
46 Ebenda. S. 320; siehe auch unten, Anhang 6.
47 Cal. St. P. 15, S. 336 (Council of Trade and Plantations to the King). Zur Bereinigung der unerfreulichen Situation wird empfohlen, in einem ersten Schritt den zuständigen Gouverneur besser zu besolden.
48 Cal. St. P. 11, S. 284.
49 Cal. St. P. 12, S. XXIII; vgl. auch CHAPIN, Howard M.: Bermuda privateers 1739 — 1748. Hamilton (Bermuda) 1923.
50 Vgl. Cal. St. P. 11, S. 323 (Dok. 777); ein Beispiel für die dänische Gastfreundschaft: „There arrived here February 8 a ship of unknown origin, some two hundred tons in size, without guns, passport, or letters and with seven men, French, English and German. On being questioned they replied that they had gone out of Espaniola from the harbour of Petit Guava with two hundred men and a French commission to cruise on the Spaniards ... I bought what little cacao they had, the rest of their plunder they brought ashore and divided among our people. The ship was no longer usable. I have decided not to confiscate it, in order to avoid any unfriendliness with searobbers. The inhabitants of St. Thomas have decided that the said seven men shall remain among them." Gouverneur Esmit, 17. Mai 1682; zitiert nach JAMESON, a.a.O., S. 122 (Anm. 109).
51 Vgl. Cal. St. P. 11, S. 320.

52 Vgl. Cal. St. P. 15, S. 381 (Dok. 753), S. 471 (Dok. 987), S. 561 (Dok. 1198) und S. 565 (Dok. 1125).
53 Vgl. Cal. St. P. 10, S. 183 und S. 187; Cal. St. P. 11, S. 598; Cal. St. P. 16, S. 60 (Dok. 94); siehe auch FOUCAULT: Überwachen und Strafen ... a.a.O., S. 129 f.; NEUMANN, Franz: Der Funktionswandel des Gesetzes im Recht der bürgerlichen Gesellschaft. In: Zeitschrift für Sozialforschung, 6. Jg., 1937, H. 3. S. 542–596.
54 Vgl. CALKINS, Carlos G.: The Repression of Piracy in the West Indies 1814–1825. In: U.S. Naval Institute Proceedings. Annapolis 1911. S. 1197–1238.
55 Cal. St. P. 7, S. 303.
56 Vgl. u.a. JAMESON, a.a.O., S. 577 und S. 579.
57 Vgl. JACOBS, a.a.O., S. 47; siehe auch BITTERLI, Urs: Der europäisch-indianische Kulturschock auf Hispaniola. In: Unter dem Pflaster liegt der Strand. Band 11. Berlin 1982. S. 35–52.
58 Berichte über Fälle offener Aggression von ‚Piraten' gegen Fischerbootsverbände in karibischen Gewässern (Cal. St. P. 11, S. XVII; JAMESON, a.a.O., S. 323 f.) deuten m.E. darauf hin, daß Flibustier und Bukaniere sich gegen die merkantile Okkupation ihrer traditionellen Reproduktionsräume zu wehren versuchen.
59 Vgl. JAMESON, a.a.O., S. 323 ff.
60 Cal. St. P. 5, S. 219 (Dok. 767); vgl. auch CHARLEVOIX, a.a.O., Band 3. S. 259 f.
61 Noch im November 1677 heißt es in einem juristischen Kommentar des ‚Kings Councel':
„... piracy is not levying war against the King or by the law of the land punishable by death. It is a crime against His Majesties Treaties of Peace and the Proclamations of their oberservance. It is also an offence against the law of nations ... but, by the law of England, no more than a confederacy against His Majesty's Crown and Dignity and ... punishable only by fine and imprisonment." Cal. St. P. 10, S. 180 (Dok. 486).
62 Vgl. u.a. Cal. St. P. 16, S. 60 (Dok. 94). — Ein Teil der Grausamkeiten, die man west-indischen Piraten zuschreibt, erlärt sich aus der Tatsache der forcierten staatlichen Verfolgung und Bestrafung seeräuberischer Akte. Es ist naheliegend, daß Kaperer zu verhindern suchen, daß etwaige Zeugen ihres Tuns die Nachricht an offizielle Stellen weiterleiten und eine Verfolgung auslösen.
63 FOUCAULT: Überwachen und Strafen ... a.a.O., S. 129. — Entsprechend ist der Verherrlichung des Seeräubers „... ein Moment der Sehnsucht zu der Natur beigemischt, vor der die feste Ordnung beschützt, das Heimweh des in die Zivilisation Verstrickten." CONFURIUS, a.a.O., S. 31. Die Figur des Piraten „... kommuniziert mit den Momenten des Fremden, die es in jedem von uns gibt, den Begierden und Beschädigungen, Perversionen, magischen Allmachtsvorstellungen und Erlebnissen eines grandiosen Selbstgefühls. Dem Ausleben dieser Momente sind soziale und psychische Schranken gesetzt. Die Verbote verdoppeln wir innerlich durch unsere Ängste vor der Realisierung jener Momente im Bewußtsein und in der Tat und bringen uns dabei selbst um die Möglichkeit, sie als Teil unserer Identität kennen und akzeptieren zu lernen und kommunikabel zu machen." Ebenda, S. 45.
64 JOHNSON: A General History of the Pirates ... a.a.O., Band 2. S. 68.
65 VAISSIERE, a.a.O., S. 26.
66 CHARLEVOIX, a.a.O., Band 3. S. 174.
67 Vgl. u.a. Gazette du Commerce, 11. Mai 1765, „Notice historique sur les Pirates", S. 2; ANDREWS: Elizabethan Privateering ... a.a.O., S. 233. — Es ist keineswegs abwegig zu vermuten, daß die Vernichtung der Piraten wesentlich mehr gekostet hat, als sie jemals hätten rauben können.
68 Vgl. BLOCH, Ernst: Utopien des kleinen Mannes und andere Tagträume. Ein Gespräch mit Gerd Ueding. In: Harald Wieser und Arno Münster (Hrsg.): Gespräche mit Ernst Bloch. Frankfurt am Main 1975. S. 41 ff.

69 BÖHME, Hartmut und Gernot BÖHME: Das Andere der Vernunft. Frankfurt am Main 1983. S. 13.

Anmerkungen zum Schluß

1 Cal. St. P. 15, S. X.
2 Vgl. LATTIMORE, Owen: La Civilisation, mère de Barbarie? In: Annales 17. Jg., 1962, Nr. 1 S. 95 – 108.

Bibliographie

1. Quellen und quellenspezifische Arbeiten

Calendar of State Papers. Colonial Series 1. America and West Indies 1574 – 1660. Nachdruck der Ausgabe London 1860. Vaduz 1964.
Calendar of State Papers. Colonial Series 5. America and West Indies 1661 – 1668. Nachdruck der Ausgabe London 1880. Vaduz 1964.
Calendar of State Papers. Colonial Series 7. America and West Indies 1669 – 1674. Nachdruck der Ausgabe London 1889. Vaduz 1964.
Calendar of State Papers. Colonial Series 9. America and West Indies 1675 – 1676. Addenda 1574 – 1674. Nachdruck der Ausgabe London 1893. Vaduz 1964.
Calendar of State Papers. Colonial Series 10. America and West Indies 1677 – 1690. Nachdruck der Ausgabe London 1896. Vaduz 1964.
Calendar of State Papers. Colonial Series 11. America and West Indies 1681 – 1685. Nachdruck der Ausgabe London 1898. Vaduz 1964.
Calendar of State Papers. Colonial Series 12. America and West Indies 1685 – 1688. Nachdruck der Ausgabe London 1899. Vaduz 1964.
Calendar of State Papers. Colonial Series 13. America and West Indies 1689 – 1692. Nachdruck der Ausgabe London 1901. Vaduz 1964.
Calendar of State Papers. Colonial Series 14. America and West Indies 1693 – 1696. Nachdruck der Ausgabe London 1903. Vaduz 1964.
Calendar of State Papers. Colonial Series 15. America and West Indies 1696 – 1697. Nachdruck der Ausgabe London 1904. Vaduz 1964.
Calendar of State Papers. Colonial Series 16. America and West Indies 1697 – 1698. Nachdruck der Ausgabe London 1905. Vaduz 1964.
CHARLEVOIX, Père Pierre-François-Xavier de: Histoire de l'isle Espagnol ou de S. Domingue. 4 Bände. Paris 1733.
DU TERTRE, Père Jean-Baptiste: Histoire générale des Antilles. 4 Bände. Band 1 und 2: Paris 1667. Band 3 und 4: Paris 1671.
EXQUEMELIN, Alexandre Olivier: Die Amerikanischen Seeräuber. Erlangen 1926.
GAGE, Thomas: New Survey of the West Indies. London 1699.
JAMESON, Franklin J.: Privateering and Piracy in the Colonial Period. Illustrative Documents. Neudruck der Auflage von 1923. New York 1970.

LABAT, Jean-Baptiste: Nouveau Voyage aux Isles de l'Amérique. 2 Bände. La Haye 1724.
LEPERS, Père Jean-Baptiste: La tragique histoire des Flibustier (geschrieben um 1715). Paris 1925.
MALYNES, Gerard: Lex Mercatoria or the Ancient Law Merchant. London 1622.
MARGRY, Pierre: Memoires et documents pour servir à l'histoire des origines françaises des Pays d'Outre-Mer. Découvertes et etablissements des Français dans l'Ouest et dans le Sud de l Amérique septentrionale (1614 – 1698). 6 Bände. Paris 1879 – 1881.
MARSDEN, R.G. (Hrsg.): Documents relating to the Law and Custom of the Sea 1205 – 1648. 2. Bände. London 1915 und 1916.
SAINT-MERY, Moureau de: Lois et Constitutions des Colonies Françaises de l'Amérique sous le Vent de 1550 à 1785. 3 Bände. Paris 1784 – 1790.
SAINT-YVES, G.: La Flibuste et les Flibustiers. Documents inédits sur Saint-Domingue et la Tortue au XVIIIe siècle. In: Comité des Traveaux Historiques et Scientifiques. Bulletin de la Section de Géographie Band 38, 1924. S. 57 – 75.
VRIJMAN, M.: L'Identité d'Exquemelin. IN: Comité des Traveaux Historiques et Scientifiques. Bulletin de la Section de Géographie. Band 48, Paris 1933. S. 43 – 55.
WALNE, Peter: A guide to manuscript sources for the history of Latin America and the Caribbean in the British Isles. London 1969.
WRIGHT, Irene A. (Hrsg.): Spanish Documents concerning English Voyages to the Caribbean, 1527 – 68. London 1928.
WRIGHT, Irene A. (Hrsg.): Documents concerning English Voyages to the Spanish Main, 1569 – 80. London 1932.
WRIGHT, Irene A. (Hrsg.): Further English Voyages to Spanish America. London 1951.

2. Allgemeine sozial- und geschichtswissenschaftliche Literatur

ARCINIEGAS, German: Geschichte und Kultur Latein-Amerikas. München 1978.
BALLMER, Thomas T. und Ernst von WEIZSÄCKER: Biogenese und Selbstorganisation. Beitrag zum Problem der Evolution von Zwecken. In: Ernst von Weizsäcker (Hrsg.): Offene Systeme I. Stuttgart 1974. S. 229 – 264.
BATAILLE, Georges: Das theoretische Werk. Band 1: Die Aufhebung der Ökonomie. München 1975.
BATESON, Gregory: Geist und Natur. Eine notwendige Einheit. Frankfurt am Main 1982.
BAUMGARTNER, Hans Michael und Jörn RÜSEN (Hrsg.): Seminar: Geschichte und Theorie. Frankfurt am Main 1976.
BERGFLETH, Gerd: Theorie der Verschwendung. In: Georges Bataille: Das theoretische Werk. Band 1: Die Aufhebung der Ökonomie. München 1975. S. 289 – 406.
BERMAN, Morris: Wiederverzauberung der Welt. Am Ende des Newton'schen Zeitalters. 2. Auflage. München 1984.
BLANKERTZ, Stefan (Hrsg.): Auf dem Misthaufen der Geschichte Nr. 1 Münster und Wetzlar 1978.
BLOCH, Ernst: Utopien des kleinen Mannes und andere Tagträume. Ein Gespräch mit Gerd Ueding. In: Harald Wieser und Arno Münster (Hrsg.): Gespräche mit Ernst Bloch. Frankfurt am Main 1975. S. 41 ff.

BÖHME, Hartmut und Gernot BÖHME: Das Andere der Vernunft. Zur Entwicklung von Rationalitätsstrukturen am Beispiel Kants. Frankfurt am Main 1983.

BOLLHAGEN, Peter: Soziologie und Geschichte. Berlin 1966.

BORKENAU, Franz: Zur Soziologie des mechanistischen Weltbildes. In: Zeitschrift für Sozialforschung, 1. Jg., 1932, Heft 3. S. 311 – 335.

BOURDIEU, Pierre: Die feinen Unterschiede. Kritik der gesellschaftlichen Urteilskraft. Frankfurt am Main 1982.

BREDLOW, Lutz: Die Wurzeln der Empörung. Betrachtungen zum ‚Verwirklichungssozialismus' Gustav Landauers. In: Stefan Blankertz (Hrsg.): Auf dem Misthaufen der Geschichte Nr. 1. Münster und Wetzlar 1978. S. 26 – 51.

BRINKMANN, Heinrich (Hrsg.): Sinnlichkeit und Abstraktion. Wiesbaden 1973.

CLASTRES, Pierre: Staatsfeinde. Studien zur politischen Anthropologie. Frankfurt am Main 1976.

DELEUZE, Gilles und Félix GUATTARI: Rhizom. Berlin 1977.

DIAWARA, Fodé: Manifest des Primitiven Menschen. München 1979.

DOBB, Maurice: Entwicklung des Kapitalismus. Vom Spätfeudalismus bis zur Gegenwart. Köln und Berlin 1970.

DUERR, Hans Peter: Traumzeit. Über die Grenze zwischen Wildnis und Zivilisation. Frankfurt am Main 1979.

EICK, Jürgen: Hin zur parasitären Gesellschaft. In: Frankfurter Allgemeine Zeitung vom 07.10.1981.

ELIAS, Norbert: Über den Prozeß der Zivilisation. Soziogenetische und psychogenetische Untersuchungen. Band 1: Wandlungen des Verhaltens in den weltlichen Oberschichten des Abendlandes. Band 2: Wandlungen der Gesellschaft. Entwurf zu einer Theorie der Zivilisation. Frankfurt am Main 1979.

ELIAS, Norbert: Soziologie und Geschichtswissenschaft. Einleitung zu derselbe: Die höfische Gesellschaft. Untersuchungen zur Soziologie des Königtums und der höfischen Aristokratie. 3. Auflage. Darmstadt und Neuwied 1977. S. 9 – 59.

ENGELBERG, Ernst und Wolfgang KÜTTLER (Hrsg.): Formationstheorie und Geschichte. Studien zur historischen Untersuchung und Geschichte. Vaduz 1978.

FEYERABEND, Paul K.: Der wissenschaftstheoretische Realismus und die Autorität der Wissenschaften (Ausgewählte Schriften Band 1). Braunschweig und Wiesbaden 1978.

FOUCAULT, Michel: Mikrophysik der Macht. Über Strafjustiz, Psychiatrie und Medizin. Berlin 1976.

FOUCAULT, Michel: Überwachen und Strafen. Die Geburt des Gefängnisses. Frankfurt am Main 1977.

FOUCAULT, Michel: Die Ordnung der Dinge. Eine Archäologie der Humanwissenschaften. Frankfurt am Main 1978.

FOUCAULT, Michel: Wahnsinn und Gesellschaft. Eine Geschichte des Wahns im Zeitalter der Vernunft. Frankfurt am Main 1978.

FOUCAULT, Michel: Archäologie des Wissens. Frankfurt am Main 1981.

FRANK, Andre Gunder: World Accumulation 1492 – 1789. London 1978.

FRIEDMAN, Yona: Machbare Utopien. Absage an geläufige Zukunftsmodelle. Frankfurt am Main 1978.

FROMM, Erich: Über den Ungehorsam. Und andere Essays. Stuttgart 1982.

FUSFELD, Daniel R.: Geschichte und Aktualität ökonomischer Theorien. Vom Merkantilismus bis zur Gegenwart. Frankfurt am Main und New York 1975.

Gerstenberger, Heide: Der bürgerliche Staat in der Epoche des Konkurrenzkapitalismus. Projekt: Theorie und Praxis der Wirtschaftspolitik. Arbeitsvorhaben: Zur Entwicklung der ökonomischen Staatstätigkeit. Vervielfältigtes Manuskript. o.O. WS 1975/76.

HABERMAS, Jürgen: Strukturwandel der Öffentlichkeit. Untersuchungen zu einer Kategorie der bürgerlichen Gesellschaft. 10. Auflage. Darmstadt 1979.

HABERMAS, Jürgen: Theorie des kommunikativen Handelns. 2 Bände. Frankfurt am Main 1981.

HOBSBAWM, Eric J.: Vom Feudalismus zum Kapitalismus. In: Paul Sweezy, Maurice Dobb et. al.: Der Übergang vom Feudalismus zum Kapitalismus. Frankfurt am Main 1978. S. 215—221.

HOBSBAWM, Eric J.: Die Banditen. Frankfurt am Main 1972.

HOBSBAWM, Eric J.: Sozialrebellen. Neuwied und Berlin 1962.

IGGERS, Georg G.: Neue Geschichtswissenschaft. Vom Historismus zur Historischen Sozialwissenschaft. München 1978.

KAMPER, Dietmar (Hrsg.): Abstraktion und Geschichte. Rekonstruktionen des Zivilisationsprozesses. München und Wien 1975.

KAMPER, Dietmar: Das Ende der bürgerlichen Revolution. Grundlinien einer Logik der Geschichte. In: Derselbe (Hrsg.): Abstraktion und Geschichte. Rekonstruktionen des Zivilisationsprozesses. München und Wien 1975. S. 180—204.

KAPP, K. Wilhelm: Erneuerung der Sozialwissenschaften. Frankfurt am Main 1983.

KARPENSTEIN-ESSBACH, Christa: Ökonomie und Ästhetik bei Georges Bataille. In: Konkursbuch, Zeitschrift für Vernunftkritik, Nr. 5: „Abschied von der Politik". Tübingen 1980. S. 85—107.

KEARNY, Richard: Mythos und Kritik: Das Beispiel Irland. In: Thomas Lehner (Hrsg.): Keltisches Bewußtsein. München 1985. S. 31—48.

KEYNES, John Maynard: Vom Gelde. Berlin 1955.

KLUXEN, Kurt: Geschichte Englands. Stuttgart 1968.

KROVOZA, Alfred: Produktion und Sozialisation. Frankfurt am Main 1976.

KULISCHER, Josef: Allgemeine Wirtschaftsgeschichte des Mittelalters und der Neuzeit. 2 Bände. 3. Auflage. München und Wien 1965.

LANDAUER, Gustav: Revolution. Neuauflage der Ausgabe Frankfurt am Main 1907. Berlin 1974.

LATTIMORE, Owen: La Civilisation, mère de Barbarie? In: Annales, 17. Jg., 1962, Heft 1, S. 95—108.

LORENZEN, Paul und Rüdiger INHETVEEN: Die Einheit der Wissenschaften. In: Heinz Hülsmann und Mitarbeiter (Hrsg.): Gesellschaftskritische Wissenschaftstheorie. Band 4. Kronberg 1974. S. 16—26.

LUHMANN, Niklas: Weltzeit und Systemgeschichte. In: Kölner Zeitschrift für Soziologie und Sozialpsychologie. Sonderheft 16: Soziologie und Sozialgeschichte. Opladen 1972. S. 81—115.

MANDEL, Ernest: Marxistische Wirtschaftstheorie. 2 Bände. Frankfurt am Main 1968.

MARX, Karl: Das Kapital. Band 1 (MEW 23). Berlin 1979.

MARX, Karl: Das Kapital. Band 3 (MEW 25). Berlin 1977.

MARX, Karl: Grundrisse der Kritik der Politischen Ökonomie. Berlin 1974.

MORIN, Edgar: La nature de la societé. In: Communications 22/1974. S. 3—32.

MÜLLER, Werner: Vom Irrationalen in der Geschichte. In: Unter dem Pflaster liegt der Strand. Band 5. Berlin 1978. S. 7—31.

MUMFORD, Lewis: Mythos der Maschine. Frankfurt am Main 1977.

NEGT, Oskar und Alexander KLUGE: Geschichte und Eigensinn. 7. Auflage. Frankfurt am Main 1983.

NEUMANN, Franz: Der Funktionswandel des Gesetzes im Recht der bürgerlichen Gesellschaft. In: Zeitschrift für Sozialforschung, 6. Jg., 1937, Heft 3. S. 542 – 596.

POPPER, Karl: Zur Geschichte unseres Weltbildes. In: Rüdiger Lutz (Hrsg.): Bewußtseins-(R)evolution. Öko-Log Buch 2. Weinheim und Basel 1983. S. 17 – 26.

RITTNER, Volker: Norbert Elias: Das Konzept des Zivilisationsprozesses als Entsatz des epischen Moments durch das Konstruktive. In: Dietmar Kamper (Hrsg.): Abstraktion und Geschichte. Rekonstruktionen des Zivilisationsprozesses. München und Wien 1975. S. 83 – 125.

RITTNER, Volker: Horkheimer/Adorno: Die Dialektik der Aufklärung. Die unterirdische Geschichte des Abendlandes und das Verhältnis von Körper, Herrschaft und Zivilisation. In: Dietmar Kamper (Hrsg.): Abstraktion und Geschichte. Rekonstruktionen des Zivilisationsprozesses. München und Wien 1975. S. 126 – 160.

RITTNER, Volker: Handlung, Lebenswelt und Subjektivierung. In: Dietmar Kamper und Volker Rittner (Hrsg.): Zur Geschichte des Körpers. München und Wien 1976. S. 13 – 66.

ROHLJE, Uwe: Darstellung und Analyse eines Deutungsmusters in der Pauperismusdiskussion des 19. Jahrhunderts. Vervielfältigtes Manuskript. Münster 1978.

ROSENSTIEHL, Pierre und Jean PETITOT: Automate asocial et systèmes acentrés. In: Communications 22/1974. S. 45 – 62.

RUSCHE, Georg und Otto KIRCHHEIMER: Sozialstruktur und Strafvollzug. Frankfurt am Main und Köln 1974.

SALIS, J.R.: Geschichte als Prozeß. In: Günter Schulz (Hrsg.): Transparente Welt. Festschrift zum 50. Geburtstag von Jean Gebser. Bern und Stuttgart 1965. S. 50 – 68.

SAMHABER, Ernst: Kaufleute wandeln die Welt. Handel macht Geschichte. Frankfurt am Main 1978.

SPREE, Reinhard: Zur Kritik moderner bürgerlicher Krisengeschichtsschreibung. In: Das Argument 75: Kritik der bürgerlichen Geschichtswissenschaft II. Berlin 1972. S. 77 – 103.

SURMINSKI, Arno: Von Ameisen und Grillen. In: Frankfurter Allgemeine Zeitung vom 23.08.1981.

SWEEZY, Paul, Maurice DOBB et. al.: Der Übergang vom Feudalismus zum Kapitalismus. Frankfurt am Main 1978.

SCHULZE, Winfried: Soziologie und Geschichtswissenschaft. München 1974.

SCHWENDTER, Rolf: Theorie der Subkultur. Frankfurt am Main 1978.

STEINEN, Wolfram von den: Kitsch und Wahrheit in der Geschichte. Schloß Laupheim 1953.

TIMM, Dennis: Die Wirklichkeit und der Wissende. Eine Studie zu Carlos Castaneda. Münster 1977.

VARELA, Francisco: Das Gehen ist der Weg: In: Rainer Kukuska (Hrsg.): Andere Wirklichkeiten. München 1984. S. 155 – 167.

VILAR, Pierre: A History of Gold and Money 1450 – 1920. London 1976.

VILLIERS, Patrick: Les corsaires et guerre de course. In: L'Histoire Nr. 36, Juillet-Aout 1981. S. 26 – 34.

WALLENSTEIN, Hugo: Faschisten der Feder. In: ‚die tageszeitung' vom 11.12.1981.

WALLERSTEIN, Immanuel: The Modern World-System. Band 1: Capitalist Agriculture and the Origins of the European World-Economy in the Sicteenth Century. New York 1974.

WALLERSTEIN, Immanuel: The Modern World-System. Band 2: Mercantilism and the Consolidation of the European World Economy 1600 – 1750. New York 1980.

WEHLER, Hans-Ulrich: Soziologie und Geschichte aus der Sicht des Sozialhistorikers. In: Kölner Zeitschrift für Soziologie und Sozialpsychologie. Sonderheft 16: Soziologie und Sozialgeschichte. Opladen 1972. S. 59 – 80.

WOHLFEIL, Rainer: ,,Moderne" Sozialgeschichte, ,,historisch-kritische Sozialwissenschaft" und ,,historische Sozialwissenschaft" als Konzepte für die Erforschung der ,,Frühen Neuzeit". In: Derselbe (Hrsg.): Der Bauernkrieg 1524 – 1526. München 1975. S. 25 – 35.

3. Allgemeine und spezielle Literatur zur Soziologie und Geschichte des (westindischen) Freibeuterwesens

ANDREWS, Kenneth R.: Appraisements of Elizabethan Privateering. In: The Mariner's Mirror, Band 37, 1951. S. 76 – 79.

ANDREWS, Kenneth R (Hrsg.): English Privaterring Voyages to the West Indies 1588 – 1595. Cambridge 1959.

ANDREWS, Kenneth R.: Elizabethan Privateering. English Privateering during the Spanish War 1585 – 1603. Cambridge 1964.

ARCHENHOLZ, Johann Wilhelm von: Geschichte der Flibustier (Historische Schriften, Band 2). Tübingen 1803.

ARCINIEGAS, Germán: Karibische Rhapsodie. Biographie eines Meeres. München 1960.

BAILYN, Bernard: Communications and Trade: The Atlantic in the Seventeenth Century. In: The Journal of Economic History, Band 13, 1953, Nr. 4. S. 378 – 387.

BARBOUR, Violet: Privateers and Privates of the West Indies. In: The American Historical Review, Band 16, 1911. S. 529 – 566.

BERCKMAN, Evelyn: Victims of Piracy. The Admiralty Court 1575 – 1678. London 1979.

BESSON, Maurice: Les ,,Frères de la Coste", flibustiers & corsaires. Paris 1928.

BITTERLI, Urs: Der europäisch-indianische Kulturschock auf Hispaniola. In: Unter dem Pflaster liegt der Strand. Band 11. Berlin 1982. S. 35 – 52.

BLACK, Clinton V.: The Story of Jamaica. London 1972.

BLOND, Georges: Musketiere der Meere. Logbuch der Freibeuterei. Herrsching 1975.

BLUME, Helmut: Die Westindischen Inseln. Braunschweig 1968.

BOTTING, Douglas: Die Piraten. Amsterdam 1979.

BOWEN, Frank Charles: The Sea. Its history and romance. 4 Bände. London 1924 – 1926.

BRADLEE, Francis Boardman Crowninshield: Piracy in the West Indies and its suppression. Salem, Mass. 1923.

BRADLEY, Willis W.: Peter the Great. A Pirate of Tortuga. In: United States Naval Institute Proceedings, Band 54, 1928. S. 481 – 483.

BRENDON, J.A.: Sir Henry Morgan. In: Blue Peter, Band 6, 1931. S. 356 – 360.

BRIANT, P.: ,,Brigandage", dissidence et conquête en Asie achéménide et hellénistique. In: Dialogues d'histoire ancienne, Nr. 2, 1976. S. 163 – 258.

BRUCHEY, Stuart (Hrsg.): The Colonial Merchant. Sources and Readings. New York, Chicago und Burlingame 1966.

BÜHLER, Wolf-Eckart: Der Piratenfilm. In: Filmkritik, 1973, Heft 10.

BÜHNAU, Ludwig: Piraten und Korsaren der Weltgeschichte. Würzburg 1963.

BURG, B.R.: Sodomy and the Perception of Evil. English Sea Rovers in the Seventeenth-Century Caribbean. New York 1982.

BURNEY, James: History of the Buccaneers of America. London 1816.

CABAL, Juan: Piracy and Pirates. A history. London 1957.

CALKINS, Carlos G.: The Repression of Piracy in the West Indies 1814 – 1825. In: United States Naval Institute Proceedings, Band 37, 1911. S. 1197 – 1238.

CARSE, Robert: The Age of Piracy. A history. London 1959.

CASE-HORTON, C.: A Brace of British Pirates. In: Royal United Services Institute Journal, Band 60, 1915. S. 89 ff.

CHAMPLAIN, Samuel: Narrative of a voyage to the West Indies in the years 1599 – 1602. New York 1969.

CHAPIN, Howard Millar: Bermuda Privateers 1739 – 1748. Hamilton (Bermuda) 1923.

CHAPIN, Howard Millar: Privateer Ships and Sailors. The first century of American colonial privateering 1625 – 1725. Toulon 1926.

CHATTERTON, Edward Keble: The Romance of Piracy. The story of the adventures, fights & deeds of daring of pirates, filibusters, & buccaneers from the earliest times to the present day. London 1914.

CLARKE, Nell Ray: The Haunts of the Caribbean Corsairs. In: The National Geographic Magazine, Band 41, 1922. S. 147 – 187.

CLAVEL-LEVEQUE, Monique: A propos des brigandes. Discours, conduites et pratiques impérialistes. In: Dialogues d'histoire ancienne, Nr. 2, 1976. S. 259 – 262.

CLAVEL-LEVEQUE, Monique: Brigandage et piraterie. Représentation idéologiques et pratiques impérialistes au dernier siècle de la République. In: Dialogues d'histoire ancienne, Nr. 4, 1978. S. 17 – 31.

CONFURIUS, Gerrit: Klaus Störtebecker. In: Unter dem Pflaster liegt der Strand. Band 6. Berlin 1979. S. 23 – 65.

CONRAD, Josef: Der Freibeuter. Frankfurt am Main 1969.

COOPER-PRICHARD, Arthur Henry: The Buccaneers. London 1927.

COCK, Sherbune F. und Woodrow BORAH: Essays in Population History. Mexico and the Caribbean. Berkeley 1972.

CORBETT, J.S.: The Successors of Drake. London 1900.

CORBETT, J.S.: Drake and the Tudor Navy. London 1898.

COURSE, Alfred George: Pirates of the Western Seas. London 1969.

COUSTEAU, Jacques-Yves und Phillipe DIOLE: Silberschiffe. München und Zürich 1972.

CROSBY, Alfred W.: The Columbian Exchange. Biological and Cultural Consequences of 1492. Westport 1972.

CRUIKSHANK, E.A.: The Life of Sir Henry Morgan. Toronto 1935.

CRUMP, Helen J.: Colonial Admiralty Jurisdiction in the Seventeenth Century. London, New York und Toronto 1931.

DAMM, Hans: Francis Drake. Als Freibeuter in Spanish-Amerika. Leipzig 1924.

DAMPIER, William: Freibeuter 1683 – 1691. Das abenteuerliche Tagebuch des Weltumseglers und Piraten. Neu herausgegeben und bearbeit von Hans Walz. Tübingen und Basel 1977.

DAVIDSON, Norman J.: The Romance of the Spanish Main. A record of the daring deeds of some of the most famous adventurers, buccaneers, filibusters und pirates in the Western Seas. London 1916.

DE LA CROIX, Robert: Histoire de la Piraterie. Paris 1974.

DES CHAMPS, Hubert: Pirates et Flibustiers. Paris 1973.

DIGARD, J.P.: Montagnards et nomades d'Iran: Des „Brigandes" des Grecs aux „Sauvages" d'aujourd'hui. In: Dialogues d'histoire ancienne, Nr. 2, 1976. S. 263 – 273.

DOUCET, Louis: Quand les Français cherchaient fortune aux Caraïbes. Paris 1981.

DOW, George Francis und John Henry EDMONDS: The Pirates of the New England Coast 1630 – 1730. Salem, Mass. 1923.

DRISCOLL, Charles B.: Doubloons. The story of buried treasure. London 1931.

DUBNER, Barry H.: The Law of International Sea Piracy. London 1980.

ENGL, C. und T. ENGL: Die Eroberung Perus in Augenzeugenberichten. München 1975.

Fordor's Guide to the Caribbean. London und Edinburgh 1969.

FORBES, Rosita: Sir Henry Morgan, Pirate & Pioneer. London 1948.

FRANCHI, Anna: Storia della Pirateria del mondo. 2 Bände. Mailand 1952.

FULLER, Basil und Ronald LESLIE-MELVILLE: Pirate harbours and their secrets. London 1935.

GARLAN, Yvon: Signification historique de la piraterie grecque. In: Dialogues d'histoire ancienne, Nr. 4, 1978. S. 1 – 16.

GERHARD, Peter: The Tres Marias Pirates. In: The Pacific Historical Review, Band 37, 1958. S. 239 – 244.

GERHARD, Peter: Pirates on the west coast of New Spain 1575 – 1742. Glendale, California 1960.

GILBERT, Henry: The Book of Pirates. London 1916.

GOLLOMB, Joseph: Pirates old and new. London 1931.

GOODRICH, Caspar F.: Our Navy and the West Indies Pirates: A documentary history. In: United States Naval Institute Proceedings, Band 42, 1916. S. 1171 – 1192, S. 1461 – 1483, S. 1923 – 1939. Band 43, 1917. S. 84 – 98, S. 312 – 324, S. 483 – 496, S. 683 – 698, S. 973 – 984, S. 1197 – 1206, S. 1449 – 1461, S. 1727 – 1738 und S. 2023 – 2035.

GOSLINGA, Cornelis: The Dutch in the Caribbean and on the Wild Coast 1580 – 1680. Assen 1971.

GOSSE, Philip Henry George: The Pirates' Who's Who. Giving particulars of the lives & deaths of the pirates and buccaneers. London 1924.

GOSSE, Philip Henry George: The History of Piracy. London 1932.

GOSSE, Philip Henry George: Piracy. In: The Mariner's Mirror, Band 16, 1950, S. 337 – 349.

GREEN, Samuel A.: Piracy off the Florida coast and elsewhere. In: Massachusetts Historical Society Proceedings, 1911. S. 99.

HAKLUYT, Richard: The Principal Navigations. Voiages, Traffigues and Discoveries of the English Nation. 3 Bände. London 1598 – 1600.

HAMILTON, Earl, J.: Imports of American Gold and Silver into Spain 1503 – 1660. In The Quarterly Journal or Economics, Band 43, 1929. S. 436 – 472.

HAMILTON, Earl J.: American Treasure and the Rise of Capitalism (1500 – 1700). In: Economia, A Journal of the Social Sciences. 1929. S. 338 – 358.

HAMPDEN, John (Hrsg.): Sir Francis Drake. Pirat im Dienst der Queen. Berichte, Dokumente und Zeugnisse 1657 – 1596. Tübingen und Basel 1977.

HAMSHERE, C.E.: Henry Morgan and the Buccaneers. In: History Today, Band 16, 1966. S. 406 – 414.

HANNAY, David: The Pirate. In: Blackwoods Magazine, Band 186, 1909. S. 50 – 60.

HANNAY, David: The Sea Trader. His friends and enemies. London 1912.

HARING, Clarence Henry: The Buccaneers in the West Indies in the 17. Century. London 1910.

HART, Francis Russel: Admirals of the Caribbean. London 1923.
HASENCLEVER, Adolf: Die Flibustier Westindiens im 17. Jahrhundert. In: Preußische Jahrbücher, Band 203, 1926. S. 13 – 35.
HERRERA, D. Dionisio de Alsedo y: Piraterias y agresiones de los Ingleses y de otros pueblos de Europa en la América Española desde el siglo XVI al XVIII. Madrid 1883.
HOBSBAWM, Eric J.: Die Banditen. Frankfurt am Main 1972.
HOFFMANN, Felix: Erinnerung an das Handwerk des Piratenlebens. In: Filmkritik, 1973, Heft 10. S. 464 – 468.
HURD, Archibald: The Reign of the Pirates. London 1925.
INNES, Brian: A Book of Pirates. London 1966.
INNES, Brian: Das große Buch von der Seeräuberei. Stuttgart 1966.
JACOBS, Wilbur R.: Indians as Ecologists. In: Christopher Vecsey und Robert W. Venables (Hrsg.): American Indian Environments. Ecological Issues in Native American History. Syracuse 1980. S. 46 – 64.
JENNINGS, Francis: The Invasion of America: Indians, Colonialism and the Cant of Conquest. Chapel Hill 1975.
JOHNSON, Charles (alias Daniel Defoe): A General History of the Pirates. 2 Bände. Kensington 1925 (Band 1) und 1927 (Band 2).
JÜRGENS, Hans Peter: Alle Meere haben Ufer. Die Abenteuer der Entdeckungen, München 1974.
KEMP, Peter K. und Christopher LLOYD: The Brethren of the Coast. The British and French Buccaneers in the South Seas. London 1960.
KINGSFORD, C.L.: The Beginnings of English Maritime Enterprise. In: History, 1928. S. 97 – 106 und S. 193 – 203.
KNORR, Klaus E.: British Colonial Theories 1570 – 1850. Toronto 1963.
LAUGHTON, John Knox: Studies in Naval History. Biographies. London 1887.
LE GOLIF, Louis: Memoirs of a Buccaneer. London 1954.
LEIP, Hans: Bordbuch des Satans. Herford 1977.
LINDSAY, Philip: The Great Buccaneer. Being the life, death and extraordinary adventures of Sir Henry Morgan, buccaneer and Lieutnant Governor of Jamaica. London 1950.
LÖHNDORF, Ernst F.: Old Jamaica Rum. München 1975.
LÖW, Conrad: Meer oder Seehanen Buch. Darinn Verzeichnet seind die Wunderbare Gedenckwürdige Reise und Schiffahrten so recht und billich geheissen Meer und Seehanen der Königen von Hispania, Portugal, Engellandt und Franckreich inwendig den letst vergangnen hundert Jahren gethan. Cölln 1598.
LONG, Charles Edward: Sir Henry Morgan. In: The Gentlemen's Magazine, 1832. Februar/März-Heft.
LORIN, M.: De praedonibus insulam sancti dominici celebrantibus saeculo septimo decimo. Paris 1895.
LUCIE-SMITH, Edward: Outcasts of the Sea. Pirates and Piracy. London 1978.
MACFARLANE, C.: The lives and exploits of Banditti and Robbers in all parts of the world. London 1837.
MACLAY, Edgar Stanton: A History of American Privateers. London 1900.
MACPHERSON, John: Caribbean Lands. A geography of the West Indies. London 1963.
MAGRE, Maurice: Pirates, Flibustiers, Négriers. Paris 1934.
MAINWARING, Sir Henry: Of the Beginnings, Practices and Suppression of Pirates (London 1617). In: G.E. Mainwaring und W.G. Perrin (Hrsg.): The Liefe and Works of Sir Henry Mainwaring. Band 2. London 1922. S. 3 – 49.

MALO, Henri: Les Corsaires. Nachdruck der Auflage von 1908. Marseille 1976.

MARCEL, Gabriel: Les corsaires français au XVIe siècle dans les Antilles d'après des documents espagnols. In: Compte Rendu du XIIe Congrès International des Américanistes. Paris 1900. S. 63 – 89.

MASEFIELD, John: On the Spanish Main. Or, some English forays on the Isthmus of Darien. With a description of the buccaneers, and a short account of old-time ships and sailors. London 1906.

MERRIEN, Jean: Histoire Mondiale des Pirates, Flibustiers et Négriers. Paris 1959.

MEURER, A.: Von Freibeutern und Flibustiern. In: Marine Rundschau, Band 31, 1926. S. 449 – 459 und S. 497 – 503.

MITCHELL, David: Pirates. London 1976.

MITCHELL, David: Piraten. Wien und München 1977.

MONTBRUN, Christian: Les Petites Antilles avant Christophe Colomb. Vie quotidienne des Indiens de la Guadeloupe. Paris 1984.

MORAN, Charles: The Buccaneers. In: United States Naval Institute Proceedings, Band 67, 1941. S. 1540 – 1543.

MOSHEJKO, Igor: Am Mast der Totenkopf. Piraterie im Indischen Ozean. Berlin 1981.

National Maritime Museum: Catalogue of the Library. Band 4: Piracy and Privateering. London 1972.

NESMITH, Robert J. und Hamilton COCHRAN: Pirates of the Spanish Main. New York 1961.

NETTELS, Curtis P.: British Mercantilism and the Economic Development of the Thirteen Colonies. In: The Journal or Economic History, Band 11, 1952, Nr. 2. S. 105 – 114.

NEUKIRCHEN, Heinz: Piraten. Seeraub auf allen Meeren. Berlin 1976.

NEWTON, Arthur Percival: The European Nations in the West Indies 1493 – 1688. Nachdruck der Ausgabe von 1933. London 1966.

Notice historique sur les Pirates. In: Gazette du Commerce Nr. 38 vom 11.05.1765. S. 2.

PAINE, Ralph D.: The Book of Buried Treasure. London 1911.

PARES, Richard: Merchants and Planters. Economic History Review. Supplement 4. Cambridge 1960.

PARRY, J.H. und P.M. SHERLOCK: A short history of the West Indies. London 1960.

PIEKALKIEWICZ, Janusz: Freibeuter in der Karibischen See. München 1973.

PRINGLE, Patrick: Honest Thieves. The story of the smugglers. London 1938.

PRINGLE, Patrick: Jolly Roger. The Story of the Great Age of Piracy. London 1953.

ROBINSON, Carey: The Fighting Maroons of Jamaica. o.O. (William Collins and Sangster – Jamaica – LTD. Printed in Great Britain) 1969.

ROGERS, Stanley: Ships and Sailors. Tales of the Sea. London, Bombay und Sydney 1928.

SALENTINY, Fernand: Das Lexikon der Seefahrer und Entdecker. Tübingen und Basel 1974.

SALENTINY, Fernand: Piraten. Wels 1978.

SANDER, Gerhard: Zentralamerika und der Ferne Karibische Westen. Konjunkturen, Krisen und Konflikte 1503 – 1984. Stuttgart 1985.

SAUER, Carl: The Early Spanish Main. Berkley 1966.

SEITZ, Don Carlos: Under the Black Flag. London 1927.

SOKOL, H.: Unter der Flagge mit dem Totenkopf. Herford 1971.

SOUTHEY, Thomas: Chronological history of the West Indies. 3 Bände. London 1827.

SCHREIBER, Hermann: Kurze Geschichte der Seeräuberei. Einleitung zu A.O. Exquemelin: Die Amerikanischen Seeräuber. Tübingen und Basel 1968. S. 11 – 60.

STATHAM, Edward Phillip: Privateers and Privateering. London 1910.

STERNBECK, Alfred: Flibustier und Bukaniere. Seeabenteuer aus vergangener Zeit. Berlin 1928.

TANNER, Eral C.: Piracy in the Caribbean. A Rhode Island view. In: Rhode Island History, Band 20, 1961. S. 90 – 94.

The Story of the Sea. 2 Bände (Cassel and Company Ltd.). London, Paris und Melbourne 1895 und 1896.

THOMSON, George M.: Sir Francis Drake. London 1973.

THORNBURY, George W.: The Monarchs of the Main or Adventures of the Buccaneers. 3 Bände. London 1855.

THROWER, Rayner: The Pirate Picture. London und Chichester 1980.

TREINEN, Heiner: Parasitäre Anarchie. Die karibische Piraterie im 17. Jahrhundert. In: Kölner Zeitschrift für Soziologie und Sozialpsychologie, 1981, Heft 1. S. 73 – 93.

TRENT, Thomas: Freibeuter der Königin. Francis Drake – Meisterdieb und Patriot. Göttingen 1976.

VAISSIERE, Pierre de: Saint-Domingue. La societé et la vie créoles sous l'ancien regime (1629 – 1789). Paris 1909.

VEBLEN, Thorstein: Absentee Ownership and Business Enterprise in Recent Times. The Case of America. New York 1923.

VERRILL, A. Hyatt: In the wake of the Buccaneers. London und New York 1923.

VERRILL, A. Hyatt: The real story of the Pirate. London und New York 1923.

VIGNOLS, Leon: La piraterie sur l'Atlantique au XVIIIe siècle. Rennes 1891.

VIGNOLS, Leon: Les compagnies des iles de l'Amérique. Paris 1928.

VIGNOLS, Leon: Flibuste et Boucane (XVIe – XVIIIe Siècles). Un Produit Social de Guerre. In: Revue d'Histoire Economique et Sociale, 1928, Nr. 2. S. 137 – 181.

WENCKER-WILDBERG, Friedrich: Raubritter des Meeres. Hamburg 1935.

WHYMPER, F.: The Sea. Its Stirring Story of Adventure, Peril and Heroism. 4 Bände. London u.a. o.J.

WILLIAM, Gomer: History of the Liverpool Privateers with an account of the Liverpool Slave Trade. London 1897.

WILLIAMS, Neville: Captains outrageous. Seven centuries of Piracy. London 1961.

WILLIAMS, Neville: The Seadogs. Privateers, Plunder and Piracy in the Elizabethan Age. New York 1975.

WILLIAMSON, James Alexander: Maritime Enterprise 1485 – 1558. Oxford 1913.

WOOD, Peter: Abenteuer der Karibik. Amsterdam 1980.

WOODBURY, George: The great days of Piracy. London und New York 1954.

ZARAGOZA, Justo: Piraterías y agresiones de los ingleses, y de otros pueblos de Europa en la América espanola desde el siglo XVI al XVIII, deducidas de las obras de D. Dionisio de Alsedo y Herrera. Madrid 1883.

Anhang

1: D'Ogeron an Colbert, 20. Juli 1665

"Sept ou huit cents François sont encore habitués le long des costes de cette Isle espagnole, dans des lieux inaccessibles, entournés de montagnes, ou de grands rochers et de mer, et vont partout avec de petits canots. Ils sont trois ou quatre, ou six, ou dix ensemble, plus ou moins écartés les uns des autres de deux ou trois, ou six, ou huit ou quinze lieues, selon qu'ils trouvent les endroits plus commodes, et vivent comme des sauvages, sans reconnaître personne, ni sans aucun chef entre eux et font mille brigandages. Ils ont volé plusieurs bastiments hollandois et anglois, qui nous a causé beaucoup de désordres; ils vivent de viande de sangliers et de bœufs sauvages, et font quelque peu de tabac qu'ils troquent pour des armes, des munitions et des hardes. Ainsi il seroit très nécessaire que Sa Majesté donnât un ordre pour faire sortir ces gens de ladite Isle espagnole, par lequel il leur fust enjoint sur peine de la vie de se retirer dans deux mois dans celle de la Tortue, ce qu'ils ferroient sans doute si elle estoit fortifiée, et ce qui porteroit un grand revenu au Roy, et qu'il fust permis par ledit ordre de défendre à tous capitaines de navires marchands et autres de rien troquer, ni vendre auxdits François, que l'on appelle boucaniers estans le long des costes de l'Isle espagnole, sur peine de confiscation de leurs navires et marchandises, mesme permettre de fair signifier ledit ordre aux fermiers et receveurs ou commis des bureaux des villes maritimes de France de confisquer du profit au Roy toutes les marchandises faites par lesdits boucaniers venans de ladite Isle espagnole."

VAISSIERE, a.a.O., S. 18 f.

2. Memorandum Bertrand d'Ogerons zur allgemeinen Situation auf St. Domingo und Tortuga, 1671

"Cette colonie est composée de trois sortes de gens: des habitants, des flibustiers ou corsaires, des boucaniers. Les premiers, qui sont en plus grand nombre, se sont fixés et résident actuellement pour cultiver la terre. Les seconds, qui sont les flibustiers, font tous les ans des courses avec l'etranger et rapportent leur butin qui se consomme parmi les habitants, parmi lesquels ils vivent pendant le temps qu'ils ne peuvent pas être en mer. Les troisièmes, qui sont les boucaniers, en usent de mème après qu'ils ont été faire les chasses dans les bois.

Il peut y avoir 1.000 à 1.200 habitants dans le Cul-de-sac de Saint-Domingue, 5 à 600 flibustiers et environ 100 boucaniers, qui sont tous gens fort libertins accoutumés a la débauche et à vivre indépendants sans reconnaître aucun chef parmi eux. Pour augmenter la colonie, il est important que lorsqu'on aura réduit les révoltés, il y ait une personne de commandement et d'autorité qui demeure fixement au Cul-de-sac parmi eux. Il faudrait aussi mettre parmi ce peuple quelques gens de probité pour en faire des officiers et former des compagnies réglées d'habitants qui vécussent avec discipline et en outre quelques religieux ou prêtres séculiers, mais vertueux et bien choisis ... Ceux qui sont présentement parmi les révoltés sont des vagabonds et sans mission aucune de leurs supérieurs. La colonie étant comme elle est d'une si grande étendue, il est impossible que M. d'Ogeron ou autre gouverneur puisse, sans un lieutenant qui réside au Cul-de-sac, contenir ces gens dans le devoir, ni se trouver et s'opposer aux entreprises que pourraient faire les étrangers. Pour la côte du nord de Saint-Domingue, la Tortue pourra facilement les contenir dans leur devoir; j'estime qu'il serait plus avantageux au service du Roi de peupler à l'avenir l'anse du Cap Francais que le Cul-de-sac, parce que l'on peut être aisément le maître et que les peuples s'y peuvent soustraire."

SAINT-YVES, a.a.O., S. 64 f.

3. Charlevoix über ‚Mißbräuche', die bei den Flibustiern beobachtet werden, 1684

"Le plus grands désordres, & les plus difficiles à corriger, étoient parmi les Flibustiers. MM. de Saint Laurent & Begon trouvent for étrange qu'on eût souffert jusque-là que ces Avanturiers armassent sur la seule permission du Gouverneur de la Tortuè; qu'ils fussent sur le pied de ne point donner de caution, ni de déclaration de leurs équipages au Gresse, soit avant leur départ, soit après leur retour; qu'ils ne rendissent aucun compte de ceux, qui étoient morts, ou qu'ils avoient dégradés, comme ils continuoient toujours de faire pour de certains cas de leur propre autorité, & sans aucune formalité de justice; qu'ils embarquassent toutes sortes de gens sans congé du Gouverneur; qu'ils allassent achetter tout ce dont ils avoient besoin, & radouber leurs Navires à la Jamaique, à Baston, à l'Isle de Saint Thomas, & en d'autres lieux de la domination Angloise, où ils jettoient par-là un argent infini; qu'ils se fussent toujours maintenus dans le droit de déposer leurs Capitaines; quand ils n'en étoient pas contens; qu'ils n'observassent aucune regle au sujet des prises, qu'ils n'en fissent point d'inventaire, & qu'ils les partageassent entre eux, sans les avoir fait juger; qu'ils les conduisissent souvent chés les Etrangers; qu'ils coulassent à fond les Navires, dont ils ne vouloient pas se servir, qu'ils n'amenassent à la Côte que les Prisonniers, dont ils esperoient tirer une grosse rancon; qu'ils ne payassent le Dixième que quand ils le vouloient bien, & prétendissent n'être pas dans l'obligation de le payer de tout ce qu'ils ne prenoient pas à la Mer; ... enfin qu'ils traitassent à la Mer avec les Anglois."

CHARLEVOIX, a.a.O., Band 3. S. 189 f.

4: Brief Du Lions zum Aufstand auf St. Domingo, 25. November 1670

"Dans toutes les habitations des Français qui sont espacées dans les cotes de Saint-Domingue, il y a mille hommes armés, mais bien armés et fournis de munitions, diligents et adroits au port des armes. Le quart de ces gens-là est suffisament établi sur les lieux par de bonnes possessions qui ne peuvent être transportées, ou par femmes et enfants présents, pour craindre de tout perdre par les châtiments qui doivent suivre les séditions. L'autre quart de ces mutins, et les plus avisés et les plus autorisés, ont leur famille en France, soit à Dieppe, Honfleur, Le Havre et autres endroits maritimes de Normandie et de Bretagne, auxquelles ils ont fait des remises en chaque année de cuir, de petun, et même en argent monnayé qui est autant commun audit Saint-Domingue que les marchandises du pays, de sorte que les femmes et les parents de ces gens-là ont acheté des maisons et des héritages de France, sur lesquels on pourrait faire saisie, par laquelle ces gens-là seraient plus troublés que par aucune crainte de châtiment et je ne doute pas qu'il arrivât de cela tout au moins une division parmi les mutins de Saint-Domingue, laquelle donnerait une grande ouverture pour les réduire tous.

L'autre moitié de la peuplade de Saint-Domingue est vraiment errante et est capable, étant pressée, de se jeter parmi les Espagnols et de fuir chez les Anglais de la Jamaique, où il y a quantité de Français, ou de faire une retraite lointaine dans les bois attendant les occasions favorables de leur retour; la quantité de bestiaux et de bons fruits qui se trouvent dans les forêts de Saint-Domingue en rendraient le séjour plus supportable. J'ai pris la liberté de vous écrire qu'il ne serait pas à propos d'employer contre ces mutins-là les habitants de ces îles, quand même on n'aurait pas égard à la faiblesse d'icelles; mes raisons sont que ces peuples-ci ne sont guère mieux intentionnés que les autres et la plus grand partie soupire après la vie libertine qui s'exerce à Saint-Domingue."

SAINT-YVES, a.a.O., S. 68 f.

5: Belehrung der Jury in einem Freibeuterprozeß, 1718

"How as to the nature of the offence: piracy is a robbery committed upon the sea, and a pirate is a sea thief. Indeed, the word ‚pirata' as it derived from . . . ‚transire, a transeundo mare,' was anciently taken in a good and honourable sense, and signified a maritime knight, and an admiral or commander at sea; as appears by the several testimonies and records cited to that purpose, by that learned antiquary Sir Henry Spelman in his Glossarium. And out of him the same sense of the word ist remarked by Dr. Cowel, in his Interpreter; and by Blount in his Law Dictionary. But afterwards the word was taken in an ill sense, and signified a sea rover or robber; either from . . ., deceptio, dolus, deceipt, or from . . ., transire, of their wandering up and down, and resting in no place, but coasting hither and tither to do mischief: and from this sense, . . . seamalefactors were called . . ., pirates.

Therefore a pirate is thus defined by my Lord Coke: ‚This word ‚pirate',' saith he, in Latin ‚pirata', is derived from the Greek . . .,‚which again is fetched from . . . a transeundo mare,' of roving upon the sea; and therefore in English a pirate is called a rover and robber upon the sea.'

Thus the nature of the offense is sufficiently set forth in the definition of it.

As to the heinousness or wickedness of the offense, it needs no aggravation, it being evident to the reason of all men. Therefore a pirate is called ‚hostis humani generis', with whom neither faith nor oath is to be kept. And in our law they are termed ‚brutes', and ‚beasts of prey' and that it is lawful for any one that takes them, if they cannot with safety to themselves bring them under some government to be tried, to put them to death.

And by the civil law any one may take from them their ships or vessels: so that excellent civilian Dr. Zouch, in his book De Jure Nautico, saith, ‚In detestation of piracy, besides other punishments, it is enacted, that it may be lawful for any one to take their ships.'

And yet by the same civil laws, goods taken by piracy gain not any property against the owners. Thus in the Roman Digests, or Pandects of Justinian, it is said, ‚Persons taken by pirates or thieves, are nevertheless to be esteemed as free.'

And then it follows, ‚He that is taken by thieves, is not therefore a servant of the thieves, neither is postliminy necessary for him.'

And the learned Grotius, in his book De Jure Belli ac Pacis, saith, ‚Those things which pirates and thieves have taken from us, have no need of postlimity, because the law of nations never granted to them a power to change the right of property; therefore things taken by them, wheresoever they are found, may be claimed.'

And agreeable to the civil law are the laws of England, which will not allow that taking goods by piracy doth divest the owners of their property, though sold at land, unless sold in market overt.

Before the statute of the 25 E. 3, piracy was holden to be petit treason, and the offense said to be done ‚contra ligeantiae suae debitum', for which the offenders were to be drawn and hanged; but since that statute the offenders received judgment as felons.

And by the said statue of 28 H. 8, the offenders are ousted by the clergy.

But still it remains a felony by the civil law; and therefore though the aforesaid statute of 28 H. 8, gives a trail by the course of the common law, yet it alters not the nature of the offense; and the indictment must mention the same to be done ‚super altum mare', upon the high sea, and must have both the work ‚felonice' and ‚piratice' and therefore a pardon of all felonies doth not extend to this offense, but the same ought to be specially named.

Thus having explained to you the nature of the offense, and the wickedness thereof, as being destructive of trade and commerce; I suppose I need not use any arguments to you, to persuade you to a faithful discharge of your duty, in the bringing such offenders to punishment."

DUBNER, a.a.O., S. 93 f.

links

Sozialistische Zeitung

Juli/August '86

USA – Libyen
Linke und Demokratie
Tschernobyl
Fußball-WM

u.v.a.m.

- Seit 1969.
- Das Forum der unabhängigen Linken.
- 36 Seiten. Jeden Monat neu.
- Für Leser, die mitdenken wollen.

links jetzt abonnieren!

✂ — — — — — — — — — — — — — — — —

Bezug über
Sozialistisches Büro
Postfach 10 20 62
6050 Offenbach 1

☐ Ich möchte die "links" abonnieren
   ab ....

☐ Ich möchte die "links" kennenlernen
   (kostenloses Probeexemplar)

Jahresabonnement DM 45,-
(incl. Versandkosten)

Name _____

Straße und Hausnummer _____

PLZ/Ort _____

1. _____
   Datum/Bestell-Unterschrift

Erfüllungsort: Offenbach

Ich bestätige mit meiner 2. Unterschrift, daß ich diese Bestellung innerhalb 14 Tagen widerrufen kann.

2. _____
   Datum/Bestätigungs-Unterschrift

Prokla 63

Zeitschrift für politische Ökonomie und sozialistische Politik

Geld

Heiner Ganssmann, Zur Geldlehre in der neueren Soziologie
Hans-Georg Backhaus, Zum Problem des Geldes als Konstituens oder Apriori der ökonomischen Gegenständlichkeit
Pino Arlacchi, Die Mafia und das internationale Geldsystem
Gabriela Simon, Die Enteignung Argentiniens durch das internationale Finanzkapital
Uwe Traber, Neue Formen des Geldes
Hansjörg Herr, Geld – Störfaktor oder Systemmerkmal?
Adrian Campbell, Der innere Feind – eine Rückschau auf den britischen Bergarbeiterstreik 1984/85

Einzelheft DM 16.–

im Abo DM 13.–

Rotbuch Verlag

Westfälisches Dampfboot

Überarbeitete und erweiterte Neuauflage!
F.Buer / A. Cramer / E. Dittrich / R. Reichwein / H.-G. Thien
Zur Gesellschaftsstruktur der BRD. Beiträge zur Einführung in ihre Kritik
Aus dem Inhalt: Klassenstruktur – Staat-Gewerkschaften – Soziale Ungleichheit – Familie – Schule – Jugend – Sozialarbeit »... eine interessante, in mancher Hinsicht den sonstigen sozialwissenschaftlich orientierten »Sozialkunden der Bundesrepublik« überlegene Alternative.« (U. Kadritzke, Das Argument); »... ein lesenswerter Versuch, sich aktuellen gesellschaftlichen Entwicklungen zu stellen.«
(Sozialismus)
ISBN 3-924550-13-1   439 S.   29. – DM

Gabriele Theling
»Vielleicht wäre ich als Verkäuferin glücklicher geworden«   Arbeitertöchter und Hochschule

Nicht erst seit der ›Wende‹ wird die Situation von Studentinnen und Studenten aus der Arbeiterschaft schwieriger – die Konfrontation mit der herrschenden Wissenschaft in ihrer universitären Form prägt ihre Lage insgesamt. Als Betroffene geht Gaby Theling den Konfliktlinien nach, die durch das Aufeinandertreffen verschiedener Lebensformen gesetzt sind. Anhand ausführlicher Interviews entwirft sie ein detailliertes Bild des studentischen Lebens von Arbeitertöchtern, ihrer Auseinandersetzung mit der institutionalisierten Wissenschaft und ihren Problemen, den Bezug zum Herkunftsmilieu aufrechtzuerhalten. Trotz der Reformen im Bildungssystem hat sich die Fremdheit zwischen der Bildungsinstitution, die die Eliten für die bürgerliche Herrschaft produziert, und der Arbeiterklasse nicht verringert. Besonders Frauen aus der Arbeiterschaft müssen ihren Versuch, sich das versprochene Wissen und die erhoffte Bildung anzueignen, mit Leid bezahlen.
ISBN 3-924550-18-2   125 S.   15. – DM

Weitere Verlagstitel:
Heinz Hülsmann, Die Maske. Essays zur technologischen Formation   128 S., 17.70 DM
Hanns Wienold, Gesellschaftlicher Reichtum und die Armut der Statistik. Einführung in die Sozialstatistik I
2. überarb. Auflage   192 S., 15. – DM
Thomas Fatheuer, Eigentore – Soziologie und Fußball   115 S., 15.90 DM
Lutz Raphael, Partei und Gewerkschaft. Die Gewerkschaftsstrategien der kommunistischen Parteien
Italiens und Frankreichs seit 1970   327 S., 31.60 DM
Bitte Verlagsprospekt anfordern!

Verlag Westfälisches Dampfboot, c o G. Thien, Breul 11a, 4400 Münster · **Auslieferung:**
Bundesrep.: Prolit-Buchvertrieb, Siemensstr. 18a, Postf. 11 10 08, 6300 Gießen 11. Berlin: Rotation, Mehringdamm 51, 1 Berlin 61

HERRSCHAFT
KRISE
ÜBERLEBEN

Gesellschaft der Bundesrepublik in den 80er Jahren

H.G. Thien / H. Wienold (Hrsg.)

Die seit zehn Jahren anhaltende ökonomische Krise ist allgegenwärtig und ungreifbar zugleich. Die krisenhafte Reproduktion der gesellschaftlichen Strukturen schlägt sich in harten Fakten nieder (Arbeitslosenstatistiken), aber zugleich ist sie zur Normalität geworden. Mit diesem Sammelband wird den Auswirkungen dieses Sachverhalts ebenso nachgegangen wie seinen Ursachen. Dabei werden behandelt: Veränderungen des politisch-ökonomischen Herrschaftszusammenhangs, Krise des Sozialstaats, Strategien und Praxis der Gewerkschaften, Veränderungen betrieblicher Strukturen, politische Hegemonie der Bourgeoisie, Verarmungsprozesse, Krisenbetroffenheit von Frauen, Lage von Arbeitsemigranten, regionale Disparitäten und Wohnungsversorgung, betriebliche Gegenwehr, Stellenwert der Alternativökonomie ...

Zu den Autoren zählen u.a.: Kurt Hübner, Lothar Lappe (Berlin; Prokla-Redaktion), Hartmut Häußermann (Bremen), Walter Siebel (Oldenburg), Sabine Gensior (Berlin), Roland Reichwein (Münster)

Westfälisches Dampfboot